나의 첫 ▶
유튜브
프로젝트

대한민국 1등 유튜버가 공개하는
수익 창출의 비밀

나의 첫 ▶
유튜브
프로젝트

토이푸딩(김세진·박종한) 지음

더숲

서문

1등의 노하우를 알면
누구나 유튜브로 성공할 수 있습니다

"구독자를 빠르게 늘리는 토이푸딩만의 노하우가 있나요?"

유튜브 관련 행사에 가면 많은 크리에이터 지망생이나 초보 유튜버 분들이 이런 질문을 합니다. 사뭇 진지하고 간절한 모습에 성실하게 답하려고 노력하지만, 속 시원한 해결책을 드리지 못해 아쉬움을 느낍니다. 한편으로는 유튜브 크리에이터의 위상이 얼마나 달라졌는지, 유튜브의 인기가 얼마나 대단해졌는지 새삼 느끼기도 합니다.

요즘 많은 분이 유튜브에 도전하고 있습니다. 전업으로 삼지는 않더라도 부업으로 유튜브를 활용하려는 사람이 적지 않습니다. 그만큼 진입 장벽이 낮기 때문일 것입니다. 만약 영화나 드라마를 제작해야 한다면 엄두도 내지 못하겠죠. 하지만 유튜브는 스마트폰 하나만 있으면 언제 어디서든 시작할 수 있습니다. 다만 쉽게 도전할 수 있기 때문에 그만큼 쉽게 포기하기도 합니다. 유튜브를 갓 시작했을 때 만났던 크리에이터들 중 지금까지도 채널을 운영하는 크리에이터는 그다지 많지 않습니다. 여전히 큰 성과를 내지 못하는 크리에이터도 숱하죠. 그 이유는 무엇일까요?

저는 그들이 좌절한 이유를 분석한 뒤, 그 이유를 역으로 참고해 저만의 유튜브 성공 비법을 정리했습니다. 그리고 이 책을 통해 독자 여러분께 그 방법을 공개하려고 합니다.

누구나 시작은 보잘것없다

2014년 초, 급한 대로 창고를 스튜디오로 꾸미고 촬영을 시작했습니다. 책상과 벽에 흰색 시트지를 붙인 게 스튜디오 인테리어의 전부였고, 조명은 물론 제대로 된 촬영 장비도 없이 오직 스마트폰 하나로 영상을 찍었습니다. 마음은 간절했지만 솔직히 성공에 대한 확신은 없었습니다. 콘텐츠를 만들면서도 가슴 한편에는 의구심이 자리 잡고 있었습니다.

당시 저는 여러 사업에서 실패를 겪은 후였습니다. 기발한 아이디어를 발굴하고 트렌드를 선도하려는 노력도 해봤지만 큰 성공을 거두지는 못했습니다. 게다가 무언가를 다시 시도하기엔 나이도 적지 않았죠. 지금 돌이켜봐도 상당히 불안한 나날이었습니다.

그러던 어느 날 인터넷에서 해외에서 활동하는 어느 키즈 유튜브 크리에이터의 성공담을 보았습니다. 기사를 보기 전부터 유튜브에 대한 막연한 관심은 있었지만, 유튜브가 돈이 될 거라는 생각은 전혀 하지 못했습니다. 동영상 콘텐츠에는 완전히 문외한이었으니까요. 그런 제가 유튜브를 시작하게 된 계기는 순전히 우연이었습니다. 하지만 우연은 점점 운명으로 바뀌었습니다.

그때부터 저는 유튜브에 몰두하기 시작했습니다. 하루에 고작 4~5시간만 자며 유튜브에 매달렸고, 매일 최소 세 개의 콘텐츠를 업로드하지 않으면 잠을 자지 않았습니다. 물론 쉽지 않았습니다. 기획, 촬영, 편집 등 모든 과정을 혼자서 해결하다 보니 머리는 늘 복잡했고 몸은 피곤했습니다. 채널이 좀 성장한 뒤에는 다른 크리에이터들이 제 콘텐츠를 무단으로 사용한 바람에 마음고생을 한 적도 있습니다. 동영상 하나를 업로드하고는 하루에 수십 번도 넘게 확인했습니다. 조회 수는 잘 나오는지, 혹시 문제가 생기지 않을지 늘 조마조마했죠.

키즈 채널 최초로 '다이아 버튼'을 받다

하지만 이런 과정을 겪으며 저는 부쩍 성장할 수 있었습니다. 성과는 생각보다 빨리 찾아왔습니다. 채널을 개설한 지 반년도 안 되어 분야에서 가장 영향력 있는 크리에이터가 되었습니다. 국내에서 세 번째,

순수한 개인 채널로는 첫 번째로 '다이아 버튼'을 받았습니다. 구독자 10만 명을 넘겨 실버 버튼을 받을 때까지만 해도 '1000만 구독자'의 상징인 다이아 버튼을 받을 거라고는 상상하지 못했습니다. 토이푸딩 보다 먼저 다이아 버튼을 받은 채널은 SM엔터테인먼트와 가수 싸이 뿐이었습니다.

저는 제2의 도약을 준비할 때가 되었다고 생각했습니다. 세상을 더 넓게, 그리고 더 멀리 봐야겠다고 다짐했습니다. 토이푸딩을 단순한 개인의 채널이 아닌 장기적인 비즈니스로 성장시키겠다고 말입니다. 콘텐츠 제작의 모든 과정을 혼자 진행하는 것도 효율적이지 못하다고 판단해, 그때부터 함께할 동료를 모으기 시작했습니다. 그 결과 채널 은 더욱 성장했고 세계 유튜브 채널 랭킹 9위까지 올라갔습니다. 토이 푸딩은 국내 유튜브 채널 중 최초로 구독자수 2000만을 돌파했고, 누 적조회수는 현재까지도 국내 1위를 기록하고 있습니다. 그리고 이제 토이푸딩은 세 번째 도약을 준비하고 있습니다.

이렇게 토이푸딩의 성공담을 말씀드리는 이유는 자랑을 하려는 것 이 아닙니다. 유튜브 크리에이터로 성장하기 위해선 현재에 충실하 되 계속해서 미래를 준비해야 한다는 점을 말씀드리기 위해서입니 다. 다른 채널을 벤치마킹하면서 한발 앞서나가고 끊임없이 새로운 콘텐츠를 만들어내지 않으면 금세 도태되는 곳이 바로 유튜브의 세 계입니다.

간절함, 성공한 채널의 유일한 공통점

'가장 잘 통하는 콘텐츠는 무엇일까?'

'어떻게 해야 내 콘텐츠가 잘 추천될 수 있을까?'

'통계 데이터를 어떻게 효과적으로 활용할까?'

'남들보다 빠르게 채널을 성장시킬 방법은 무엇일까?'

'구독자수와 조회수는 어떻게 늘릴까?'

사실 완벽한 정답과 공식은 없습니다. 크리에이터가 처한 여건이 전부 다르고, 내재된 능력과 성격과 취향도 천차만별이기 때문입니다. 그럼에도 모든 크리에이터에게 통용되는 성공의 비밀은 분명히 존재합니다.

이 책에 실린 내용은 누구나 쉽게 얻을 수 있는 정보가 아닙니다. 구독자 2500만 명을 모으기까지, 그리고 세계 9위에 오르기까지 토이푸딩 채널을 운영하며 얻은 온갖 경험과, 방대한 데이터를 통해 도출한 풍부한 노하우를 엮었습니다. 그리고 이러한 토이푸딩의 성장 여정을 독자들이 좀 더 쉽게 따라올 수 있도록 소설 형식으로 이야기를 꾸몄습니다. 소설 속 주인공 김 대리가 되어 토이푸딩의 노하우를 차근차근 따라가다 보면 유튜브를 처음 시작하는 사람일지라도 금세 채널을 성장시키고 내 유튜브로 수익을 창출하는 기쁨을 만끽할 수 있을 것입니다.

유튜브에는 여전히 수많은 길이 존재합니다. 이 책을 집으셨다면 지금 당장 함께 시작해보는 건 어떨까요? 시작은 빠를수록 좋습니다. 유튜브에서 성공하기 위해 가장 필요한 마음가짐은 바로 '간절함'입니다. 어떻게든 해내겠다는 마음으로 도전하면 반드시 좋은 성과를 얻을 수 있습니다. 그것이 성공한 유튜브 채널의 공통점입니다. 부디 여러분의 '첫 유튜브 프로젝트'가 성공하기를 간절히 기원합니다.

김세진

(주)토이푸딩 대표이사

2장 유튜브, 실행이 답이다!

3장 알고리즘을 활용한 업로드 전략

4장 수익을 극대화하는 채널 운영 전략

5장 개인 채널로 글로벌 크리에이터 되기

유튜브 화면과
친해지기

화면 구성 소개

많은 사람이 모바일로 유튜브를 시청하지만, 채널을 개설하고 운영하기 위해선 데스크톱이나 노트북으로 유튜브 사이트에 접속해야 합니다. 유튜브에 접속하면 아래와 같은 창이 뜹니다.

❗ 구글 계정에 로그인이 되어 있다면 자동으로 유튜브도 로그인이 됩니다. 로그인이 안 되어 있다면 구글 계정에 가입한 뒤 다시 유튜브에 접속하세요. 유튜브 스튜디오를 비롯한 각종 기능이 지속적으로 업그레이드되고 있습니다. 책에 실린 모든 설명은 책의 발행 시점인 2019년 8월을 기준으로 작성되었습니다. 변경되는 내용은 유튜브의 최신 공지를 확인해주세요.

▶ 유튜브의 메인 화면은 크게 세 영역으로 구분할 수 있습니다.

❶ **상단 영역:** 가장 중요한 검색창을 포함해, '동영상 또는 게시물 만들기' 아이콘, '유튜브 앱' 아이콘, '메시지' 아이콘, '알림' 아이콘, '계정' 아이콘이 배치된 영역입니다.

❷ **메뉴 영역:** 구독하고 있는 채널과 최근에 본 동영상 등을 확인할 수 있는 영역입니다.

❸ **메인 영역:** 가장 넓은 영역으로 다양한 동영상 콘텐츠를 보여줍니다. 상단에는 '마스트헤드 광고' 등 유튜브 광고가 노출됩니다. 하단에는 유튜브 알고리즘에 의해 추출된 '맞춤 동영상'이 전시됩니다.

상단 영역

❶ '동영상 또는 게시물 만들기' 아이콘: 동영상을 업로드하거나 실시간 스트리밍을 할 수 있습니다. 유튜브의 다양한 기능 중에서 가장 핵심적인 기능입니다.

❷ '유튜브 앱' 아이콘: 유튜브TV, 유튜브 뮤직, 유튜브 키즈 등 유튜브가 제공하는 애플리케이션에 접속할 수 있습니다. 입문자를 위한 유튜브 무료 온라인 교육 서비스인 '크리에이터 아카데미'에 접속할 수 있습니다.

❸ '메시지' 아이콘: '친구'로 등록한 유튜버와 메시지를 주고받을 수 있습니다.

❹ '알림' 아이콘: 유튜브의 다양한 새 소식을 확인할 수 있습니다. 내가 올린 동영상에 새 댓글이 달리거나 내가 구독하는 채널에 새 동영상이 올라오면 관련 정보가 전시됩니다.

❺ '계정' 아이콘: '내 채널', '유튜브 스튜디오' 등으로 이동할 수 있는 메뉴가 나타납니다. 참고로 이 두 가지 메뉴는 채널을 운영할 때 가장 자주 사용하는 기능입니다.

❶ **홈:** 클릭하면 유튜브 메인 화면으로 이동합니다.

❷ **인기:** 최근 가장 인기 있는 동영상이 순위별로 표시됩니다.

❸ **구독:** 본인이 구독하고 있는 채널의 동영상 목록이 표시됩니다.

❹ **동영상 영역:** 그동안 내가 시청한 동영상이나 나중에 보기 위해 저장해놓은 동영상을 관리하는 영역입니다.

❺ **구독 영역:** 내가 구독하고 있는 채널의 목록이 표시됩니다.

❻ **유튜브 더보기:** 정액제로 운영되는 '유튜브 프리미엄'과 '유튜브 영화' 등 다양한 유료 서비스로 이동합니다.

❼ **설정:** 채널과 계정 정보를 수정하는 화면으로 이동합니다.

❽ **신고 기록:** 커뮤니티 가이드 위반 콘텐츠에 대해 내가 신고한 기록과 반대로 신고를 당한 기록을 확인할 수 있습니다.

❾ **고객센터:** 유튜브에 관한 다양한 도움말을 찾을 수 있습니다.

❿ **의견 보내기:** 불편한 점이나 문제점, 개선 아이디어 등을 유튜브 운영팀에 보낼 수 있습니다.

개인 채널과 브랜드 채널은
뭐가 다른가요?

개인 채널 만들기

유튜브를 통해 수익을 창출하고 브랜드 인지도를 높이기 위해선 제일 먼저 내 채널을 만들어야 합니다. 유튜브 채널은 일종의 방송사와 같습니다. 수많은 동영상 콘텐츠를 제작해 불특정 다수에게 송출하는 '개인 방송사'이지요. 채널은 크게 '개인 채널'과 '브랜드 채널'로 구분할 수 있습니다. 이 중에서 먼저 개인 채널을 만드는 방법부터 알아보겠습니다.

▶ '계정' 아이콘(❶)을 클릭한 뒤 '내 채널'(❷)을 클릭합니다.

▶ 개인 채널의 이름을 입력합니다(③). '채널 만들기'(④)를 클릭하면 개인 채널
이 생성됩니다.

브랜드 채널 만들기

채널을 좀 더 전문적으로 관리하기 위해 개인 채널에 몇 가지 기능이 추가된 것
이 브랜드 채널입니다. 개인 채널은 말 그대로 혼자서 관리하는 채널입니다. 브랜
드 채널은 2인 이상이 동시에 채널을 관리할 수 있습니다.

▶ '계정' 아이콘(①)을 클릭한 뒤 '설정'(②)을 클릭합니다.

▶ 새롭게 뜨는 창에서 '내 모든 채널 보기 또는 새 채널 만들기'(❸)를 클릭합니다.

▶ '새로운 채널 생성을 위해 브랜드 계정 만들기' 화면에서 브랜드 계정 이름을 입력(❹)합니다. '만들기'(❺) 버튼을 클릭하면 브랜드 계정 만들기가 완료됩니다.

❶ 브랜드 채널은 개인 채널과 달리 '프로필 수정' 기능을 통해 채널 이름을 변경할 수 있습니다.

브랜드 채널 관리자 추가하고 삭제하기

▶ '계정' 아이콘(**1**)을 클릭한 뒤 '설정'(**2**)을 클릭합니다.

▶ 새롭게 뜨는 창에서 '관리자 추가 또는 삭제'(**3**)를 클릭합니다.

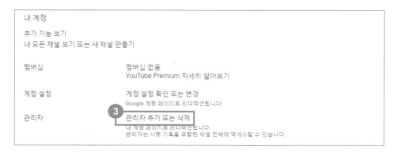

▶ '브랜드 계정 세부정보'에서 사용자의 권한을 관리할 수 있습니다(④). 또는 계정을 삭제할 수도 있습니다(⑤).

▶ '권한 관리'를 클릭하면 작은 창이 새로 뜹니다. 여기에서 '새 사용자 초대' 버튼(⑥)을 클릭합니다.

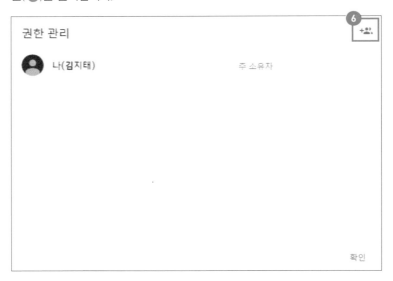

▶ 이름 또는 이메일 주소를 입력해 새 사용자를 추가합니다(❼). '소유자', '관리자', '커뮤니케이션 관리자' 중에서 한 가지 역할을 선택할 수 있습니다(❽).

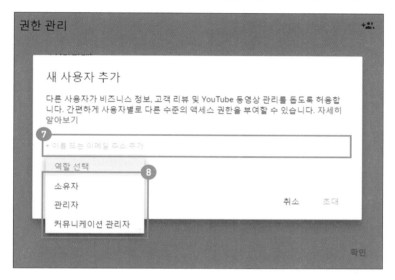

❶ 소유자, 관리자, 커뮤니케이션 관리자의 권한은 각각 다릅니다. 소유자는 관리자를 추가하거나 제거할 수 있습니다. 계정을 삭제하거나 프로필 수정 권한도 갖습니다. 관리자는 관리자 추가 및 제거, 계정 삭제의 권한을 제외하고 소유자와 동등한 권한을 갖습니다. 커뮤니케이션 관리자는 댓글창을 관리하는 등 부수적인 권한만 보유하게 됩니다.

이제 유튜브에
동영상을 올려보자

채널에 동영상 콘텐츠 업로드하기

▶ '동영상 또는 게시물 만들기' 아이콘(①)을 클릭한 뒤 '동영상 업로드'(②)를 누르면 간편하게 동영상 콘텐츠를 업로드할 수 있습니다. 새롭게 뜨는 창에서 동영상의 공개 여부(③)를 선택할 수 있습니다.

❗ '업로드'를 포함한 유튜브의 각종 기능은 가급적 '크롬 브라우저'를 통해 실행하는 것이 좋습니다. 유튜브는 구글 크롬 브라우저에 최적화되어 있기 때문에 업로드의 편의성 말고도 많은 장점이 있습니다.

▶ 동영상 콘텐츠를 업로드하면 새로운 창이 뜹니다. 제일 먼저 동영상의 업로드 현황을 확인합니다. 동영상 업로드가 끝나면 '처리 완료' 표시가 나옵니다(❶).

▶ 이제 '기본 정보'를 입력할 차례입니다. 우선 '기본 정보 탭'(❷)에 들어가 동영상의 기본적인 정보를 입력합니다. 가장 중요한 제목과 설명 그리고 태그 정보(❸)를 입력합니다. 검색과 추천이 잘 이루어지도록 신중히 입력해주세요.

▶ 다음으로 동영상 콘텐츠의 공개 범위(❹)를 선택합니다.

- **공개:** 영상을 누구나 볼 수 있도록 공개

- **미등록**: 업로드한 영상을 URL을 통해 특정 사람에게만 공개
- **비공개**: 영상을 크리에이터만 볼 수 있도록 설정
- **예약**: 업로드한 영상의 시청자 공개 시점을 설정

▶ 동영상을 업로드하면서 바로 '재생목록'에 추가(❺)할 수 있습니다. 재생목록
에 대해서는 224쪽에서 자세히 설명하겠습니다.

▶ '미리보기 이미지', 즉 섬네일은 화면 하단에서 등록할 수 있습니다. 유튜브가 추
천하는 섬네일 이미지 중에서 고르면 됩니다(❻). 만약 섬네일을 새롭게 제작해
맞춤 미리보기 이미지를 등록하고 싶다면 구글의 인증을 받아야 합니다(❼).

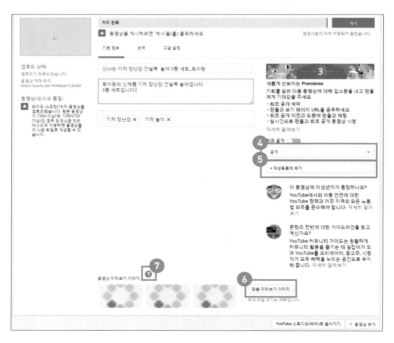

외국 언어 정보 입력하기

▶ '번역 탭'은 다른 언어권의 시청자가 동영상 정보(제목, 설명 등)를 읽을 수 있도
록 내용을 번역해 등록하는 영역입니다(❶). 유튜브 세계에는 영어권 사용자
가 가장 많으므로 반드시 영문 제목과 설명을 입력해주세요. 구글 번역기를
활용하면 충분히 정보를 입력할 수 있습니다.

▶ '고급 설정 탭'에서는 다양하고 구체적인 기능을 설정할 수 있습니다(**1**). 하지만 대부분의 경우 설정된 값을 그대로 사용합니다. '커뮤니티 자막 제공'이나 '유료 광고 포함 여부' 등에 대해선 뒤에서 자세히 설명하겠습니다. 여기서는 일단 이런 기능이 있다는 것 정도만 이해하시면 됩니다.

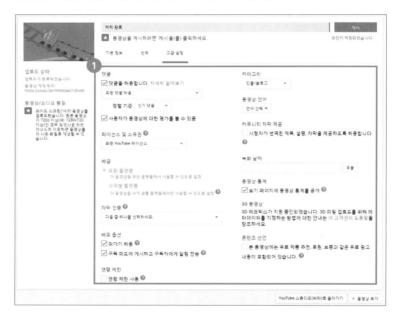

▶ 아마 여러분의 화면에는 '기본 정보', '번역', '고급 설정' 이렇게 세 가지 탭만 보일 것입니다. 그러나 일정 기준을 넘겨 구글로부터 수익 승인을 받으면 '수익 창출' 탭 메뉴(①)가 추가로 생성됩니다. 이곳에서는 해당 동영상 콘텐츠를 통해 수익을 창출할 것인지를 선택할 수 있고, 어떤 광고 형식으로 수익을 창출할 것인지도 고를 수 있습니다(②).

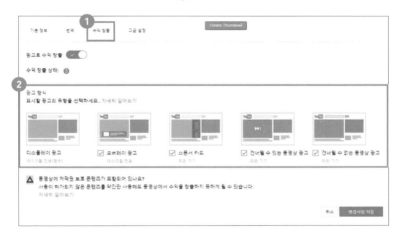

동영상 정보 수정하기

▶ 상단 영역의 계정 아이콘을 클릭한 뒤 '유튜브 스튜디오'에 들어갑니다. 좌측의 '동영상'(❶)을 클릭합니다. 정보를 수정하고 싶은 동영상의 제목(❷)을 클릭하면 수정 화면(❸)으로 넘어갑니다.

15분 이상의 동영상 업로드하기

▶ 유튜브에서는 '15분 이상의 동영상'을 장편 동영상으로 따로 관리합니다. 장편 동영상을 업로드하기 위해선 별도의 인증 과정이 필요합니다.

▶ '유튜브 스튜디오'에서 좌측의 '기타 기능'을 클릭한 뒤 '상태 및 기능'을 클릭합니다.

▶ 해당 페이지에서는 내가 현재 운영하고 있는 채널의 전체 상황을 한눈에 확인할 수 있습니다. 여기에서 '장편 업로드' 영역(❶)의 '사용' 버튼을 클릭하면 휴대전화 인증을 받을 수 있습니다.

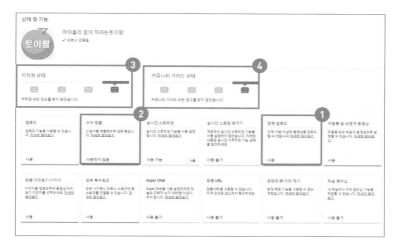

❶ '상태 및 기능' 페이지에서는 유튜브 채널 운영에서 가장 중요한 '수익 창출'(❷)의 사용 가능 여부도 함께 확인할 수 있습니다. 또한 '저작권 상태'(❸)와 '커뮤니티 가이드 상태'(❹)를 확인할 수 있어서 채널 운영이 얼마나 안정적으로 이루어지고 있는지 판단할 수 있습니다.

특명! 한 달 안에
유튜브로 수익 내기

"퇴근 후 6시 30분에 회의실에서 봅시다."

출근해서 메일함을 열자 영업팀 권태기 부장의 메일이 와 있었다. 김지태 대리는 가슴이 철렁 내려앉았다. 드디어 올 것이 왔구나 싶었다. 영업팀 부장이 마케팅팀인 자신을 보자는 건 분명 뭔가 불길한 징조였다.

소문은 참 빠르다. 경영진은 쉬쉬하고 있지만 직원들은 모두 알고 있었다. 회사가 창립 이래 최대의 위기에 처했다는 건 공공연한 비밀이었다.

김 대리가 근무하는 '토이팜'은 어린이 완구를 만드는 회사다. 한때는 국내 대표 완구회사로 승승장구하기도 했다. 하지만 외국 장난감에 밀리고 프리미엄 시장에서도 밀리면서 입지가 좁아졌다. 어린이의 기호를 반영하지 못한 장난감, 지지부진한 마케팅과 홍보, 무엇보다도 새로운 미디어에 적응하지 못한 탓이었다. 결국 지난달 마케팅 총괄이사가 사직서를 냈다.

한편 토이팜의 오랜 라이벌이던 '고슴도치실업'은 최근 중국 기업에 넘어갔다. 이후 '판타스틱토이'로 사명을 바꾸고 대대적인 인력 감축을 단행했다. 그렇게 자본금을 확보한 덕분인지 요즘 다시 물량 공세에 나서고 있다.

김 대리는 온종일 업무에 집중할 수 없었다.

10분 일찍 회의실에 도착했다. 두 사람이 먼저 와 있었다. 콘텐츠사업팀의 차미란 과장과 박대출 인턴이었다.

특이한 조합이었다. 한편으로는 정리해고에 특화된 조합이라는 생각이 들었다. 차 과장은 두 아이를 키우는 워킹맘이었다. 두 번의 출산과 휴직으로 진급이 늦어진 데다 이번에 셋째를 임신했다. 회사 입장에서는 출산휴가를 빌미로 해고할 가능성이 있었다. 박대출 인턴역시 정규직이 아니라 자르기 쉬운 대상 중 하나였다. 그 순간 김 대리는 자신이 살아남기에 가장 유리하다고 판단했다. 몇 년의 경력이 있고 회사 돌아가는 상황도 제법 알았다. 무엇보다 미혼인지라 야근이나 주말근무도 부담 없이 할 수 있었다. 그러나 김 대리는 이런 생각을 하는 자신이 이내 부끄러워졌다.

그때 회의실 문이 슬며시 열리더니 오나영 대리가 들어왔다. 해외 사업팀의 오 대리는 김 대리와 경력직 입사 동기였다. 뛰어난 업무 실력과 사교성으로 팀에서 인기가 매우 좋았다. 오 대리는 이 자리에 올 사람이 아니었다.

"오 대리, 이번에 퇴사한다며? 부럽다."

차 과장이 아는 척을 했다. 김 대리는 그제야 이유를 알겠다는 듯 멍하니 오 대리를 바라봤다. 오 대리는 유명한 **유튜브 크리에이터**였다. 유튜브로 매달 월급의 10배 이상을 번다는 소문도 자자했다. 오 대리는 퇴사 후 전업 유튜버로 나선다고 했다.

"김 대리님, 오랜만이에요. 이런 데서 다 만나네요."

"그러게요. 오 대리님도 잘 지내셨죠?"

"네, 저는 잘 지내요."

"부장님 왜 안 오셔? 얼른 나가봐야 하는데."

차미란 과장이 다급한 목소리로 말했다. 차 과장의 말이 끝나기가 무섭게 회의실 문이 벌컥 열렸다. 영업팀 권태기 부장이었다.

"다들 미안해. 늦었으니 용건만 간단히 말하지. 혹시 회사 상황 좀 들었나?"

"네."

네 사람이 동시에 작은 목소리로 대답했다.

"저도 간단히 여쭤볼게요. 우리 중 누군가가 나가야 하나요?"

차 과장이 훅 치고 들어왔다. 권태기 부장이 웃으며 고개를 저었다.

"솔직히 말하면 윗선에서는 인력 감축을 지시하고 있어. 하지만 지금 당장은 아니야. 물론 얼마나 버틸 수 있을지 장담은 못 하네. 자네들 성과에 달려 있지. 여기 모인 사람들은 모두 지금부터 신규 사업팀이야. 이른바 **뉴미디어팀**이지. 들어가고 말고는 자네들 선택이야. 만약 들어가지 않겠다고 하면 현재 자리를 보장할 수 없어."

사실상 선택이 아니었다. 김 대리는 자신도 모르게 '아' 하고 신음을 토했다.

"근데 뉴미디어가 뭐예요?"

차 과장이 물었다.

"자네들도 요즘 유튜브 많이 보지? 사장님이 유튜브를 활용해서 부가가치를 만들어보라고 하더군. 간단히 말하면 '유튜브팀'이야. 그리고 일종의 TF(태스크 포스)팀이라고 보면 돼. 유튜브 성과에 따라 미래가 결정되겠지. 기회를 잘 만들어보라고. 유튜브 채널로 수익을 내는 데 한 달이면 충분하겠지?"

"한, 한 달이요? 유튜브로 마케팅을 하라는 건가요?"

김 대리가 물었다.

"글쎄, 유튜브를 어떻게 활용할지 폭넓게 생각해보게. 나보다 젊은 자네들이 더 잘 알겠지. 아, 곧 장충모 차장도 합류할 거야."

장충모 차장은 영업본부 소속이었다. 최근에 옷을 벗은 장충근 마케팅 총괄이사의 사촌동생이었다.

'썩은 동아줄을 잡았군.'

김 대리는 눈을 질끈 감았다.

"마지막으로 모든 보고는 나한테 하면 돼. 지시도 내가 내릴 거야.

알았지, 김 대리?"

권 부장의 말에 김 대리가 눈을 동그랗게 떴다.

"네? 저요?"

"그래, 여기 김 대리가 자네밖에 더 있나?"

"저는 유튜브 전혀 모르는데요."

"지금부터 공부하면 돼. 자네 역할이 가장 크네."

"김 대리, 무슨 걱정이야. 든든한 오 대리가 있는데."

차 과장이 불쑥 끼어들어 어깨를 토닥였다.

"다들 오 대리 퇴사하는 건 알고 있지? 내가 퇴사 전까지 뉴미디어 팀에 있어 달라고 부탁한 거야. 그러니 김 대리, 오 대리 있는 동안 많이 배워둬."

1장

유튜브
채널 기획과
마케팅 전략

●

유튜브는 누구나 마음만 먹으면 손쉽게 채널을 개설해 운영
할 수 있는 미디어 플랫폼입니다. 이 때문에 경쟁도 무척이나
치열합니다. 실제로 전체 채널 중 끝까지 살아남아 수익을 창
출하는 채널은 3%도 되지 않습니다.
이번 장에서는 남들과 차별화된 전략으로 시청자를 사로잡는
콘텐츠 기획 요령과 채널의 브랜드 가치를 올리는 4단계 접
근법을 알아보겠습니다. 유튜브의 '유' 자도 몰랐던 김 대리는
채널 개설과 운영 노하우를 마스터할 수 있을까요?

●

나더러 유튜브 채널을
기획하라고?

뉴미디어팀의 자리는 마케팅팀 바로 옆이었다. 김 대리는 기가 죽었다. 마케팅팀 방치열 팀장은 늘 김 대리를 못 잡아먹어서 안달인 상사였다. 팀을 옮기면서 유일하게 기뻤던 건 방 팀장을 이제 안 봐도 된다는 사실이었다. 그런 김 대리의 기대가 완전히 무너졌다.

책상 위에는 전날 옮겨놓은 컴퓨터들이 덩그러니 놓여 있었다. 느릿느릿 컴퓨터를 세팅하고 있는데 박 인턴이 들어왔다.

"박 인턴, 피곤해 보인다?"

"어제 밤늦게까지 술 마셨거든요."

"젊구나, 젊어."

"대리님이랑 다섯 살 차이밖에 안 나는데요."

그러고는 박 인턴은 아무 말도 없었다. 문득 김 대리는 섭섭한 마음이 들었다. 자신은 출근 걱정에 잠 못 이뤘는데 속 편하게 술을 마셨다니, 모든 짐을 홀로 짊어진 것 같아 쓸쓸한 기분도 들었다.

'그나저나 뭐부터 시작해야 하나?'

김 대리는 유튜브에 대한 고민으로 머릿속이 복잡했다. 김 대리가 유튜브에 대해 아는 건 딱 두 가지였다. **동영상**을 볼 수 있다는 것, 요즘 **대세 플랫폼**이라는 것.

이른 시간이라 옥상에는 김 대리와 박 인턴뿐이었다. 두 사람은 아무 말 없이 자판기 커피를 홀짝거렸다.

"박 인턴, 근데 유튜브 좀 알아? 자주 보는 것 같던데."

"네? 아… 매일 보긴 하죠. 근데 잘은 몰라요."

박 인턴이 뭔가를 숨기는 것 같았지만 마음이 급한 김 대리는 그다지 신경 쓰지 않고 되물었다.

"혹시 **채널**이라는 게 뭔지 알아? 인터넷 찾아보니까 유튜브 시작하려면 채널부터 만들어야 한다던데."

박 인턴은 황당하다는 듯 김 대리를 쳐다보았다.

"대리님, 그것도 모르시는 거예요?"

박 인턴의 대답에 김 대리는 움찔했다. 세상 사람 다 아는 걸 혼자만 모른다는 생각이 들었다.

"모르니까 물어보는 거잖아…."

김 대리는 기어들어 가듯 말했다.

"일종의 **개인 방송사**라고 보면 돼요. 제작한 동영상들을 업로드하고 모아놓는 공간이에요. 채널에 영상을 올려놔야 시청자들이 볼 수 있어요."

"오! 박 인턴, 유튜브 좀 아는데?"

"이 정도는 초등학생도 다 알아요."

"사실 나는 아직도 아날로그가 더 편해. 영상보다는 블로그에 글을 써서 올리는 게 더 편하다고. 인터넷 뱅킹 같은 것도 잘 안 쓰고. 그러니 박 인턴이 많이 도와줘야 해."

박 인턴은 답이 없었다.

"아무튼 채널부터 만들어야 한다는 얘기지? 지금 내려가서 바로 만들까?"

"대리님, **채널명**은 생각해보셨어요? 채널 브랜딩하려면 디자인 작업도 필요할 텐데요?"

"채널명? 디자인? 생각보다 할 게 많네."

버튼 몇 개만 클릭하면 저절로 채널이 만들어지는 줄 알았다. 하지만 예상보다 신경 써야 할 게 많았다.

"박 인턴, 아침부터 표정이 안 좋은데 술 많이 마신 거야?"

"네, 공무원 준비 같이했던 친구들이 모였거든요. 한 친구가 합격해서 축하해주는 자리였어요."

"아….."

"저도 1년만 더 공부해볼 걸 싶더라고요. 여기서 인턴이나 하면서 시간 버리고 있을 바엔."

박 인턴은 대학을 졸업하고 3년 정도 공무원 준비에 매달렸다. 하지만 합격증은 받지 못했다. 결국 늦은 나이에 토이팜의 인턴으로 입사했다.

사무실로 내려오자 차 과장이 컴퓨터를 정리하고 있었다. 장충모 차장과 오나영 대리의 자리는 비어 있었다. 장 차장은 외근 중이었고 오 대리는 휴가였다.

"김 대리! 새 팀으로 발령 난 거 축하해!"

자리에 앉으려는 김 대리에게 마케팅팀 한길수 대리가 큰 소리로 말을 걸어왔다. 마케팅팀 팀원 몇몇이 키득거렸다.

뉴미디어팀이 정리해고를 위한 일종의 포석이라는 걸 회사 직원 대다수가 알고 있었다. 직접 자르지 않고 실적 압박을 줘 스스로 퇴사하게 만드는 고도의 전략이라는 것이었다.

한 대리는 김 대리를 뉴미디어팀으로 보낸 방치열 팀장의 오른팔이었다. 경력직으로 입사한 김 대리와 달리 한 대리는 공채 출신이었다. 지금은 공채 제도가 사라졌고 한 대리는 마지막 공채였다. 공채 프라이드가 상당했다.

자리에 앉자 권태기 부장의 메시지가 왔다.

지금 내 방으로 좀 오게.

"네? 계획을 보고하라고요?"

폭탄 같은 지시였다. 김 대리는 뭘 해야 할지 아직 감도 잡지 못한 상태였다.

"김 대리, 계획도 안 세우고 사업을 시작하려고 했나? 명색이 신규 사업인데 뭐라도 보여줘야지. 구체적인 것까지는 아니더라도 전체적인 방향을 발표한다고 생각하게. 너무 고리타분하다고 불평하진 말고. 윗분들이 원래 보고를 좋아하시지 않나."

"어떤 식으로 보고하면 될까요?"

"김 대리, 여기 짬밥이 얼마 정도 됐더라?"

"5년 정도 됐습니다."

"그 정도면 알아서 해야. 김 대리가 마케팅 기획 전문 맞지? 자네를 뉴미디어팀에 추천한 이유도 바로 그거야."

마케팅팀 출신인 건 맞지만 기획 전문가라고 보긴 어려웠다. 늘 반복적인 업무만 해왔을 뿐 **새로운 마케팅 채널**에 대해 진지하게 고민해본 적이 없었다. 판매점 관리와 정해진 규칙에 따른 프로모션, 이벤트 진행 정도가 전부였다.

"너무 부담 갖진 말고. 보고라는 게 다 형식적인 거 아닌가? 그럴싸하게 보여주면 돼. 알았지?"

'그럴싸하게? 세상에서 제일 어려운 일 아닌가?'

김 대리는 한숨을 푹 쉬었다.

02

채널의 콘셉트는
'나음보다 다름'

"김 대리님, 얼굴이 왜 이렇게 까칠해요? 회사에서 밤이라도 새우셨어요?"

휴가에서 돌아온 오 대리가 명랑한 목소리로 말했다.

"통 잠을 못 자요. 밤을 새워서라도 뾰족한 수가 나오면 좋겠네요. 오 대리, 나 좀 살려줘요."

오 대리는 김 대리의 말을 듣는 둥 마는 둥 가방을 뒤적였다.

"신상 화장품 샘플 몇 개 가지고 왔어요. 한번 발라보세요. 혹시 이참에 제 채널 모델로 데뷔하시는 건 어때요? 화장 전후의 스펙터클한 변화를 올리면 반응이 좀 올 것 같은데."

- 잘나가는 크리에이터들은 일상이 콘텐츠다!

김 대리는 전날 본 인터넷 기사를 떠올렸다.

"아니, 이런 거 말고 제 고민 좀 들어줘요."

"네, 말씀해보세요."

"시작이 반이라고 하는데 유튜브는 시작조차 못 하겠네요."

"어떤 게 가장 어려우신데요?"

오 대리의 질문에 김 대리는 멍해졌다. 어렵다고는 했지만 구체적으로 뭐가 어떻게 어려운지는 고민해본 적이 없었다.

"촬영이랑 편집 아닐까요?"

"역시 제가 예상했던 답이네요."

"영상을 잘 만드는 게 제일 중요하잖아요."

"물론 잘 만들어야 하죠. 근데 촬영이나 편집보다 먼저 고민해야 할 게 있어요."

"그게 뭐예요?"

"오늘 점심 쏘시면 알려드릴게요!"

평소보다 10분쯤 일찍 나왔지만 거리는 이미 직장인들로 붐볐다. 차 과장은 도시락을 싸왔고 장 차장은 아침에 잠깐 얼굴을 비추고 또 외근을 나갔다. 김 대리, 오 대리, 박 인턴 세 사람은 직장인들의 무리를 따라 걸었다.

먹자골목에 들어서자 길게 줄이 늘어선 식당이 보였다. 회사 주변에서 꽤 오래 장사해온 돼지고기 두루치기 전문점이었다. 하지만 얼마 전까지만 해도 이렇게까지 문전성시를 이루는 집은 아니었다.

'뭐 특별한 이벤트라도 하나? 아님 새로운 메뉴라도 생겼나?'

김 대리는 궁금증이 생겼다. 그리고 자신도 한번 먹어보고 싶다는 생각이 들었다.

세 사람은 사람들을 피해 인근의 비교적 한산한 식당으로 들어갔다. 주문을 마치자 오 대리가 물었다.

"방금 사람들이 줄 서서 기다리는 가게 보셨어요?"

"네, 안 그래도 인기 비결이 궁금했어요."

"최근에 유튜브 채널에 소개됐어요. 회사 주변 숨은 맛집으로요."

"아, 유튜브에만 나오면 다 저렇게 유명해지나 봐요."

"그럴 리가 있나요? 어떤 채널에 소개되느냐에 따라 다르죠. 채널마다 **영향력** 차이가 얼마나 큰데요. 저 가게가 소개된 채널은 **구독자수**가 80만 명이 넘어요. 인기 채널이죠. 영상 **조회수**도 굉장히 높았을 거예요."

"100만 넘었어요. 저도 그 영상 봤어요. 김 대리님만 못 보셨구나."

박 인턴이 얄미운 말투로 슬쩍 끼어들었다.

미리 준비해두었는지 금방 식사가 나왔다. 전체적으로 무난했지만 굳이 다시 찾아올 만큼의 맛은 아니었다.

"그나저나 촬영과 편집보다 더 중요한 게 뭐예요?"

"요즘 유튜브 크리에이터가 되려는 사람이 엄청 늘었어요. 다들 왜 유튜브를 하려는 걸까요?"

"그야 돈을 벌거나 자신의 브랜드 가치를 높이기 위해서겠죠."

"또요?"

"사람들에게 즐거움을 주거나 좋은 정보를 주기 위해서? 그냥 영상 찍는 게 좋아서?"

"다 맞아요. 유튜브에서는 말씀하신 모든 게 가능해요. 뭐든 자유롭게 할 수 있죠."

"그런데 저는 회사 채널을 관리해야 하잖아요. 내 마음대로 할 수 없죠."

"그래도 목적은 같아요. 회사에 돈을 벌어주거나 회사의 브랜드 가치를 높이거나 회사에 관한 정보를 시청자들에게 재미있게 전해주거나."

"아, 그렇군요."

대꾸할 말이 딱히 떠오르지 않았다. 오 대리의 말이 맞았다.

"결국 가장 중요한 건 **채널의 목적**을 정확히 정하는 거예요. 그리고 목적을 이룰 수 있는 **구체적인 계획**을 세우는 것, 그게 첫 번째 단계죠. 너무 당연한 얘기 같죠?"

"네, 솔직히 좀⋯."

"목적을 명확히 정하지 않고 시작부터 촬영과 편집에만 매달리면 어떻게 될까요? 5개나 10개쯤, 많게는 30개쯤 업로드하고 포기해버려요. 이유가 뭘까요?"

"힘들어서겠죠?"

"좌절감 때문이에요. 하루 온종일 며칠 동안 영상을 만들어서 올렸는데 조회수는 늘 한 자리예요. 계속하고 싶은 마음이 생길까요?"

"그런데 방금 그 가게는 영상을 잘 찍어서 인기가 있는 거 아닌가요? 음식을 맛깔나게 찍었으니까 사람들이 몰리는 거겠죠?"

"글쎄요, 영상미 때문일까요? 참고로 그 영상은 **브이로그(VLOG)** 영상이었어요."

"브이로그가 뭐예요?"

"브이로그는 **비디오(Video)**와 **블로그(Blog)**의 합성어예요. 일상을 자연스럽게 촬영한 영상 콘텐츠로 요즘 인기가 꽤 좋아요."

박 인턴이 오 대리 대신 대답했다. 그러고는 다시 식사에 열중했다.

"브이로그는 야외에서 즉흥적으로 찍는 경우가 많아서 사양이 높은 장비보다는 오히려 휴대성이 뛰어난 카메라를 활용해요. 스마트폰에 짐벌을 장착해서 촬영하는 영상도 많고요. 즉, 영상미보다는 기획이나 구성에 더 중점을 둬요. 직접 영상을 보시면 무슨 말인지 알게 되실 거예요."

"근데 짐벌이 뭐예요?"

"짐벌은 촬영할 때 카메라가 흔들리지 않도록 잡아주는 장치예요."

약속대로 점심값은 김 대리가 계산했다. 하지만 여전히 머릿속이 복잡했다.

"정답을 모르겠네요."

"대리님, 유튜브에 정답은 없어요. 그 대신 중요한 거 하나 더 알려드릴게요."

오 대리는 계산을 마친 김 대리의 팔을 끌며 가게 밖으로 나갔다. 그러고는 작게 속삭였다.

"이 가게 어땠어요? 맛있었나요?"

"무난했어요. 근데 손님이 이렇게 없을 정도는 아닌 것 같아요."

"저기 보세요. 이 길목에 이 가게랑 메뉴 구성과 가격이 비슷한 가게가 세 군데가 넘어요. 게다가 다른 가게들이 상대적으로 더 깔끔하고 맛도 좋죠."

김 대리는 이제야 알겠다는 듯 고개를 끄덕였다.

"똑같은 걸 하려면 더 잘해야 경쟁력이 생겨요. 이미 성공한 채널을 따라잡는 것도 마찬가지예요. 더 뛰어난 콘텐츠를 제공해야 하죠. 하지만 그건 정말 어려워요."

"그럼 어떻게 해요?"

"**차별화**가 필요해요. 다른 채널과 다른 무언가가 반드시 하나는 있어야 해요. 정말 작아도 괜찮아요. 작은 변화가 큰 차이를 만드니까요."

03

브랜드를 강화하는
4단계 접근법

12시 30분, 카페는 직장인들로 붐볐다. 박 인턴은 쪽잠이라도 자고 싶다며 먼저 사무실로 향했다.

빈자리가 없는지 둘러보는데 때마침 홀 근처에 앉아 있던 손님들이 일어났다. 김 대리는 잽싸게 달려가 자리를 잡았다.

"커피는 제가 쏠게요."

오 대리가 말했다.

"오늘은 제가 풀코스로 쏘려고 했는데…"

"감사하지만 저도 염치는 있어요."

오 대리가 주문을 하는 동안 김 대리는 식당에서 얘기했던 브이로

그 영상을 봤다. 유튜브 크리에이터 커플의 소소한 일상을 담은 채널이었다. 채널명은 '주주커플TV'였다. 길지 않은 영상 속 두 주인공은 두루치기를 맛있게 먹고 있었다. 입에 양념이 묻은 줄도 모르고 열중해 먹는 모습에 김 대리도 군침을 삼켰다.

"뭐 보세요?"

주문을 마친 오 대리가 다가왔다.

"네, 아까 얘기한 영상이요."

"어때요? 재미있어요?"

"특별한 스토리는 없는데 그냥 생각 없이 보게 되네요. 식당에 한번쯤 가보고 싶다는 생각도 들고요."

"그것 말고 없나요?"

"글쎄요. 참 자연스럽다? 연애하는 모습을 그대로 담은 것 같아서 설레기도 해요. 비주얼이 출중한 두 사람이 소박한 식당에서 연애를 하는 게 반전 같기도 하고요."

"맞아요. 두 사람이 고급 레스토랑에서 값비싼 스테이크를 먹으며 우아한 체했다면 사람들의 관심을 끌지 못했을 거예요. 여기서 교훈! 사람들은 **솔직함, 담백함, 진정성**을 좋아해요. 그게 평범한 일상을 특별하게 보이도록 만드는 힘이죠."

"맞아요. 진심이 전해지는 영상은 보게 되더라고요."

"대리님도 진심을 담아 콘텐츠를 만드셔야 해요."

"그게 가능할까요?"

오 대리가 가볍게 미소를 지었다.

"오나영 님, 주문한 음료 나왔습니다."

카운터에서 오 대리의 이름을 불렀다. 두 사람은 커피를 마시며 대화를 이어갔다.

"물론 사람들마다 좋아하는 게 다 달라요. 누구는 서민적인 일상보다 값비싼 스포츠카를 소개하거나 최고급 리조트에서 수영하는 영상을 좋아하죠. **다양성**, 그게 바로 유튜브의 경쟁력이에요."

김 대리는 주위를 두리번거렸다. 식당과 달리 카페에는 여전히 빈자리를 찾기 어려울 만큼 손님이 많았다. 주변 카페 대부분이 인기가 있었지만 이 카페는 압도적으로 붐비고 있었다.

"여기만 유독 왜 이렇게 사람이 많은지 궁금하시죠? 자발적으로 찾아와서 한 끼 점심값과 맞먹는 커피값을 내는 이유 말이에요."

"브랜드 때문이겠죠?"

김 대리는 멋쩍게 웃었다.

"잘 아시네요. 대리님도 그런 **브랜드 채널**을 만드시면 돼요."

김 대리도 브랜드의 중요성은 알고 있었다. 하지만 브랜드의 가치를 높이는 일이 얼마나 어려운지도 잘 알고 있었다.

"그게 어디 쉬운 일인가요."

"열심히 해야죠."

"열심히 한다고 다 되는 건 아니잖아요!"

"그야 당연하고요. 근데 열심히 하지 않고 잘될 수는 없어요. 제 기준에서 '열심히'는 콘텐츠를 **지속적으로** 생산하고 올리는 거예요."

"네…."

"주주커플TV 보셨죠? 그 채널은 식당 영상 말고 다른 영상의 조회수도 높아요. 채널의 힘이 크기 때문이죠. 콘텐츠가 많은 사람에게 전파되려면 콘텐츠 내용이 재미있어야 해요. 하지만 그보다 **파급력**이 더 중요해요. 파급력을 결정하는 건 채널의 **브랜드 파워**고요. 브랜드 파워를 높이려면 꾸준히 규칙적으로 영상을 올리는 방법밖에 없어요."

"네, 무슨 말씀이신지 알겠어요."

"물론 영상을 많이 올리기만 한다고 해서 성과가 나오는 건 아니에요. 유튜브는 생각보다 긴 싸움이에요. 하지만 계속 올리다 보면 어느새 채널이 훌쩍 성장해 있을 거예요."

"네! 일단은 무작정 올리라는 거죠?"

"무작정은 아니고요! 전략을 잘 세워야죠. '단계적 접근'이라고 설명하면 될까요? 우선 시청자들의 시선을 사로잡는 노력이 필요해요. 좀 고상하게 말하자면 **브랜드 인지** 단계죠. 이게 1단계예요."

"잠깐만요. 좀 적을게요."

김 대리는 스마트폰을 꺼내 메모 앱을 열었다. 김 대리가 유일하게 사용하는 앱이었다.

"브랜드를 사람들에게 잘 인지시키려면 **키워드**와 **미리보기 이미지**(섬네일)에 신경 써야 해요. 콘텐츠가 검색과 추천에 잘 걸리도록 좋은 키워드를 선정해야 하죠. 그리고 눈에 확 띄는 미리보기 이미지로 시청자의 클릭을 유도해야 해요."

"키워드와 미리보기 이미지가 중요하다는 얘기는 많이 들었어요."

"2단계에서는 시청자의 기억 속에 자리 잡아야 해요. 시청자들이 우리 채널이 어떤 채널인지, 어떤 브랜드인지를 알게 해주어야 하죠. 이 단계에서는 콘텐츠의 **일관성**이 가장 중요해요."

"콘텐츠의 일관성이요?"

"일관된 콘텐츠를 올려야 시청자들이 채널의 **정체성**을 알 수 있어요. 게다가 유튜브의 알고리즘도 채널의 정체성을 판단해서 콘텐츠를 누구에게 노출시킬지 결정하죠. 그래서 채널의 정체성은 굉장히 중요해요. 예를 들어 저는 뷰티 크리에이터라 메이크업 관련 콘텐츠를 주로 올려요. 그런데 제가 같은 채널에 게임이나 먹방 영상을 업로드한다면 일관성에 위배되겠죠. 오해하시면 안 되는 게 일관성은 같은 콘텐츠를 올리는 게 아니라 일관된 성격을 유지하는 거예요."

"좀 어렵긴 한데 의미는 알 것 같아요."

"다음 3단계는 시청자들의 **방문 유도**예요. 이 단계에서는 콘텐츠의 차별화가 강조돼야 해요. 아주 재미있거나 아주 유용하거나! 방문을 유도한다는 건 구독자를 늘린다는 의미이기도 해요. 채널이 얼마나 성장했는지를 판단하는 가장 중요한 지표는 구독자수거든요."

"맞아요. 저도 구독자 많은 채널이 가장 신뢰가 가더라고요."

"마지막 4단계는 **관계 유지**예요. 시청자나 구독자의 피드백을 받고, 적극적으로 커뮤니케이션하는 거예요. 즉, 팬을 만들고 팬들의 사랑을 얻는 단계죠."

"이제 흐름을 알 것 같아요. 말씀하신 걸 정리하면 이렇게 될까요?"

김 대리는 적어놓은 내용을 오 대리에게 보여주었다.

"잘 정리하셨네요. 앞으로 유튜브 운영 잘하실 것 같은데요!"

1단계	2단계	3단계	4단계
시선 사로잡기 (브랜드 인지 단계)	기억 속에 자리 잡기 (관심 단계)	방문 유도하기 (구독 단계)	관계-연결 유지하기 (충성 단계)
- 키워드 - 미리보기 이미지 (섬네일)	- 일관성 있는 콘텐츠 - 지속적·규칙적 업로드	- 재미있고 유용한 콘텐츠 - 차별화 강조	- 지속적인 소통과 대화
브랜드 노출	브랜드 인지도 상승	브랜드 구독 유도	브랜드 충성도 상승

김 대리는 쑥스러운 듯 머리를 긁적거렸다.

"참고로 마지막 단계까지 도달한 곳이 바로 이 카페예요."

김 대리는 다시 주변을 둘러봤다. 점심시간이 끝나가는데도 여전히 빈자리가 없었다. 이 카페는 세계적으로도 유명한 카페 체인점으로 국내에서 가장 많은 가맹점을 보유하고 있었다.

"이 카페는 별다른 홍보 없이도 사람들이 스스로 찾아와요. 한때는 강력한 라이벌이 있었지만 지금은 시장을 평정하고 브랜드 파워에서도 압도적인 1위예요. 비결이 뭘까요?"

"아무래도 커피 맛 아닐까요?"

"맛도 중요하죠. 그런데 다른 커피가 더 맛있다는 평가도 있어요."

"그러면 잘 모르겠어요."

"서비스의 차별화 덕분이라고 해요. 방금 음료가 나왔을 때 제 이름 부르는 거 들으셨죠?"

김 대리는 그제야 생각났다는 듯 고개를 끄덕였다. 경쟁사는 커피

맛에만 집중했지만, 이 브랜드는 커피와 더불어 서비스에 중점을 두었다. 다른 카페와 달리 고객의 이름을 불러 친근하게 다가가는 것도 차별화된 서비스 중 하나였다.

오 대리는 설명을 이어갔다. 이 카페는 계절별로 다양한 음료를 제공했고, 사이즈별로 잘 분류해 합리적인 가격을 책정했다. 손님들이 줄 서서 주문하는 번거로움을 피하도록 앱을 통한 모바일 결제 시스템을 최초로 도입했는데, 이 앱이 소비자들을 사로잡는 데 큰 역할을 했다. 앱을 통해 생일이나 특별한 날에 각종 쿠폰을 보상으로 받으며 사람들은 이 브랜드를 계속 이용하게 된 것이다. 더불어 다이어리나 텀블러 등을 통해 사람들의 라이프스타일에 스며들었다. 이 모든 것이 브랜드의 충성도를 높였다.

"궁금한 게 하나 더 있어요. 채널의 **브랜드 파워**가 올라가면 제품도 잘 팔릴까요? 우리는 장난감을 팔아야 하는데…."

"우리 채널을 사랑해주는 충성 팬이 많이 생겨난다면 가능하죠. 그래서 브랜드를 강조하는 거예요. 얼마 전에 한 기업으로부터 광고를 의뢰받아서 립스틱 영상을 만들었어요. 방송 업로드하고 매출액이 두 배 넘게 뛰었다고 하더라고요."

"역시 대단하세요. 마지막으로 하나만 더요. 유튜브는 경쟁이 너무 치열하잖아요. 지금 시작하면 늦지 않았을까요? 이미 각 분야를 선점한 대형 채널이 많아서."

"쉽지는 않겠죠. 하지만 이건 공공연한 비밀인데요. 유튜브는 새로 시작하는 크리에이터를 밀어주는 일종의 알고리즘이 있는 것 같아요."

"정말요?"

"공식적으로 알려진 건 아니지만, 많은 크리에이터가 채널 초기에 콘텐츠 노출이 폭발적으로 증가하는 경험을 하거든요. 아무래도 새롭고 신선한 크리에이터들이 계속 발굴되길 유튜브도 바라지 않겠어요?"

김 대리는 자신에게도 그런 날이 오면 좋겠다고 생각했다. 그리고 오늘 나눈 이야기의 핵심을 짚어봤다.

차별화, 일관성, 지속성! 그리고 브랜드의 힘 키우기!

04

채널 성장을 위한 큰 그림 그리기

"지금까지 아무것도 한 게 없다고? 실망이군."

권태기 부장의 목소리는 차분했다. 김 대리는 고개만 푹 숙이고 있었다.

뉴미디어팀에 온 지도 일주일이 다 되어가고 있었지만 차별화와 일관된 콘텐츠의 중요성, 그리고 브랜드의 힘을 키우는 거대한 원리에 대해서만 알았을 뿐 여전히 구체적인 계획은 잡지 못했다.

"다음 주 목요일에 보고 잡혔으니까 그 전에 마무리하게."

권 부장이 나가고 팀원들만 회의실에 덩그러니 남았다. 일주일도 남지 않은 시간이었다. 김 대리의 발등에 불이 떨어졌다. 오 대리와 박 인턴은 안쓰러운 표정으로 김 대리를 바라봤다.

"저희끼리 조금 더 회의를 해볼까요?"

김 대리가 말했다. 하지만 회의는 오래가지 못했다. 차 과장의 심드 렁한 말 때문이었다.

"기본 계획도 없이 무슨 회의를 해? 우리는 천재가 아니야."

회의실을 나오다 김 대리는 방치열 팀장과 마주쳤다. 특유의 직설적 인 화법 때문에 방 팀장은 팀원들 사이에서 두려움의 대상이었다.

"김 대리, 새로운 프로젝트는 잘 되어가나?"

"네, 열심히 하고 있습니다."

김 대리는 기어들어 가는 목소리로 말했다.

"열심히? 마케팅팀에 있을 때부터 누누이 강조했을 텐데? 열심히 하는 것보다 잘하는 게 더 중요하다고."

방 팀장은 철저한 성과주의자였다. 찔러도 피 한 방울 나오지 않을 것 같은 사람이었다.

"다음 주에 사업 보고 잡혔다며? 나도 참석할 거야. 얼마나 잘 준비 했는지 기대하겠네."

김 대리의 마음은 더 무거워졌다. 어설프게 준비했다가는 방 팀장 에게 깨질 게 분명했다.

"뭔가 보여줘야죠. 안 그래요?"

오 대리가 김 대리를 회의실로 조용히 불러냈다.

"그러기에는 제가 너무 부족하네요."

"보고용 자료 만드는 거 급하시죠? 그러면 머릿속으로 큰 그림을 그려보세요. 채널을 어떻게 **성장**시킬지."

"큰 그림이요? 그걸 어떻게 그려요?"

김 대리는 스마트폰의 메모 앱을 열었다. 그리고 이전에 기록해둔 내용을 살펴봤다.

"지난번에 대리님이 채널의 브랜드 파워에 관해서 얘기해주셨잖아요. 채널의 힘을 기르려면 4단계 전략을 사용해야 한다고요."

"네, 그게 채널을 키우는 가장 근본적인 방법이죠. 하지만 근본적인 방법만으로는 예상보다 많은 시간이 걸릴 수 있으니까 조금 다른 방법도 알려드릴게요. 자, 어떤 기업에서 브랜드를 만들었다고 쳐요. 브랜드를 알리는 가장 대표적인 방법이 뭐예요?"

"**광고**겠죠."

"유튜브에서도 광고는 채널을 홍보하기 위한 일반적인 방법 중 하나예요."

"혹시 동영상을 시청하기 전에 나오는 그 광고 말씀인가요?"

"네, 맞아요. 말씀하신 건 인스트림 광고인데요. 그것 말고도 다양한 광고 상품이 있어요."

"제품이 아니라 채널도 광고가 가능해요?"

"그럼요. 제품, 모바일 앱, 게임, 채널 무엇이든 가능하죠."

김 대리는 고개를 끄덕였다.

"채널을 광고하면 크리에이터는 **광고주 역할**까지 하게 되는 거예요.

따라서 크리에이터는 기획 능력과 더불어 마케팅 감각도 뛰어나야 하죠. 김 대리님이 뉴미디어팀에 뽑힌 것도 그 때문이라면서요?"

김 대리는 한숨을 쉬며 말했다.

"제가 마케팅 감각이 뛰어났으면 이 팀에 차출되었겠어요?"

"너무 자학하지 마세요. 유튜브 광고보다도 채널을 성장시키는 더 좋은 방법이 있어요. 다른 유튜브 크리에이터와 힘을 모으는 거예요."

"좋을 것 같기는 한데 알고 지내는 크리에이터가 없어서…."

"그래서 요즘은 비용을 지불하고 협업을 해요. 바로 **인플루언서 마케팅**이에요. 인플루언서의 뜻이 뭔지는 아시죠?"

"영향력 있는 개인이라는 뜻이잖아요. 유튜브나 페이스북에서 인기가 많은 사람들."

"잘 아시네요. 인플루언서 마케팅은 말 그대로 인플루언서를 활용한 마케팅이에요. 사람들이 줄 서서 먹던 식당도 실은 주주커플TV 채널에 인플루언서 마케팅을 한 거예요."

"유명한 유튜브 크리에이터가 우리 회사 장난감으로 영상을 만들면 매출에 도움이 되겠네요?"

"아마도요!"

"근데 당장 광고를 하는 건 어려워요."

언제 해체될지도 모를 뉴미디어팀에 광고 예산이 지급될 가능성은 희박했다. 회사가 그들에게 유튜브 채널을 개설해 무언가를 시작해보라고 지시한 이유도 별다른 비용이 들지 않기 때문이다.

"이가 없으면 잇몸으로 씹는다잖아요. 상황에 맞춰서 하면 돼요. 채널이 성장한 후에 광고를 집행해도 효과가 있겠죠. 가장 근본적인 방법은 꾸준한 업로드라는 거 잊지 마세요!"

오 대리는 전화를 받으러 회의실 밖으로 나갔다. 김 대리는 그사이 메모 앱에 적어둔 내용을 다시 한번 차근차근 읽어봤다.

〈채널 성장을 위한 큰 그림 그리기〉

‖

콘텐츠의 규칙적 생산과 업로드

+

유튜브 광고 집행

+

인플루언서 마케팅

크리에이팅+마케팅,
유튜브로 두 마리 토끼 잡기

유튜브의 영향력은 날로 커지고 있습니다. 토이푸딩이 처음 유튜브 채널을 개설했던 2014년과 비교해보면 더욱 빠른 속도로 성장하고 있습니다. 앱 분석 전문기관에 따르면, 2019년 4월 기준 국내 유튜브 앱 사용 시간은 총 388억 분이라고 합니다. 이는 2018년 4월 기준 258억 분보다 무려 50% 늘어난 수치입니다. 그 뒤로 카카오톡 225억 분, 네이버 153억 분, 페이스북 42억 분 순으로 사용되었습니다. 물론 세 앱의 사용 시간도 늘어났지만, 유튜브와의 격차는 더욱 벌어졌습니다.

유튜브의 영향력 확대는 우리나라를 넘어 세계적인 현상입니다. 캐나다의 네트워크 솔루션 업체의 통계조사에 따르면 전 세계 모바일 인터넷 트래픽의 무려 3분의 1을 유튜브가 사용하고 있다고 합니다.

유튜브가 이렇게 큰 인기를 누리게 된 이유는 무엇일까요? 바로 유튜브와 크리에이터, 광고주 모두에게 이익이 되는 상생 전략 덕분입니다. 이 거대한 수익 구조 속에서 유튜브와 크리에이터, 광고주는 각각 어떤 역할을 할까요? 먼저 유튜브는 광고주와 크리에이터에게 플랫폼을 제공합니다. 광고주는 그곳에다 기업과 제품을 광고하죠. 크

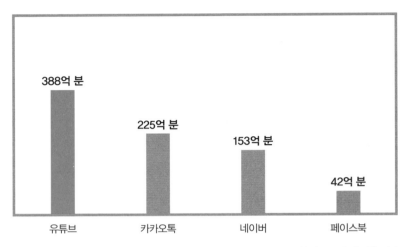

388억 분

225억 분

153억 분

42억 분

유튜브   카카오톡   네이버   페이스북

출처: 와이즈앱 2019년 4월 기준 국내 앱 사용 시간
(전국 안드로이드 스마트폰 사용자 3만 3000명을 표본 조사)

리에이터는 광고와 직간접적으로 관련된 콘텐츠를 제작하고 업로드합니다. 그렇다면 이들은 각각 어떤 이득을 얻을까요?

- **유튜브의 이익:** 광고주가 집행한 광고를 크리에이터의 영상에 실어줍니다. 그 대가로 크리에이터와 광고비 수익을 나눕니다. 일종의 '플랫폼 제공 비용'을 받는 셈입니다.
- **광고주의 이익:** 구글 애즈(Google Ads)를 통해 크리에이터의 영상에 광고를 내보냅니다. TV 광고를 포함한 어떤 플랫폼보다 효율적으로 광고를 집행할 수 있습니다. 최적화된 타기팅을 통해 원하는 영상에 광고를 정확히 실을 수 있기 때문입니다. 시청자가 광고를 모두 시청해야 광고비를 낸다는 점도 광고주에게 유리한 조건입니다.

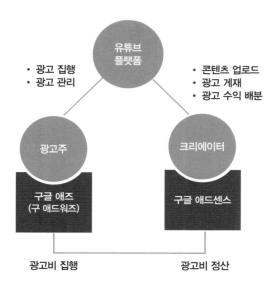

- **크리에이터의 이익:** 좋은 콘텐츠를 제작하여 올리고 그 대가로 광고 수익을 얻습니다. 유튜브는 구글 애드센스(Google Adsense)를 통해 매달 수익을 정산합니다. 유튜브에서 매달 지급하는 광고 수익 덕분에 크리에이터들은 창작 활동에 집중할 수 있습니다.

🔔 유튜브와 크리에이터는 44:55 비율로 수익을 배분합니다. 크리에이터가 가져가는 수익이 더 많습니다.

크리에이터는 광고 수익 외에도 다양한 방법으로 수익을 얻을 수 있습니다. 광고주 역시 유튜브 광고 말고도 크리에이터와 협업을 통해 다양한 마케팅 방법을 시도하고 있습니다. 따라서 유튜브를 잘 활용하려면 크리에이터에게도 마케팅 감각이 꼭 필요합니다. 반대로 마케터와 광고주에게도 크리에이팅 감각이 필수지요.

05
콘텐츠의 핵심은
가치 전달

"제가 지난번에 말씀드린 채널의 목적에 대해 생각해보셨어요?"

회의실에 돌아온 오 대리가 자리에 앉으며 말했다.

"여러 가지가 떠오르는데 아직 정리가 안 되네요."

"목적이 분명하면 길이 조금 더 잘 보여요."

"매출을 많이 올린다? 장난감을 많이 판다? 이 정도예요."

오 대리가 심각한 표정을 지었다가 이내 작게 웃었다.

"좋아요. 그게 목적이라면 어떤 콘텐츠를 만들 수 있나요?"

"아무래도 우리 제품을 소개하는 영상이겠죠?"

"맞아요. 근데 제품 소개를 보려고 유튜브를 이용하는 사람이 몇이나 되겠어요."

김 대리는 고개를 끄덕였다. 생각해보니 자신은 몇 초짜리 광고조 차도 넘겨버리는 편이었다.

"'돈을 많이 벌자', '물건을 많이 팔자'는 목적이 되기 어려워요. 그런 목적으로는 지속성 있게 재미있는 콘텐츠를 만들 수 없죠. 제가 말씀드린 목적은 **'어떤 가치를 전달할 것인지'**에 관한 거예요. 시청자들이 우리 콘텐츠를 통해서 어떤 **선물**을 받을 수 있는지 생각해보세요."

"음, 선물이라…."

"예를 들어 어린이들이 우리 채널을 볼 때마다 배꼽 빠지도록 웃게 만드는 것! 잠자리에 들기 전 생각나서 또 보게 만드는 것! 가슴 뭉클한 감동을 주는 것! 이런 게 가치죠."

"무슨 말씀인지 알 것 같아요."

"만약 채널을 보는 주 시청자가 성인이라면 최신 소식이나 유용한 정보를 전해주거나, 지적 갈증을 채워주는 것이 목적이 될 수 있죠."

"시청자가 누구냐에 따라 가치도 달라지는군요."

"물론이에요. 아무리 대단한 콘텐츠라도 가치가 명확하지 않으면 길을 잃어요. 어린이들에게 전문 부동산 지식을 전달하겠다, 이런 건 가치가 잘못된 거죠. 아무리 좋은 정보나 내용도 시청자에 맞게 선별되고 가공돼야 해요. 주말 동안 우리 채널이 줄 수 있는 가치를 곰곰이 생각해보세요."

금요일 저녁, 김 대리는 모두가 퇴근한 사무실에 홀로 남았다. 오 대리가 내준 숙제를 풀려면 '불금'은 고사하고 주말 내내 고민해도 답을 찾을 수 없을 것만 같았다.

'일단 오늘은 철수하자.'

주섬주섬 짐을 싸는데 문자메시지가 도착했다. 누나였다.

- 오늘 약속 없지? 저녁 먹으러 와.

그 순간 김 대리의 머릿속에 조카의 얼굴이 스쳐 지나갔다. 어쩌면 조카 지후가 고민을 해결해줄 적임자일지도 몰랐다.

현관문을 열고 들어서자 음식 냄새가 집 안 가득 진동했다.

"왔어?"

누나는 고개를 쭉 내밀며 김 대리를 맞았다.

지후는 거실에서 장난감을 가지고 놀고 있었다. 어릴 적 지후는 삼촌을 참 잘 따랐다. 그런데 일곱 살이 되고부터 삼촌에게 심드렁하게 굴기 시작했다. 회사에서 나온 장난감을 가져다줄 때만 삼촌에게 엉겨 붙었다.

"지후야, 뭐 가지고 놀아?"

"변신 로봇."

김 대리는 지후가 장난감을 가지고 노는 모습을 지켜봤다.

"삼촌 줘봐. 한번 해보자."

지후의 장난감을 건네받아 이리저리 만지작거리던 김 대리는 중요한 사실 세 가지를 깨달았다. 첫째, 어린이 장난감이 생각보다 복잡하다는 것. 둘째, 그런데도 애들은 누가 가르쳐주지 않아도 혼자 잘 가지고 논다는 것. 셋째, 심지어 어른보다 더 잘 가지고 논다는 것.

삼촌과 노는 게 재미없었는지 지후는 엄마의 스마트폰을 집어 들고 유튜브 앱을 열었다.

'유튜브가 확실히 대세이긴 하구나.'

김 대리는 지후가 보는 영상을 슬며시 지켜봤다. 장난감을 가지고 노는 영상이었다. 지후는 삼촌이 뒤에 있는 줄도 모르고 영상에 푹 빠져 있었다.

"지후야, 재미있어?"

"응."

"삼촌은 잘 모르겠는데, 지후는 왜 재미있어?"

"그냥 재미있는데."

밥을 먹으면서도 지후는 유튜브에서 눈을 떼지 못했다.

"서지후! 밥 다 먹고 봐!"

결국 지후는 엄마에게 스마트폰을 빼앗겼다.

"누나, 지후가 보는 채널이 뭐야?"

"응? 토딩TV 말이야?"

"토딩TV?"

"응. 그게 채널 이름이야. 근데 그게 왜?"

"꽤 재미있나 봐?"

누나는 어이없다는 듯 웃으며 말했다.

"재미있으니까 보지, 재미없는데 보겠니?"

"대체 뭐가 재미있는 걸까?"

"그걸 왜 나한테 물어. 애들 속은 애들이 알지."

"누나도 유튜브 봐? 혹시 이 채널 알아?"

김 대리는 오 대리의 채널을 보여줬다.

"써니TV? 요즘 제일 핫한 채널이잖아. 이미 구독도 했는데."

"누나도 유튜브 보는구나. 우리 회사 동료야. 나랑 친해."

"만나면 팬이라고 전해줘."

"근데 누나는 이 채널 왜 봐? 어떤 게 재밌어?"

"일단 밥 좀 먹고 얘기하자."

식사를 마친 지후가 자리에서 일어났다. 지후는 소파에 가 앉더니 다시 엄마의 스마트폰을 봤다.

"근데 누나, 써니TV 보는 이유가 화장하는 법을 알고 싶어서야?"

"밥 좀 먹자니까. 보는 이유가 한두 개겠어? 화장하는 모습이 신기하고 재미있어서 보는 거지. 정보를 얻거나 궁금증을 해결하려는 목적도 있고. 근데 저렇게 화장하면 나도 예뻐질 수 있다는 기대감 때문에 보는 거 아닐까?"

"일종의 **대리만족**이라는 거네?"

"글쎄, 아마도?"

"찾았다!"

김 대리는 숟가락을 탁 내려놓았다.

"얘가 밥 먹다가 왜 이래."

누나의 얘기에 김 대리는 싱글거리며 웃었다.

식사를 마치고 지후와 놀고 있는데 누나가 슬며시 옆으로 다가왔다. 평소답지 않게 만면에 미소를 머금고 있었다. 불안감이 엄습했다.

"지태야, 이것 좀 볼래?"

누나는 스마트폰을 불쑥 내밀었다. 화면에는 한 여성의 사진이 떠 있었다.

"뭐야, 또 소개팅이야? 지난달에도 했잖아!"

"그건 지난달에 한 거고. 여자친구 생길 때까지 한 달에 한 번 하기로 엄마랑 약속한 거 잊었어?"

김 대리의 나이도 어느덧 서른 중반이었다. 부모님은 혼기가 찬 김 대리를 늘 걱정하셨다. 하지만 소개팅은 번거로웠다.

"나는 형식적으로 하는 거야. 나오시는 분들에게 죄송하다고."

"마음을 열어. 참고로 이번 주 일요일이다."

"내일 모레? 누구 마음대로 약속을 잡아?"

"이 친구가 다음 주부터 석 달 동안 지방 출장을 간대."

"안 돼! 나 바쁘다고!"

06
가장 좋아하는 게
답이다

"김지태라고 합니다. 처음 뵙겠습니다."

"안녕하세요. 최수연입니다."

바쁘다는 핑계를 댔지만 누나에게는 통하지 않았다. 결국 두 사람은 일요일 점심시간에 만났다. 소개팅이 늘 그렇듯 대화는 어색했다.

"수연 씨는 주말에 주로 뭐 하세요?"

"저는 영화를 자주 봐요. 지태 씨는요?"

"저도 영화 많이 봅니다."

공통의 관심사가 있어서 다행이었다. 영화에 관한 대화는 꽤 순조롭게 이어졌다. 그러다 화제는 유튜브로 넘어갔다.

"혹시 유튜브 보세요?"

김 대리가 물었다.

"네, 출퇴근할 때마다 지하철에서 봐요."

"주로 어떤 채널 보세요?"

"저는 영화 리뷰 채널이요. 여러 채널을 구독해뒀어요."

수연은 각 영화 채널의 장단점을 비교하며 얘기를 이어나갔다. 어떤 채널은 신선하고, 어떤 채널은 진지하고, 어떤 채널은 가볍고 부담이 없다고 했다. 같은 영화 채널이라도 제각각 색깔이 달랐다.

식사 후 간단히 차를 마시고 김 대리는 수연을 지하철역까지 데려다주었다.

- 오늘 만나서 즐거웠습니다. 주말 잘 마무리하시고 힘찬 한 주 보내세요.

김 대리는 예의를 갖춰 메시지를 보냈다. 하지만 형식적인 메시지일 뿐 애프터를 신청할 마음은 없었다.

일요일 늦은 오후, 월요병이 몰려왔다. 다음 주에 있을 보고를 떠올리자 출근하기가 더욱 싫어졌다. 회사에 가서 보고 자료를 만들지 그냥 집에 갈지 고민하며 정처 없이 거리를 걸었다. 그리고 스마트폰을 꺼내 전화번호부를 살펴봤다. 누구든 만나고 싶었다. 결국 오 대리에게 문자를 보냈다.

- 대리님, 뭐 하세요?

뜬금없는 메시지였다. 한참 후에야 답장이 왔다. 방금 촬영이 끝났다는 연락이었다.

- 고생 많으셨네요. 혹시 지금 잠깐 만날 수 있을까요?

김 대리는 메시지를 보내고 살짝 후회했다. '소중한 주말에 나를 만나줄까? 그냥 바쁘면 안 나와도 된다고 다시 보내자.' 김 대리가 다시 메시지를 보내려는데 곧 오 대리의 답장이 왔다.

- 네, 괜찮아요. 근데 여기 잠실인데, 오실래요?

오 대리는 카페에 앉아 무언가에 열중하고 있었다.
"대리님, 바쁘세요?"
"아, 오셨어요? 오늘 촬영한 **브랜디드 콘텐츠** 모니터링하고 있었어요. 주말에 연락을 다 주시고, 무슨 일 있으신 건 아니죠?"
"그냥 답답해서 연락했어요. 브랜디드 콘텐츠도 촬영하시나 봐요."
브랜디드 콘텐츠는 최근 인기를 얻고 있는 마케팅 방법 중 하나였다. 마케팅팀이었던 김 대리도 브랜디드 콘텐츠의 중요성을 잘 알고 있었다. 브랜디드 콘텐츠는 다양한 문화적 요소와 브랜드 광고를 결합해 콘텐츠 안에 자연스럽게 메시지를 녹이는 것이었다. 쉽게 말해 시청자들이 광고라는 걸 알아차리지 못하게 만든 광고 콘텐츠였다.

"네, 인플루언서 마케팅 의뢰를 받아서 브랜디드 콘텐츠도 자주 촬영하죠."

"역시 오 대리님은 인플루언서였군요."

"김 대리님도 곧 인플루언서가 되셔야죠!"

두 사람은 함께 저녁을 먹었다.

"누나가 대리님 팬이라고 전해달래요."

"어머, 정말요? 너무 감사하다고 전해주세요."

"누나 말로는 대리님 채널을 보며 대리만족을 느낀대요. 상황에 맞춘 화장법도 재미있고요."

"알아봐주시니 더 감사하네요. 사실 그게 제 채널의 차별화 전략이에요. 많은 뷰티 크리에이터가 제품 소개에만 집중하거나 강의 위주로 콘텐츠를 제작했어요. 재미도 없고 흥미도 떨어졌죠. 저는 좀 다르게 접근하고 싶었어요. 흥미진진한 상황들을 연출하고 그에 맞는 특이한 화장법을 보여줬죠. 예쁘고 청순한 게 아니라 개성이 강하고 특색 있는 화장법을 다루거든요."

"역시 차별화가 중요하네요."

"그럼요. 유튜브에서 성공하려면 세 가지 중 하나는 해야 해요."

"세 가지요?"

"세상에 없던 걸 처음 시작하거나, 완전히 다르거나, 압도적으로 뛰어나거나."

"세 가지 다 어렵네요. 근데 대리님은 메이크업에 원래 관심이 많으셨어요?"

"네, 어릴 때부터 관심이 많았어요. 고등학생 때부터 네일아트 아르바이트도 했고 졸업 후에는 미용학원도 다녔죠."

"경험에서 나온 콘텐츠가 많겠네요."

"아무래도요. 시청자들에게 만족감을 주는 가장 좋은 방법은 내 경험을 전달하는 거예요. 유튜브에서 성공할 수 있는 가장 확실한 방법도 자신이 **가장 잘하는 것, 가장 좋아하는 것, 경험한 것**을 얘기하는 거고요."

김 대리는 마음이 무거워졌다.

"저는 장난감을 가지고 논 적이 별로 없어요. 게다가 동심도 잃은 지 오래고요."

오 대리는 밥을 먹다 말고 크게 웃음을 터트렸다.

"어른이 되면 대부분 동심을 잃어요. 그래도 할 수 있어요. 고민하고 공부하고 연습하면 돼요. 뭐든 숙달이 중요하니까요. 귀여운 조카에게 계속 보여주고 의견 받으세요. 조카가 재미있다고 할 때까지!"

"알겠습니다."

밤 9시가 훌쩍 넘은 시간이었다. 두 사람은 다음 날 출근을 위해 이쯤에서 헤어지기로 했다. 김 대리는 오 대리와 얘기하는 동안 출근도 보고도 잊고 있었다. 하지만 헤어질 시간이 되자 다시 월요병이 폭풍처럼 몰려왔다. 두 사람은 말없이 지하철역으로 걸어갔다.

07

시청자의 눈높이를 맞추는
타기팅 전략

출근을 하자마자 메일함을 열었다. 권태기 부장에게서 메일이 와 있었다. 메일에는 두 가지 소식이 쓰여 있었다. 첫 번째는 보고 때 방치열 팀장이 참석한다는 것, 두 번째는 대표이사 대신 그의 아들인 조수혁 이사가 참석한다는 것이었다. 조 이사는 지난달 마케팅 총괄이사로 취임했다. 나이는 김 대리와 또래로 미국 유명 대학의 MBA를 졸업했다.

회사 임직원들은 조만간 조 이사가 회사의 대표이사가 되리라고 믿고 있었다. 고위급 임원들은 조 이사의 라인이 되기 위해 줄을 서고 있었고, 그중에는 방 팀장도 포함돼 있었다.

김 대리는 머릿속으로만 그렸던 내용들을 보고서에 하나둘 써 내려갔다. 우선 두 개의 큰 줄기를 잡았다. **채널 성장 전략**과 **콘텐츠 차별화 전략**이었다.

채널 성장 전략은 토이팜 채널을 회사의 대표 브랜드로 만드는 것이었다. 목표를 이루기 위해선 '일관성'과 '차별성'을 갖춘 콘텐츠를 지속적으로 업로드해 조회수와 구독자수를 늘려야 했다. 유튜브 광고와 인플루언서 마케팅으로 채널 성장의 속도를 더하는 것도 중요하다. 결국 김 대리는 크리에이터이면서 마케터이자 광고주가 돼야 했다.

다음은 콘텐츠 차별화 전략이었다. 이 지점에서 김 대리는 커다란 벽에 부딪혔다. '대리만족'이라는 가치를 떠올렸지만 다음 단계로 넘어가는 게 쉽지 않았다.

"일단 여자아이들을 위한 콘텐츠에 집중해보는 건 어때?"

차미란 과장의 의견에 팀원 모두 고개를 끄덕였다. 처음으로 장충모 차장을 포함한 뉴미디어팀 전원이 모인 회의였다. 분위기는 사뭇 진지했다.

"우리 회사는 전통적으로 여자아이들 장난감이 인기가 좋았어. 이번에 나온 베이비돌리 인형과 주방놀이 세트도 여아용 장난감이잖아."

차 과장이 여아용 장난감에 집중하자고 한 이유는 더 있었다. 남아용 장난감보다 상대적으로 다루기 쉽고, 유행을 덜 타기 때문이다. 유행이 없어야 꾸준히 시청자가 늘어난다는 것이 차 과장의 부연 설명이었다.

김 대리는 차 과장의 말에 믿음이 갔다. 차 과장은 아들과 딸을 둔 워킹맘이었다. 김대리는 여자아이들 장난감에 집중하는 것이 **명확한 타기팅**을 통한 차별화 전략이 될 수 있으리라는 생각도 들었다.

"맞네, 이제 우리 아들도 로봇 장난감 안 가지고 놀아. 텔레비전에서 볼 때만 좀 가지고 놀지."

장 차장이 차 과장의 의견에 힘을 보탰다.

"그리고 남자애들은 조금만 지루해도 채널 바로 돌려. 지루할 틈을 주면 안 돼. 아들이랑 놀아주는 게 얼마나 힘든데."

"차 과장님 의견에 저도 동의해요. 저는 메이크업만 주로 다루는데요. 같은 뷰티 채널 중에는 메이크업과 스타일, 액세서리 등을 함께 다루는 채널도 있는데 전문성이 좀 떨어져 보여서 그런지 인기도 별로 없는 것 같아요."

오 대리가 차 과장의 말을 거들었다.

"근데 계속 여자아이들 장난감만 다루자는 건 아니죠?"

김 대리의 질문에 오 대리가 고개를 저었다.

"특정 아이템을 먼저 다루어서 선점하거나 독점하고 분야를 확장해나가자는 거죠. 저는 립스틱부터 시작했어요."

"그러면 여자아이들도 성격이나 취향에 따라 좀 더 세부적으로 나눠야 하지 않을까요?"

"타깃을 너무 좁히면 목표 시장이 좁아져요. 우선 3~6세 미취학 여자아이들을 타깃으로 하고, 반응을 본 다음에 수정하는 건 어때요?"

오 대리가 상황을 깔끔하게 정리했다.

이제 다음 과제는 콘텐츠의 종류였다. 김 대리는 새로 출시된 장난감을 소개하고, 조립 방법을 설명하고, 프로모션 이벤트를 알려주는 제품 소개 콘텐츠를 제안했다. 김 대리가 자신이 생각한 콘텐츠를 설명하자 야유가 쏟아졌다.

"정말 재미없을 것 같아요. 아이들에게 어설프게 정보를 전달하려고 하면 절대 안 통할걸요? 흠뻑 빠져서 보게 해야죠."

박 인턴의 말에 모두가 고개를 끄덕였다.

"원래 애니메이션이든 영화든 애들 보는 건 매력적인 **캐릭터**가 필수야. 베이비돌리 인형을 캐릭터로 만들어서 재미있는 행동을 반복해서 보여주는 건 어때? 아이들은 움직임 하나하나에 집중하거든."

차 과장의 말이었다.

"스토리도 중요해요."

박 인턴도 의견을 보탰다.

"스토리가 있으면 타깃이 달라지겠지. 스토리를 이해하려면 여섯 살은 넘어야 하지 않을까?"

김 대리가 반박했다. 그러자 차 과장이 고개를 저었다.

"꼭 그렇진 않아. 애들은 스토리를 이해 못 해도 잘 봐. 캐릭터의 움직임이나 표정에 집중해서. 우리 애들이 그렇거든."

"어린이용 콘텐츠니까 교육적인 내용도 넣는 게 어때? 우리 아내도 애한테 교육 콘텐츠를 주로 보여주거든. 나도 흘끔 봤는데 'Learn Color(색상 공부)', 'Learn Alphabet(알파벳 공부)' 같은 게 제목에 적혀 있더라고."

장 차장의 말에 김 대리는 고개를 끄덕였다. 콘텐츠를 어린이들이 직접 선택하지 않고 부모가 보여준다면 일리가 있는 말이었다.

회의는 밀도 있게 이어졌다. 캐릭터, 스토리, 교육 등에 이어 마지막으로 오 대리가 DIY(Do It Yourself)에 관한 의견을 냈다. DIY는 다양한 재료나 부품을 이용해 완성된 장난감을 만드는 과정을 보여주는 영상이었다. 유튜브에서 DIY와 관련해 'HOW TO'라는 키워드가 유행했다고 했다. 새삼 김 대리는 벤치마킹이 중요하다는 걸 깨달았다.

"근데 뭐부터 시작하죠?"

김 대리의 질문에 오 대리가 기다렸다는 듯 답했다.

"가장 잘할 수 있는 걸 선택해야죠."

"다 어려워 보이는데요."

"그러면 가장 빨리 만들 수 있는 콘텐츠를 먼저 만들어 올리세요. 그리고 **3H 전략**을 써보세요. 유튜브 초기에 채널을 성장시키는 데 도움이 될 거예요."

"3H 전략이요? 그게 뭔데요?"

"콘텐츠를 전략적으로 올리는 거예요. 3H 콘텐츠는 **허브(HUB) 콘텐츠, 헬프(HELP) 콘텐츠, 히어로(HERO) 콘텐츠**를 의미해요. 허브 콘텐츠는 정기적으로 올리는 콘텐츠예요. 채널의 정체성을 가장 잘 보여주는 일관성 있는 콘텐츠죠. 우리 채널에서는 베이비돌리 인형을 이용해서 규칙적으로 올리는 콘텐츠가 될 거예요. 헬프 콘텐츠는 시청자들의 흥미를 돋우기 위해 비정기적으로 올리는 콘텐츠예요. 허브 콘텐츠와는 주제나 소재가 다른 콘텐츠죠. 두 개의 콘텐츠를 사용하면 콘텐츠의 다양성이 확보되겠죠?"

"무슨 말씀인지 감이 와요."

"마지막은 히어로 콘텐츠예요. 새로운 시청자를 확보하기 위해서 작심하고 만든 콘텐츠라고 보면 될까요? 제작 규모가 크거나 크리스마스, 핼러윈처럼 특별한 날을 겨냥한 콘텐츠예요."

"근데 크리스마스나 핼러윈이라는 걸 시청자에게 어떻게 알리죠?"

"방법은 다양하죠. 키워드나 미리보기 이미지 등을 통해서 가능해요. 마침 키워드가 나왔으니 말인데요. 유튜브의 추천과 검색 알고리즘을 제대로 활용하기 위해서는 키워드를 잘 사용해야 해요."

"키워드를 어떻게 잘 사용하죠?"

김 대리가 다급히 물었다.

"채널과 콘텐츠에 부합하는 키워드를 계속 발굴해야겠죠. 운영하면서 차차 알게 될 거예요. 지금은 전체적인 방향이 중요해요. 계획은 최대한 체계적으로 세워야 해요. 하지만 계획에 모든 걸 담을 수는 없어요. 결국 중요한 건 실제로 부딪쳐보는 거예요."

"오 대리 의견에 찬성!"

차 과장이 싱긋 웃으며 말했다.

김 대리는 보고를 앞두고 조금이나마 자신감이 생겼다. 콘텐츠 역시 핵심은 '다양성'과 '확장성'에 있었다. 채널 성장, 콘텐츠 차별화, 키워드를 통한 추천 검색 알고리즘 활용.

'일단 전체적인 큰 그림은 그려졌다!'

콘텐츠 다양화를 위한 3H 전략

유튜브에서 가장 중요한 건 '콘텐츠'입니다. 콘텐츠에 의해 채널의 정체성이 결정되기 때문입니다. 물론 유튜브의 성패도 콘텐츠에 달려 있고요. 그래서 정말 많은 분이 토이푸딩에 이런 질문을 합니다.

– 어떤 콘텐츠를 만들면 성공할까요?

앞서 말씀드렸듯이 콘텐츠 기획에서 가장 중요한 것은 '전달하려는 가치'입니다. 따라서 영상을 제작하기에 앞서 '재미', '감동', '유익한 정보' 등 다양한 방향의 가치를 염두에 두고 콘셉트를 고민해야 합니다. 그러면 가치에 대해 조금 더 구체적으로 알아볼까요?

콘텐츠를 기획할 때는 크게 두 가지를 생각해보세요.

첫 번째는 'What', 즉 '무엇을 만들까?'입니다. 여기서 중요한 건 '소재'와 '주제'입니다. 토이푸딩을 예로 들자면 소재는 장난감입니다. 장난감 중에서도 어린이들에게 유익한 장난감을 선별합니다. 소재가 정해졌다면 무엇을 할지 생각해야 합니다. 바로 '주제'입니다. 토이푸딩은 장난감으로 다양한 놀이를 합니다. 그 놀이가 바로 주제에 해당합니다. 주방놀이, 계산기놀이, 병원놀이 등 무척 다양합니다.

　소재와 주제를 정할 때엔 '내가 가장 좋아하는 건 뭘까?', '내가 가장 잘하는 건 뭘까?' 이 두 질문을 반복해야 합니다. 저는 어릴 적부터 장난감을 참 좋아했습니다. 어른이 된 지금도 희귀한 장난감들을 모으고 있습니다. 그리고 잘하는 건 사진 찍기와 그림 그리기였죠. 토이푸딩 채널이 왜 저에게 적합한지, 왜 사람들에게 인기를 끌고 있는지 이제 이해되시나요?

　두 번째는 'How', 즉 '어떻게 표현할까?'입니다. 이 부분에서도 다양한 전략이 필요합니다. 구글에서 제시하는 좋은 방법이 있습니다. 바로 '3H 전략'입니다. 3H 콘텐츠는 허브 콘텐츠, 헬프 콘텐츠, 히어로 콘텐츠를 의미합니다.

- **허브 콘텐츠**: 정기적으로 업로드하는 콘텐츠입니다. 일관성 있게 올리는 콘텐츠로 채널의 정체성을 가장 잘 드러냅니다. 시청자들은 허브 콘텐츠를 통해 이 채널이 어떤 콘텐츠를 주로 다루는지 인지합니다. 그 결과 지속적으로 방문도 하고 구독도 하게 되는 거죠.

  ❗ 콘텐츠는 계획에 따라 업로드하는 게 좋습니다. 요일이나 시간을 정해두고 올리면 채널의 초기 성장에 도움이 됩니다. 시청자에게 업로드와 관련한 공지를 하는 것도 좋습니다. 이렇게 규칙적인 계획에 따라 올리는 콘텐츠가 바로 허브 콘텐츠입니다.

- **헬프 콘텐츠**: 정기적이지는 않지만 시청자들의 호기심이나 흥미를 자극할 수 있는 콘텐츠입니다. 허브 콘텐츠와는 다른 주제를 다루지만 채널의 정체성

을 잃어서는 안 됩니다. 헬프 콘텐츠의 핵심은 '재미'입니다. 헬프 콘텐츠의 반응이 좋으면 이후 허브 콘텐츠로 확장하게 됩니다. 허브 콘텐츠와 헬프 콘텐츠를 반복적으로 업로드하여 채널 콘텐츠의 다양성과 확장성을 확보할 수 있습니다.

- **히어로 콘텐츠:** '영웅'이라는 뜻처럼 작심하고 제작한 대규모 콘텐츠입니다. 주로 새로운 시청자를 모으기 위해 제작합니다. 대규모 이벤트에서 사용되고, 특정한 시기를 노리는 시의성 콘텐츠도 많습니다. 물론 반드시 돈을 많이 들이는 콘텐츠를 의미하지는 않아요. 그만큼 목표가 뚜렷하다는 의미죠. 토이푸딩을 예로 들면 어린이날이나 크리스마스, 핼러윈처럼 특별한 날을 염두에 두고 제작한 콘텐츠를 의미합니다. 따라서 히어로 콘텐츠는 자주 업로드하기보다 한 달에 한두 번 혹은 특별한 시기를 노리는 게 효과적입니다.

08

형식보다
본질이 중요하다

보고 회의에는 뉴미디어팀과 마케팅팀 전원, 그리고 조수혁 이사가 참석했다. 조 이사에 관해서는 아버지를 꼭 닮은 외모 외에 알려진 게 전혀 없었다. 어쩌면 자신의 존재감을 보여주려고 송곳 같은 질문을 쏟아낼지도 몰랐다.

김 대리는 준비한 보고 자료를 차분히 발표했다. 채널 성장과 콘텐츠 차별화, 키워드 전략 등 팀 회의를 통해 도출한 내용을 정리한 자료였다. 발표가 막바지에 이를 무렵 김 대리는 자신의 조카 지후와 차 과장의 아이들 사진을 보여주었다.

"내년에 초등학교에 들어가는 제 조카는 저보다 장난감을 더 좋아합니다. 왜냐하면 토이팜 장난감을 선물할 때만 삼촌이 세상에서 최고라고 말하거든요. 또 저희 팀에는 두 아이를 기르며 회사 생활을 하는 워킹맘이 있습니다. 바로 차미란 과장입니다. 차 과장의 두 자녀에게도 장난감은 없어서는 안 될 보물입니다. 장난감은 아이들에게 가장 큰 기쁨이자 즐거움입니다. 이것이 바로 토이팜 유튜브 채널이 추구하는 가치입니다. 어린이들이 가장 사랑하는 브랜드를 만들겠습니다. 장난감을 사달라고 강요하지 않겠습니다. 우리의 가치를 전하겠습니다. 이상 발표를 마치겠습니다.”

발표를 마치자 긴장감이 더 몰려왔다.

“김 대리님, 마케팅에 대해 진지하게 고민을 안 하신 것 같아요.”

방 팀장이 치고 들어왔다. 김 대리는 입술을 살짝 깨물었다.

“마케팅의 기본 절차들이 다 빠져 있어요. 마케팅 조사, 3C 분석, SWOT 분석, STP 전략. 이런 것들 마케팅팀에 있을 때 안 배웠어요? 제가 수없이 강조했을 텐데요.”

“솔직히 마케팅팀에 있는 동안 마케팅에 관해 깊은 고민을 해보지 못했습니다. 하지만 이번 보고를 준비하면서 우리 채널을 시청하는 고객의 **특성**과 **눈높이**에 맞춰 **콘텐츠를 전달하는 방법**을 찾는 데 주력했습니다. 특히 유튜브라는 새로운 플랫폼에 가장 어울리는 마케팅 방식이 무엇인지를 중점적으로 고민했습니다. 저는 그게 가장 핵심이자 본질이라고 판단했습니다.”

“본질? 기본도 없으면서 무슨 본질을 운운하나요?”

김 대리의 대답에 방 팀장의 목소리가 높아졌다.

"저는 김 대리 의견에 동의합니다. 오늘 보고의 주제는 '뉴미디어인 유튜브를 통해 어떤 가치를 전달하고 채널 브랜드를 어떻게 성장시킬 것인가'입니다."

권 부장이 끼어들었다. 그러자 방 팀장이 또 잽싸게 반박했다.

"뉴미디어팀, 이름 한번 그럴싸하네요. 우리 마케팅팀도 이미 블로그와 페이스북 페이지를 관리하고 있습니다. 광고도 여러 번 집행해 봤죠. 그런데 마케팅 수단 이상의 가치는 경험하지 못했습니다."

"제 생각에 유튜브는 블로그나 페이스북 페이지와 조금 다른 것 같습니다. 유튜브는 두 가지의 장점을 섞어놓았습니다. 그리고 텍스트 기반이 강한 블로그나 페이스북과 달리 영상을 기반으로 합니다."

"그걸 누가 모르나? 자네가 말한 '본질'에서는 같은 것 같은데?"

"영상이다 보니 어린이들의 접근성이 훨씬 높습니다. 또 영상이어서 사용자들이 많은 시간을 보내죠. 그리고 검색 포털이나 SNS는 아니지만 **접근성**과 **전파력**이 가장 뛰어납니다. 정리하자면 우리의 가치를 전달하고 충성 팬을 모으는 데 최적화되어 있습니다."

김 대리가 보기에 마케팅팀이 블로그와 페이스북 페이지를 잘 활용하지 못하는 데는 또 다른 이유가 있었다. 신제품 이벤트 정도만 올렸을 뿐 다른 콘텐츠는 고민조차 하지 않았고, 담당 직원의 열의도 부족했다. 구독자나 팔로워가 늘지 않은 건 당연했다. 결국 가장 중요한 건 콘텐츠였다.

"또 질문 있나요?"

조 이사가 입을 열었다. 방 팀장이 무너진 자존심을 회복하려는 듯 다시 말을 이었다.

"김 대리, 마지막에 장난감을 사달라고 강요하지 않겠다고 했지? 충성 구독자가 생기면 알아서 장난감을 사줄 거라는 얘기로 들리는데 그걸 어떻게 확신하지요? 과연 사줄까요?"

"**구매 전환**이 일어나도록 방법을 강구해야죠."

오 대리가 입을 열었다. 회의에 참석한 사람들이 일제히 오 대리 쪽으로 고개를 돌렸다. 조 이사 역시 흥미롭다는 듯 오 대리를 응시했다. 그녀가 인기 유튜브 크리에이터라는 건 이미 알고 있을 터였다.

"유튜브는 **리마케팅 서비스**를 제공해요. 영상을 시청하거나 채널을 방문하거나 채널을 구독한 사람들의 정보를 알 수 있죠. 고객 정보를 바탕으로 어린이날이나 크리스마스 등을 앞두고 신제품 프로모션이나 이벤트를 진행할 수 있어요. 쉽게 말해서 유튜브 시청자가 우리의 잠재고객이 되는 거예요. 그러니 콘텐츠상에서 굳이 사달라고 조르지 않아도 되겠죠?"

오 대리의 말에 방 팀장도 더 이상 대꾸하지 않았다.

"더 질문 없나요? 그러면 제가 마무리를 좀 하겠습니다."

회의에 참석한 직원들 모두 조 이사에게 집중했다.

"유튜브도 넓은 의미로는 마케팅입니다."

조 이사의 말에 방 팀장이 미소를 지었다.

"왜냐하면 마케팅이라는 게 결국 사람들에게 **필요한 것**을 전달해주는 거잖아요. 하지만 유튜브는 단순히 제품 판매를 위한 마케팅 도구는 아닙니다. 따라서 방 팀장님이 얘기한 마케팅 방법론을 순서대로 다 지키기는 어렵죠. 제 지인 중에도 유튜브 크리에이터가 많지만 그런 과정들을 하나씩 밟아가며 유튜브를 운영하는 사람은 없거든요."

이내 방 팀장의 표정이 굳어졌다.

"유튜브의 본질은 김 대리님이 얘기하신 것처럼 콘텐츠를 통해 시청자와 구독자에게 어떤 가치를 전달하는 겁니다. 좀 더 자세히 얘기하면 유튜브는 도구이면서 동시에 목적이 되어야 해요. 그 자체로 하나의 가치가 되어야 하고 또한 여러 부가가치를 동시에 창출해야 한단 얘기입니다. 그리고 사람들을 모으고 함께 소통하는 일종의 광장이 되어야 하죠."

조 이사는 잠시 얘기를 멈추었다. 회의실에는 다시 적막감이 감돌았다.

"김 대리님, 보고 내용이 좀 추상적이었지만 전체적인 방향성은 좋았습니다. 유튜브 트렌드에 관한 이해도 나쁘지 않았고요. 많은 기업이 유튜브 채널을 광고 목적으로만 활용합니다. 하지만 우리 채널은 브랜드의 정체성을 세워주는 역할을 해야 합니다. 앞으로 진행하면서 더 구체적인 계획들을 세워보세요."

"네, 알겠습니다."

"근데 혹시 채널명은 정해졌나요?"

조 이사의 기습 질문에 김 대리는 말문이 턱 막혔다. 채널명을 미처 생각하지 못한 것이다.

"'아이들의 꿈이 자라는 장난감 농장 토이팜 TV'입니다."

김 대리는 생각나는 대로 얘기했다. 오 대리가 작게 키득거리는 모습이 보였다.

"흠, 좀 식상하지만 일단 가보죠. 이름이 따뜻하니까요. 뭐, 특이하다고 다 좋은 건 아니죠."

회의는 무사히 끝났다. 김 대리는 안도의 한숨을 내쉬었다. 하지만 조 이사는 문을 나서며 또 한 번 김 대리의 허를 찔렀다.

"대리님, 혹시 '판타스틱토이' 채널 보셨어요? 거기도 최근에 채널을 개설했더라고요. 안 보셨으면 꼭 보세요."

'아뿔싸!'

김 대리는 **경쟁사 분석**을 빠뜨렸다는 사실을 깨달았다. 벤치마킹을 위해서 몇몇 채널들을 살펴봤다. 하지만 정작 가장 중요한 채널은 확인하지 못했다.

"바로 확인하겠습니다."

김 대리가 애써 씩씩하게 대답했다.

모두가 나간 뒤 뉴미디어팀 팀원들이 김 대리에게 다가왔다. 모두 김 대리의 어깨를 두드리며 수고했다고 말했다. 장 차장이 큰 목소리로 말했다.

"고생했으니 저녁이나 거하게 먹으러 갑시다!"

구글이 직접 밝힌
유튜브 10가지 성공 원칙

유튜브를 통해 성공하고 싶은 분들이 참 많이 늘었습니다. 이 책을 보고 계신 독자 여러분도 같은 마음이겠죠? 개인을 널리 알리든 회사의 브랜드를 널리 알리든, 지금 제가 알려드리는 10가지 성공 원칙은 모두에게 큰 도움이 될 것입니다. 콘텐츠를 만드실 때마다 하나씩 점검해보세요. 참고로 이 원칙은 구글에서 제공한 공식 자료입니다.

1. 공유성: 시청자가 다른 사람에게 공유할 만한 콘텐츠여야 합니다.

2. 대화: 시청자에게 직접 말을 건네는 콘텐츠여야 합니다.

3. 상호작용: 시청자의 참여를 유도할 수 있는 방법을 고민해야 합니다.

4. 일관성: 아이디어에 강력하고 반복적인 요소가 있어야 합니다.

5. 타기팅: 콘텐츠는 명확하게 정의된 시청자를 타기팅해야 합니다.

6. 지속 가능성: 시청자가 좋아하는 영상을 지속적으로 제작할 수 있어야 합니다.

7. 검색 가능성: 시청자가 검색이나 관련 동영상을 통해 내 동영상을 찾을 수 있게 해야 합니다.

8. 접근성: 모든 콘텐츠는 신규 시청자도 충분히 즐길 수 있어야 합니다.

9. 공동 작업: 다른 크리에이터와 함께 작업할 여지가 있어야 합니다.

10. 아이디어 얻기: 아이디어는 관심 분야에서 나온 것이어야 합니다.

출처: 유튜브 크리에이터 아카데미

이 10가지 성공 원칙은 3가지 범주로 다시 분류할 수 있습니다. '시청자 모으기', '시청자를 행복하게 만들기', '스스로 행복해지기'가 바로 그것입니다. 10가지를 다 기억하기 어렵다면 이 3가지만이라도 꼭 마음속에 새기기 바랍니다.

소재와 주제를 정하기 어려운 분들을 위해 제가 한 가지 더 팁을 드리겠습니다. 유튜브에서 가장 인기 있는 카테고리 'TOP 5'입니다. 콘텐츠를 구상하기 전에 카테고리를 먼저 구상해보는 것도 도움이 됩니다.

1. **엔터테인먼트**: 주로 예능 분야입니다. 토이푸딩을 포함한 대부분의 키즈 채널이 여기에 속합니다. 유튜브 시청자들은 동영상을 가볍게 보고 즐기며 웃을 수 있기를 원합니다.

2. **음악**: 국내 인기 채널의 상당수가 아이돌 그룹과 소속사의 채널입니다. 그리고 직접 작사·작곡한 곡을 불러주는 채널이나 악기를 연주하는 채널도 큰 인기를 얻고 있습니다.

3. **게임**: 초등학생부터 고등학생, 대학생에 이르기까지 광범위한 시청자에게 인기를 얻고 있습니다. 특히 요즘은 마인크래프트 게임을 활용한 콘텐츠들이

초등학생들에게 인기가 있습니다.

4. 인물·블로그: 유튜브에는 아프리카TV와 병행하는 BJ들이 많이 활동하고 있습니다. BJ들은 많은 팬을 거느리고 있습니다. 더불어 브이로그 콘텐츠가 각광받고 있습니다. 먹방 스타들의 콘텐츠 상당수도 인물·블로그 카테고리에 해당합니다.

5. 뷰티·패션: 외모 관리의 중요성이 점점 커지며 남녀노소 모두에게 폭넓은 인기를 얻고 있는 카테고리입니다.

최근에는 50대를 겨냥한 채널이 떠오르고 있습니다. 정치·뉴스 분야가 인기를 얻고 있지요. 영화나 애니메이션, 애완동물 카테고리 역시 꾸준히 시청자를 모으고 있습니다.

참고로 유튜브의 카테고리는 총 18개입니다. 자동차, 뷰티·패션, 코미디, 교육, 엔터테인먼트, 가족 엔터테인먼트, 영화·애니메이션, 음식, 게임, 노하우·스타일, 음악, 정치·뉴스, 비영리·사회운동, 인물·블로그, 애완동물·동물, 과학기술, 스포츠, 여행·이벤트입니다.

2장

유튜브,
실행이 답이다!

유튜브의 세계에서는 백 번의 고민보다 한 번의 실행이 더 효과적입니다. 발 빠르게 영상을 제작해 업로드하고 피드백을 받아야 채널의 문제점과 방향성을 확실히 파악할 수 있기 때문입니다.

이번 장에서는 유튜브 초보자도 쉽게 따라 할 수 있는 영상 제작 노하우와 편집 기술을 소개합니다. 김 대리와 뉴미디어팀은 촬영한 영상을 토이팜 채널에 무사히 업로드할 수 있을까요? 앞으로 그들이 만들어갈 콘텐츠는 어떤 모습일까요?

01
드디어 토이팜
채널 개설!

출근길 만원 지하철에서 김 대리는 판타스틱토이 채널을 둘러봤다. 개설한 지 3주 정도 된 채널에는 동영상 세 개가 올라와 있었다. 일주일에 한 개 정도 업로드하는 셈이었다.

20대 초반으로 보이는 앳된 얼굴의 여성 진행자가 발랄한 목소리로 장난감을 소개하고 있었다. 진행자의 과장 섞인 목소리와 몸짓 때문인지 계속 보게 되는 매력이 있었다.

한산한 사무실에는 박 인턴이 혼자 앉아 있었다. 박 인턴은 김 대리가 다가오는 줄도 모르고 화면에 집중하고 있었다.

"박 인턴, 뭘 그렇게 골똘히 봐?"

"아, 오셨어요? 유튜브 게임 채널이요."

"그렇구나. 주말엔 뭐 했어?"

"주말 내내 게임 방송만 봤어요."

김 대리는 사무실을 들어서며 수연의 문자를 받았다. 주말에 잠시 보자는 문자였다. 소개팅을 했다는 것조차 까맣게 잊고 있었다. 만나야 할지 거절해야 할지 잠시 고민했지만 먼저 관심을 보여주는 게 조금은 고맙기도 했다. 김 대리는 수연에게 답장을 보냈다.

– 이번 주말 괜찮아요.

보고 회의까지가 계획이었다면 지금부터는 실전이었다. 이제 본격적으로 콘텐츠를 만들고 채널에 올려야 했다.

"대리님, 채널 언제 만드실 거예요?"

박 인턴의 말에 김 대리는 정신이 번쩍 들었다. 콘텐츠를 만들려면 가장 먼저 채널이 필요했다. 채널은 토이팜의 방송사이자 콘텐츠 저장소였다.

"아 참, 채널은 어떻게 만드는 거야?"

"**구글 계정**은 만드셨어요?"

"아니, 구글은 왜?"

"유튜브가 구글에서 제공하는 서비스잖아요. 구글 계정이 있어야 채널을 만들 수 있어요."

김 대리는 곧바로 구글에 접속해 계정 만들기 버튼을 클릭했다. 이름, 사용자 이름(ID), 비밀번호 등 몇 가지 정보를 입력하는 화면이 나왔다. 본인의 개인 채널이 아니므로 이름에는 '김지태' 대신 '조수혁'을 입력했다. 확인 버튼을 누르자 바로 계정이 만들어졌다. 구글 계정을 만드는 절차는 매우 간단했다.

다음은 채널 개설이었다. 박 인턴의 도움을 받기는 했지만 채널 개설 역시 예상보다 쉬웠다.

구글 계정으로 로그인한 김 대리는 유튜브 사이트로 이동했다. 그리고 우측 상단의 이름을 클릭했다. 설정 메뉴가 보였다. 메뉴를 클릭하자 화면 중간쯤의 내 계정 영역에 '새 채널 만들기'가 보였다. 마우스로 클릭하자 화면이 바뀌며 채널 이름을 입력하는 영역이 나타났다. 김 대리는 '장난감 농장 토이팜 TV'라고 입력했다. 조 이사에게는 '아이들의 꿈이 자라는 장난감 농장 토이팜 TV'라고 했지만, 그렇게 하기에는 채널 이름이 너무 길었다. 채널은 금세 개설되었다(채널 개설 절차는 18쪽 참조).

하지만 채널 개설을 마치자 곧바로 첫 번째 난관에 봉착했다. 바로 채널을 보기 좋게 꾸미는 일이었다. 구글 가입과 유튜브 채널 개설은 사실 누구나 할 수 있는 손쉬운 일이었다. 창의성을 필요로 하지도 않았다. 하지만 **채널 브랜딩**부터는 크리에이터의 영역이었다. 일단 **채널 아이콘**과 **채널 아트**를 꾸며야 했다. 채널 아이콘은 일종의 '로고'로 시청자들에게 가장 빈번하게 노출되는 영역이었다. 한편 채널 아트는 채널의 배경으로 시청자나 구독자가 채널에 방문했을 때 가장 먼저 접하는 이미지 영역이었다.

채널 브랜딩을 어떻게 해야 할까 고민하는 찰나에 차 과장이 들어왔다. 급하게 왔는지 숨을 헐떡였다. 차 과장은 김 대리와 박 인턴에게 작게 말했다.

"마케팅팀 방 팀장 눈치 엄청 보인다. 그치?"

세 사람은 함께 키득거렸다.

그러다 갑자기 김 대리는 무언가 떠올랐다는 듯 말했다.

"아 맞다! 차 과장님, 콘텐츠팀에서 디자이너였죠?"

"일단 채널의 콘셉트부터 정해야 할 것 같아."

차 과장의 의견에 김 대리도 동의했다. 채널의 콘셉트가 정해져야 채널의 색상부터 전반적인 디자인이 가능할 터였다.

"나중에 바꿀 수도 있지만 이왕이면 한 번에 잘하는 게 낫지 않겠어?"

"우리 채널이 장난감 농장이잖아요. 그런 의미에서 연두색 디자인이 어떨까요?"

박 인턴의 말에 차 과장이 조금 가소롭다는 표정을 지었다.

"발상이 좀 단순한데? 농장이라서 연두색이라…. 색상 면에서는 나쁘진 않지. 친근하고 따뜻한 이미지가 있잖아? 근데 좀 비어 보이는 느낌이 들 것 같아."

"농장에서는 식물이 자라잖아요. 자란다는 콘셉트를 살려서 여러 색상이 피어나는 느낌은 어떨까요? 아이들이 다양한 색상에 끌릴 수 있게요."

박 인턴이 의견을 덧붙였다. 김 대리도 그럴싸하다고 생각했다.

"우리 회사 인기 장난감들을 함께 배열하는 건 어때? 피어나는 것처럼 말이야."

"김 대리 의견 좀 추상적인 거 알지? 일단 두 사람 의견 종합해서 잡아볼게."

"과장님, 채널 아트에는 **문구**도 좀 넣어야 할 것 같아요. 일단 채널 명이 들어가면 좋겠고요. 아이들의 꿈이 자라는 장난감 농장 토이팜 TV라고 넣어주세요. '장난감 농장 토이팜 TV'는 좀 더 강조해주시고 요. 아, 그리고 '구독과 좋아요 부탁한다'는 문구도 넣어주세요. 나중에 업로드 계획이 정해지면 정기적으로 영상이 올라가는 요일과 시간도 적으면 좋을 것 같아요."

"박 인턴 의견도 반영해볼게. 채널 아이콘은 어떻게 할까?"

채널 아이콘 역시 쉽게 결론나지 않았다. 아이디어는 두 가지로 요약됐다. 첫 번째는 베이비돌리 캐릭터를 활용하는 것, 두 번째는 토이팜 로고를 활용하는 것. 두 가지 다 나쁘진 않았지만 장점과 단점이 뚜렷했다.

베이비돌리 캐릭터를 활용하면 친근감이 있었다. 하지만 자칫 여아용 장난감만 다루는 채널이라는 이미지가 굳어질 수 있었다. 추후 확장성에 걸림돌이 될 수 있다는 것이다. 차 과장은 마지막까지 베이비돌리 캐릭터를 활용하는 게 더 나을 것 같다고 의견을 피력했다.

결국 두 번째 안인 토이팜 로고를 쓰는 쪽으로 결정됐다. 로고를 쓰면 자칫 딱딱한 느낌이 들 수 있지만 채널과 더불어 회사의 정체성을 강조하는 데 더 유리했다. 채널이 성장하면 시청자들은 토이팜 로고를 인지하게 되고, 온라인을 넘어 오프라인 판매로까지 이어질 수 있었다. 주황색 바탕에 영어로 'Toy Farm'이라고 쓰인 글씨도 보기에 나쁘지 않았다. 글자는 하얀색이었고 테두리에 짙은 음영이 들어가 있었다. 김 대리의 의견에 결국 차 과장도 동의했다.

채널 브랜딩을 위해 필요한 디자인 작업은 채널 아이콘과 채널 아트 말고도 콘텐츠를 업로드할 때마다 작업해야 하는 미리보기 이미지가 있었다. 김 대리는 팀원들의 적절한 업무 분담이 필요한 시점이라고 생각했다.

"김 대리, 혹시 유료 이미지 계정 따로 없지?"

"그건 저도 잘 모르겠네요. 확인해볼게요."

"일단은 무료 소스로 해도 큰 문제는 없을 것 같아. 알겠어."

"괜찮으시겠어요?"

"그럼. 요즘 무료 소스 쓸 만한 거 많아."

"네, 그러면 과장님만 믿고 있을게요."

김 대리는 시원시원하게 대답하는 차 과장이 든든했다.

재방문을 부르는
채널 브랜딩

채널 아이콘과 채널 아트 등록하기

채널 아이콘과 채널 아트는 브랜드를 상징하는 이미지입니다. 시청자가 우리 채널을 방문했을 때 가장 먼저 접하는 화면이므로 세심하게 관리해야 하고, 누구든 한 번만 봐도 이 채널이 어떤 콘텐츠를 다루는 채널인지 알 수 있게끔, 그리고 오래 기억에 남도록 만들어야 합니다.

▶ '내 채널' 화면에서 '채널 맞춤설정'(❶)을 클릭하면 채널 정보를 등록하는 화면으로 이동합니다.

▶ '채널 아이콘'(❷)에 마우스 커서를 갖다 대면 '프로필 수정 아이콘'이 나타

납니다. 클릭하면 채널 아이콘 이미지를 삽입할 수 있습니다. '채널 아트 추

가'(❸)를 클릭하면 채널 아트 이미지를 삽입할 수 있습니다.

❶ 채널 아트 이미지의 크기는 가로 2560픽셀, 세로 1440픽셀이어야 합니다. 크기가 정확하지 않으면 등록되지 않습니다. 채널 아트는 데스크톱과 TV, 모바일에서 노출되는 이미지 영역이 다 다릅니다. 채널 아트의 이미지 사이즈가 고정된 이유는 하나의 이미지로 데스크톱, TV, 모바일에 다 적용해야 하기 때문입니다.

▶ 만약 적절한 이미지가 없다면 유튜브에서 제공하는 이미지(갤러리)를 사용해도

됩니다. '채널 아트' 화면에서 '갤러리'(❹)를 클릭하면 다양한 견본 이미지(❺)가

나옵니다. 이 중에서 마음에 드는 이미지를 고른 뒤 '선택' 버튼을 누릅니다.

❶ 단, 웬만하면 브랜드의 정체성에 맞게 이미지를 직접 제작하는 것을 추천합니다.

▶ 직접 제작한 이미지가 크기에 맞지 않다면 '자르기 조정'(**7**) 기능을 통해 이
미지 크기를 조정한 뒤(**8**) 위치를 잘 맞춰주세요.

채널 홈 영상 등록하기

'채널 홈 영상'은 채널에 방문한 사람이 가장 먼저 보는 영상으로, '재방문 구독자'와 '신규 방문자'에 따라 서로 다르게 노출시킬 수 있습니다. '재방문 구독자용 채널 홈 영상'은 흥미를 유발할 수 있도록 최신 영상이나 인기 영상을 등록하면 좋습니다. 일반적으로 '신규 방문자용 채널 홈 영상'은 구독을 유도할 수 있도록 채널 소개 영상을 등록합니다.

[재방문 구독자용 채널 홈 영상 등록]

▶ '내 채널' 화면에서 '채널 맞춤설정'을 클릭합니다(103쪽). '재방문 구독자용'(❶)을 클릭한 뒤 '콘텐츠 추천'(❷)을 클릭합니다.

▶ 동영상을 선택한 뒤 '저장'(③)을 누르면, 콘텐츠 제목을 추가(④)할 수 있습니다(선택사항). 동영상뿐만 아니라 재생목록을 등록할 수도 있습니다.

▶ 콘텐츠 제목을 추가한 뒤 '저장'을 누르면 채널 홈 영상이 등록됩니다. 추후 '수정'(⑤) 버튼을 클릭해 다른 동영상으로 교체할 수 있습니다.

[신규 방문자용 채널 홈 영상 등록]

▶ '채널 맞춤설정' 화면에 들어가 이번에는 '신규 방문자용'(⑥)을 클릭한 뒤 '채널 예고편' 버튼(⑦)을 클릭합니다.

▶ 동영상을 선택한 뒤 '저장' 버튼(⑧)을 누르면 완료되며, '재방문 구독자용 채널 홈 동영상'과 마찬가지로 추후 다른 동영상으로 교체할 수 있습니다.

채널 키워드 등록하기

'채널 키워드'는 채널 브랜딩에서 가장 중요하고 핵심적인 기능입니다. 얼마나 적절한 키워드를 등록했는지가 구독자 확보와 채널 홍보에 큰 영향을 미치기 때문입니다. 좋은 키워드를 발굴하는 방법은 178쪽에서 자세히 설명하겠습니다.

▶ '내 채널' 화면에서 '유튜브 스튜디오'(①)를 클릭합니다

▶ 좌측 목록에서 하단에 위치한 '설정'(②)을 클릭합니다.

▶ 설정 탭이 뜨면 '채널'(❸)을 클릭한 뒤 적당한 키워드를 입력하고(❹), 국가

(대한민국)를 선택(❺)한 다음 '저장'(❻)을 클릭하면 키워드 등록이 완료됩니다.

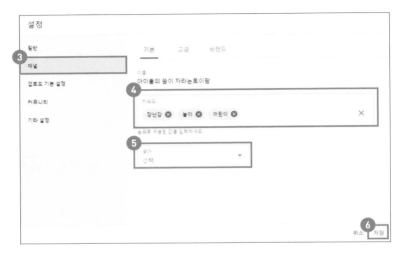

❗ 채널 키워드는 채널의 정체성과 어울리는 키워드 7~10개 정도를 등록하는 것이 가장 적
당합니다.

채널 워터마크 등록하기

▶ '워터마크'(❶)는 채널의 정체성을 통일하고 방문자에게 우리 채널에 올라온

동영상이 체계적으로 관리되고 있다는 것을 알리는 중요한 기능입니다.

▶ '채널 키워드 등록' 시 사용했던 설정 탭에서 마찬가지로 '채널'을 클릭한 뒤 이번에는 '브랜드'(②)를 클릭합니다. '이미지 선택'(③)을 누른 뒤 미리 만들어놓은 워터마크 이미지를 찾아 저장합니다.

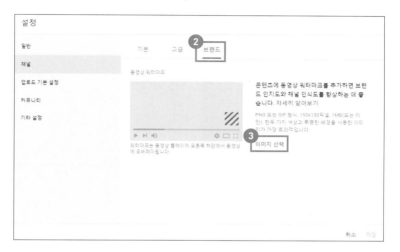

❶ 워터마크 이미지는 PNG 혹은 GIF 형식이며 가로와 세로 크기 모두 150픽셀입니다. 용량은 1MB 미만이어야 합니다.

▶ 이미지를 선택한 뒤에는 워터마크가 표시되는 시점을 정할 수 있습니다(④).

02

프로는 장비를
탓하지 않는다

"직원 휴게실을 **촬영 스튜디오**로 쓰게."

스튜디오가 필요하다는 김 대리의 말에 권태기 부장은 무덤덤하게
답했다.

"휴게실을 없애면 직원들은 어디서 쉬나요?"

"영업팀한테 창고에 있는 장난감 다 치워놓으라고 했네. 앞으로 거
기를 직원 휴게실로 쓸 거야. 이사님께도 보고했고."

휴게실을 스튜디오로 사용하라는 데는 이유가 있었다. 남향인 데다
가 두 벽면에 큰 창이 있어서 별도의 조명 없이도 촬영이 가능해보였
다. 게다가 블라인드가 설치돼 있어서 광량을 조절할 수 있었고, 추후

조명 장비를 갖추면 자연광을 차단할 수도 있었다.

휴게실은 10평 남짓한 공간이었다. 비품들은 모두 정리된 상태였고 남은 건 긴 테이블 하나가 전부였다.

"음, 채광 상태가 생각보다 좋네."

차 과장이 창밖을 보며 말했다.

"그러게요, 최고의 조명은 **자연광**이라던데…."

"근데 자연광은 변수가 많아요. 날이 흐리거나 비가 오면 촬영이 어렵죠. 뭐 실내 촬영할 때 자연광만 이용하는 경우는 흔치 않지만요."

박 인턴이 대수롭지 않다는 듯 말했다.

"맞아, 조명이 있긴 있어야겠지?"

"한번 촬영해보고 선택할까요? 카메라에 잡히는 색깔도 봐야 하고 편집 프로그램으로 어느 정도 보정이 가능한지도 판단해야죠."

박 인턴의 얘기에 김 대리는 고개를 끄덕였다. 문이 열리며 오 대리가 고개를 쏙 내밀었다.

"와! 공간 좋은데요? 여기서 작품 하나 나와야겠어요!"

스튜디오 작업은 오 대리의 통솔로 매끄럽게 진행됐다. 오 대리는 촬영의 목적과 방식에 따라 스튜디오의 구성이 달라져야 한다고 말했다.

"일어선 자세에서 촬영할 거면 스튜디오를 꾸미는 데 공을 많이 들여야 해요. 풀숏(Full-Shot)을 잡으려면 공간을 넓게 꾸며야 하니까요. 앉아서 촬영하면 부담이 덜하겠죠."

스튜디오를 전체적으로 디자인하는 게 가장 근본적인 방법이었다. 하지만 그러려면 적지 않은 예산이 필요했다. 공간을 비용 대비 가장 효율적으로 꾸미기 위해서는 카메라의 화각과 구도, 동선 등을 고려해야 했다.

"카메라를 상하좌우로 움직여보세요. 줌인 줌아웃도 해보고요. 카메라가 공간을 가장 넓게 잡았을 때를 고려해 스튜디오를 꾸미면 돼요. 빈틈은 없어야 하고요."

첫 번째로 고려할 부분은 **테이블**이었다. 테이블에는 우드 톤 시트지가 붙어 있었다. 그러나 시청자들이 가장 편안하게 시청하기 위해서는 밝은 그레이나 하얀색 계열이 좋았다.

"시트지 새로 사올까요?"

김 대리의 질문에 오 대리는 잠시 생각에 잠겼다.

"시트지를 다시 붙여도 괜찮기는 해요. 근데 시트지 위에 다시 시트지를 붙이면 우글우글해지거든요. 그렇다고 지금 시트지를 깔끔하게 제거하기도 어려울 것 같고. 색상지를 올려서 테이프로 붙이는 것도 나쁘지 않아요. 화이트 상판을 별도로 구매해도 좋고요."

오 대리는 적재적소에 필요한 조언을 했다. 모든 게 경험에서 비롯된 것이었다. 김 대리는 밝은 그레이 계통의 색상지를 테이블에 붙이기로 했다.

다음은 **벽면**이었다. 김 대리는 앉은 상태에서 카메라의 줌을 최대한 넓게, 그리고 좁게 잡아보았다. 그리고 카메라에 잡히는 배경 공간에 색상지를 붙이기로 했다. 전면을 도배하는 것보다 효율적이고, 벽지를 시즌별로 교체할 수도 있었다. 회사 근처 문구점에서 핑크색과 하늘색, 밝은 회색 색상지를 구입했다. 벽면은 핑크색으로 결정했다.

"오 대리님 덕분에 금방 끝났어요. 언제 대리님 스튜디오도 구경 가면 안 돼요?"

"여자 혼자 사는 집에 놀러 오시겠다고요? 그건 좀⋯."

"아, 집에서 촬영하시는 줄 몰랐어요. 스튜디오가 멋져 보여서요."

"이번에 이사하면서 방을 스튜디오처럼 인테리어했어요. 뷰티 크리에이터들은 스튜디오에 신경을 많이 써야 해요. 화사하면서도 크리에이터만의 스타일이 느껴져야 하거든요. 근데 저도 처음에는 벽에 시트지 붙여서 시작했어요."

다음 과제는 **촬영 장비** 확보였다. 가장 중요한 건 **카메라**였다. 인터넷으로 비디오카메라의 가격을 알아보니 대부분 100만 원을 넘는 고가였다. 스마트폰으로 촬영하는 것도 고민했지만 문제가 있었다. 김 대리의 스마트폰은 3년이 훌쩍 넘은 구형 모델이었다.

"저도 2년 넘게 쓰고 있어요. 공무원 준비하느라 돈이 없어서요. 요즘 스마트폰은 풀HD는 물론이고 4K까지 지원하던데요⋯."

"나도 애들한테 돈이 좀 많이 들어가야 말이지."

박 인턴과 차 과장 역시 구닥다리 휴대폰을 쓰고 있었다.

"김 대리, 근데 할 말은 해야지. 지난번에 조 이사님이 방 팀장한테 그랬잖아. 우리 팀에 예산 지원해주라고."

실제로 보고를 마친 날 조 이사는 뉴미디어팀에 필요한 예산을 마케팅팀에서 지원하라고 지시했다. 하지만 방 팀장이 순순히 내놓을 리 없었다.

"김 대리, 내 동창 아들도 이번에 유튜브 시작했는데 스마트폰으로 다 찍었어. 캠코더가 웬 말이야? 좋은 장비를 갖추는 것보다 실력을 키우는 게 먼저 아닐까? 프로는 장비를 탓하지 않아."

김 대리가 예상한 그대로였다. 방 팀장은 팀원들이 다 있는 곳에서 공개적으로 망신을 주었다.

구원자는 또 권태기 부장이었다. 권 부장은 예산을 지원해줄 권한은 없었지만 물심양면으로 뉴미디어팀을 챙겼다. 권 부장은 김 대리에게 미러리스 카메라를 내밀었다.

"이거 작년에 영업팀에서 산 건데 안 쓰고 있더라고. 나중에 돈 많이 벌어서 영업팀에 더 좋은 거로 사줘."

김 대리는 엉겁결에 카메라를 받았다. 하지만 미러리스 카메라로 영상 촬영을 하는 건 생각지도 못했다.

"김 대리님, 아무리 기계치라지만 너무 모르세요. 많은 유튜브 크리에이터들이 미러리스로 동영상을 촬영한다고요."

오 대리는 일장 훈수를 둔 후 카메라는 목적에 맞게 선택해야 한다고 강조했다.

유명한 브랜드의 카메라가 반드시 좋은 것도 아니었다. 어떤 카메라는 사진 촬영 기능은 뛰어났지만 영상은 그에 못 미쳤다. 다행히 권태기 부장이 건넨 카메라는 동영상 촬영에 꽤나 특화된 모델이었다.

"뮤직비디오나 텔레비전 광고는 수백만 원을 호가하는 고급 장비를 사용하기도 해요. 저도 중요한 촬영이 있어서 고가 촬영 장비를 빌린 적이 있거든요. 그런데 실력이 부족해서 그런지 일반 카메라로 찍은 거랑 별 차이가 없더라고요. 결국 중요한 건 **촬영 기술**과 **카메라 사용법**을 잘 익히는 거예요. 구도와 초점을 잘 잡고 카메라의 여러 옵션을 상황에 맞게 사용하는 거죠. 촬영 감각도 키우고요."

"근데 카메라를 우리 같은 일반인에게도 **대여**해주나요?"

"그럼요. 요즘은 전문가들만 영상을 찍는 게 아니니까요."

"제 친구 중에 유튜브 하겠다고 값비싼 장비를 왕창 사들인 녀석이 있어요. 그런데 두 달 해보고는 포기했어요. 그래서 장비들을 헐값에 처분했죠. 요즘 유튜브 하려고 장비를 샀다가 얼마 안 쓰고 파는 사람들이 적지 않아요. 새것 같은 중고 매물도 많으니까 한번 찾아봐요."

김 대리는 박 인턴의 얘기가 남의 얘기 같지 않았다.

"대리님, 마지막으로 미러리스 카메라는 최대 29분 동안만 촬영 가능하니깐 잘 확인하셔야 해요."

오 대리의 말에 김 대리는 고개를 갸웃했다.

"그러면 곤란한데…. 촬영하다가 중간에 멈추면 어떡해요?"

"29분 동안 쉬지 않고 찍으시게요? 영상은 짧게 찍어서 붙이는 게 좋아요. 카메라도 생겼으니 이제 본격적으로 촬영을 시작해야겠죠?"

"네, 내일부터 바로 찍어볼게요."

"좋은 결과 기대할게요. 참, 저 내일부터 휴가예요."

오 대리는 싱긋 웃었다. 김 대리는 내심 오 대리가 부러웠다.

가성비 갑!
촬영 장비 선택하기

유튜브 콘텐츠는 영상으로 제작되기 때문에 촬영 장비가 필수입니다. 유튜브를 처음 시작하는 분들의 큰 난관 중 하나도 촬영 장비 선택이에요. 이런 고민을 털어놓는 분들에게 저는 '목적에 맞는 장비를 선택하라'고 조언합니다. 야외에서 뮤직비디오를 촬영할 때와 실내에서 리뷰 영상을 촬영할 때 필요한 장비가 다르기 때문입니다.

　무작정 비싼 장비를 구입하지 말라는 조언도 잊지 않습니다. 좋은 장비는 채널이 어느 정도 성장한 후에 구입해도 늦지 않습니다. 유튜브를 시작할 때 중요한 건 '장비의 수준'이 아니라 '기획의 정교함'입니다. 그러면 각각의 장비에 관해서 조금 더 자세히 설명하겠습니다.

촬영 장비

촬영 장비 중에서 카메라는 가장 필수적이고 중요한 장비입니다. 그만큼 크리에이터들마다 사용하는 모델이 천차만별이고, 촬영의 목적에 따라서도 크게 달라집니다.

예전에는 비디오 캠코더를 주
로 이용했지만 요즘은 캠코더보
다 휴대가 간편한 DSLR 카메라
와 미러리스 카메라를 더 선호합
니다. 캐논, 소니, 파나소닉 제품
이 주로 사용되는데, 구체적인 모
델을 말씀드리면 캐논 80D, 70D,

캐논 80D(출처: 캐논 코리아)

M50, 파나소닉 GH4, GH5, 소니 A6300 등입니다. 모두 동영상 촬영 기능이 뛰
어난 모델이지요. 그중에서도 캐논 80D와 캐논 M50이 인기가 많습니다. 캐논
70D는 단종되었지만 중고로 구할 수 있습니다. 제품 추천은 가성비를 고려한 것
으로, 유튜브 촬영에 사용되는 카메라는 크리에이터의 성향이나 촬영의 목적에
따라 굉장히 다양합니다.

휴대가 간편하면서도 가성비가 뛰어난 캠코더는 소니캠코더 CX-450과
CX-405가 있습니다. 가격이 조금 높지만 캐논 VIXIA HF G50도 많은 유튜버
가 사용하고 있습니다.

1인 크리에이터에게 '스위블 액정 기능'은 필수입니다. 액정을 촬영자 쪽으로
완전히 돌릴 수 있어야 촬영이 잘되고 있는지 실시간으로 확인할 수 있습니다.
'듀얼픽셀AF 기능'도 중요합니다. 초점 문제로 촬영을 다시 할 때가 생각보다 많
기 때문이죠.

참고로 빛의 양이 충분히 확보되는 공간에서는 스마트폰으로도 훌륭한 영상
을 찍을 수 있습니다. 야외 촬영의 경우 영상이 흔들리지 않도록 짐벌을 사용합

니다. DSLR용 짐벌의 경우는 상당히 고가이지만 그중에서도 상대적으로 가성비가 좋은 제품은 지윤텍의 크레인2, 페이유의 a2000, 비홀더의 DS-1, DJI의 로닌 S 등입니다. 스마트폰 짐벌은 페이유 빔블2, 지윤텍 스무스3, DJI 오즈모 모바일3가 가장 많이 사용됩니다.

스포츠나 레포츠 활동 중에 원하는 장면을 녹화하기 위해서 액션캠을 사용하기도 합니다. 액션캠은 옷이나 자전거, 헬멧 등에 매달아 손을 대지 않고도 촬영하기 쉽게 만든 작은 크기의 캠코더입니다. 액션캠은 고프로가 가장 인기 있고, 특히 히어로7이 많이 사용되고 있습니다.

조명 장비

촬영을 할 때는 빛의 양이 충분해야 합니다. 빛에 따라 영상의 품질 차이가 굉장히 크기 때문입니다. 따라서 조명 선택도 무척 중요합니다. 실시간으로 스트리밍을 하는 BJ나 뷰티 크리에이터들은 조명에 많은 비용을 투자합니다. 크리에이터들 중에는 카메라보다 조명에 더 많은 비용을 투자하는 분도 있습니다. 성능이 조금 부족한 촬영 장비를 조명이

룩스패드 43H(출처: 유쾌한생각)

어느 정도 보완해줄 수 있기 때문입니다. 유튜브 크리에이터들이 주로 사용하는 조명은 가성비가 최고로 꼽히는 룩스패드 43H와 룩스 원라이트입니다.

카메라와 스마트폰에는 기본적으로 마이크가 장착되어 있습니다. 하지만 소음이 심한 곳에서 촬영하거나 카메라가 멀리 있는 경우, 별도의 마이크나 녹음 장비가 필요합니다. 음향은 콘텐츠의 몰입도에 큰 영향을 미칩니다. 유튜브 크리에이터들이 가장 많이 사용하는 마이크와 녹음기를 몇 가지 소개해드리겠습니다. 참고로 스마트폰용 핀 마이크로 녹음하면 편집 과정에서 영상과 음성을 합치는 작업을 추가해야 합니다.

소니 UWP–D11	DSLR 카메라에 직접 연결할 수 있는 무선 핀 마이크로 크리에이터들이 가장 애용하는 제품입니다. 여기에서 소개하는 제품 중 가격대가 가장 높습니다.
Zoom F1	카메라에 직접 연결할 수 있는 핀 마이크입니다. 가격 대비 성능이 뛰어납니다.
RODE VIDEOMIC PRO PLUS+	
슈어 MVL Lavalier 핀 마이크	스마트폰에 연결하는 핀 마이크입니다. 이 장비 역시 가성비가 매우 좋습니다.
소니 ICD–TX650	최근 유튜브 크리에이터들이 애용하는 녹음기입니다.

스트리밍을 위해서는 웹캠 장비를 활용해야 합니다. DSLR 카메라를 사용하는 경우 촬영 시간이 짧고 카메라의 발열 문제도 고려해야 하기 때문에 어려운 점이 많습니다. 유튜브 크리에이터들이 가장 많이 사용하는 웹캠은 두 가지입니다. 로지텍 C922 프로스트림 웹캠과 로지텍 BRIO 4K 프로 웹캠입니다. BRIO 4K 프로 웹캠은 초고화질 녹화가 가능합니다.

참고로 라이브 스트리밍을 위해서는 인터넷으로 생방송을 송출하게 도와주는 별도의 프로그램이 필요합니다. 바로 엑스플릿(XSpilt)입니다. 엑스플릿은 'xsplit.com'에서 다운로드받아서 사용할 수 있습니다. 무료로 사용할 수 있으나 일부 기능이 제한되고 동영상에 자동으로 워터마크가 표시됩니다.

엑스플릿

새 제품을 구입하기 부담스러운 분들은 중고를 이용하는 것도 방법입니다. 중고 물품 거래는 네이버 카페 중고나라에서 가장 활발하게 이루어지는데요. 디지털 장비를 구입할 때는 반드시 눈으로 직접 보고 확인하는 편이 좋습니다. 따라서 테크노마트나 전자상가 등에 있는 중고 촬영 장비 전문매장을 추천합니다.

관련 정보를 얻고 싶다면 팝코넷(popco.net)이나 SLRCLUB(slrclub.com) 등의 커뮤니티를 이용하는 것도 권장합니다. 중고 거래를 잘 활용하면 합리적인 가격으로 질 좋은 장비를 확보할 수 있지만, 그래서 더욱 신중해야 합니다. A/S에 관한 부분들도 꼼꼼히 따져보아야 하고요.

03

스토리보드가
꼭 필요할까?

"박 인턴, 이제 찍어보자!"

"네, 근데 뭘 찍어요?"

"찍으면서 생각해보면 되지 않을까?"

"계획도 없이 찍으면 촬영과 편집에 시간이 훨씬 더 걸리지 않을까요? 처음부터 다시 찍어야 할 수도 있고요."

정곡을 찌르는 말이었다. 촬영 전 **콘텐츠의 기획**이 필요했다. 김 대리의 생각에 채널 기획이 망원경이라면 콘텐츠 기획은 현미경이었다. 그만큼 세부적이어야 했다.

"그럼 스토리보드를 그려볼까? 영화 촬영하기 전에도 그리잖아."

"그건 영화니까 그리겠죠. 어떤 영상을 찍고 싶으신데요?"

"글쎄, 일관성 있는 영상이겠지?"

"그건 당연하고요. 대리님이 머릿속에 그리신 게 있을 거잖아요."

"앉아서, 장난감을 놓고, 장난감에 관해 재밌게 설명을 하는 거지!"

"결국은 장난감 리뷰 영상을 찍으실 거란 말씀이네요."

"그냥 리뷰는 아니고 재미있게?"

"일단 우리는 카메라 움직임이 한정적이겠네요. 상하로 움직이거나 줌인 줌아웃을 몇 번 하는 정도겠죠? 스토리보드는 영화나 광고처럼 움직임이나 장소 변화가 다양할 때 쓰는 걸 거예요."

박 인턴이 말을 이었다.

"아시다시피 유튜브는 시간 싸움이잖아요. 규칙적으로 계속 콘텐츠를 올려야 하는데 매번 스토리보드를 그리고 있을 순 없죠. 효율성에 관해 고민이 좀 필요할 것 같아요."

"김 대리, 뭘 그렇게 고민해?"

옆에서 두 사람을 지켜보던 차 과장이 끼어들었다. 김 대리는 차 과장에게 고민을 털어놓았다.

"기획이 그렇게 중요하다면 일단 형식에 얽매이지 말고 정리부터 해봐."

"어떻게요?"

"나 여기 오기 전에 광고제작사에 있었잖아. 거기서 매일 콘티 그렸어. 콘티가 영상의 장면들을 미리 그려놓은 거잖아. 풀숏, 바스트숏, 정면, 측면, 다양하게. 근데 박 인턴 얘기처럼 우리는 어차피 다 정면으로 찍을 거라 그림이 비슷하긴 할 것 같아."

"아무래도 그렇겠죠?"

"그래서 말인데 화면의 전체적인 그림을 먼저 그려보는 건 어때? 사람과 장난감을 카메라에 어떻게 동시에 담을지 고민하고, 장난감과 각종 소품을 어디 배치할지 생각하는 거지. 거기서 카메라의 움직임이 필요한 부분을 체크하는 거야. **스크립트(대사)**와 타이밍에 잘 맞춰서."

"그러면 스크립트를 먼저 작성해봐야겠네요."

"그것도 좋은 방법이네. 전체적인 스토리가 나오겠어."

김 대리의 머릿속에 불현듯 이런 생각이 떠올랐다.

기획과 영상 제작의 모든 단계는 콘텐츠의 '목적'에 따라서 달라진다.

김 대리는 한 명의 진행자가 장난감을 소개하는 그림을 그려봤다. 카메라 화면을 김 대리의 머리부터 테이블까지 잡는 게 좋을 것 같았다. 우선 필요한 장난감을 선택했다. 일종의 **소재** 선택이었다. 김 대리는 신규 출시된 베이비돌리 인형과 주방놀이 세트를 선택했다. 나머지 소품은 과감히 포기했다. 장난감이 너무 많아지면 화면이 산만해 보이기 때문이었다.

다음은 **주제**였다. 주제는 시청자의 '눈높이'에 맞춰서 정해야 했다. 만약 대상이 어른이라면 주제는 꽤 구체적이어야 한다. 어린이가 대상이라면 가볍고 재미있되 콘텐츠에 의미를 담는 것이 핵심이다. 김 대리는 주방놀이 세트를 찬찬히 들여다보다가 냉장고 음식 공부 놀이가 어떨까 생각했다.

곧바로 스크립트를 썼다. 스크립트 작성은 생각보다 시간이 오래 걸렸다. 어린이의 눈높이에 맞게 재미있게 쓰는 건 역시나 쉬운 일이 아니었다.

여러분! 오늘은 베이비돌리 장난감과 신나는 시간을 보낼 거예요. 짜잔! 어때요? 너무 예쁘죠? 여러분의 친구 베이비돌리와 주방놀이를 한번 해볼까요? 베이비돌리, 냉장고 문을 열어보자! 짠! 아이스크림도 있고 당근도 있네요? 아이스크림을 한번 먹어볼까요?

스크립트가 완성되자 어느 지점을 강조해야 할지 좀 더 명확해졌다. 이를테면 아이스크림이나 당근과 같이 구체적인 사물을 얘기할 때 클로즈업을 하면 영상이 더 자연스러울 듯했다. 기획을 마무리하는 데 꼬박 반나절이 걸렸다. 그런데 한 가지가 계속 마음에 걸렸다. '차별화'와 '독창성'. 김 대리는 속으로 되뇌었다.

'일단은 해보고 나중에 피드백을 받자.'

김 대리에게는 하나의 기획을 완성해보는 게 가장 중요했다.

"근데, 있잖아요."

박 인턴이 뜸을 들이다가 말했다.

"김 대리님이 스크립트 쓰셨으니까 출연도 하시는 거죠?"

김 대리는 허를 찔렸다는 생각이 들었다. 사실 영상에 출연하는 것에 적잖은 부담을 느끼고 있었다.

"나는 빼줘."

차 과장이 잽싸게 말했다.

"남성보다는 여성이 진행하는 게 낫지 않을까요?"

"김 대리, 그거 고정관념이야. 어디 가서 그런 말 하면 큰일 나. 남자가 나오는 게 더 경쟁력 있지. 여자애들이 아빠를 좋아하잖아?"

"과장님은 두 아이의 엄마니까 아이들의 심리를 가장 잘 아시겠죠. 저나 박 인턴은 여자친구도 없어요."

김 대리의 애원은 통하지 않았다.

"공부하면 다 알게 돼."

김 대리는 박 인턴을 바라봤다.

"박 인턴, 넌 나보다 나이도 어리고 더 스마트하잖아."

"대리님은 동안이시고 말씀도 잘하시잖아요."

차 과장이 중재에 나섰다.

"첫 촬영은 카메라를 능숙히 다루는 박 인턴이 촬영감독을 해. 김 대리가 배우를 하는 거지. 그리고 다음 촬영에서 역할을 바꿔봐. 결과가 좋은 쪽을 선택하는 거야. 내 생각 어때?"

"그러면 과장님은요?"

김 대리가 의아한 표정으로 물었다.

"나는 총감독이지. 전체적인 조율을 하는 거야."

"그런 게 어딨어요!"

김 대리가 우는 소리를 했다.

촬영의 핵심은
구도, 초점, 광량!

"망했구나, 망했어."

김 대리가 혼잣말하듯 말했다. 첫 촬영이라는 점을 감안하더라도 상황은 심각했다. 김 대리는 촬영 도중 자신이 무슨 말을 했는지, 어떤 행동을 했는지 전혀 떠오르지 않았다. 스크립트를 읽으며 장난감을 가지고 논다는 게 생각처럼 쉬운 일이 아니었다. 촬영 영상을 함께 모니터링하는 것도 부끄러웠다.

표정은 딱딱하게 굳었고 손은 제멋대로 움직이고 혀는 꼬이고, 그야말로 총체적 난국이었다. 영상을 보는 내내 차 과장은 웃겨 죽겠다는 듯 키득거렸다.

몇 번의 연습을 반복했지만 상황은 크게 나아지지 않았다. 스크립트가 입에 익고 손짓이 자연스러워졌지만 여전히 시청자들을 불편하게 만드는 뭔가가 있었다. 결국 역할을 바꿔보기로 했다. 김 대리가 카메라를 잡고 박 인턴이 출연했다.

"김 대리, **초점** 다 나갔잖아!"

"네? 초점이요?"

김 대리가 영상을 자세히 살펴보자 차 과장의 말대로 초점이 박 인턴의 얼굴과 손 사이를 왔다 갔다 하고 있었다. 김 대리는 별다른 조작을 한 게 없었다.

"이유가 뭘까요?"

"나도 모르지."

화면의 **구도**도 안정적이지 않았다. 시시때때로 박 인턴의 머리 일부가 잘려나갔고, 장난감에 초점을 맞출 때마다 급격하게 줌인과 줌아웃을 해서 보기에 어지러웠다. 게다가 영상의 밝기도 조금씩 변했다. 카메라가 너무 아래에 위치했던 탓일까 박 인턴과 눈높이도 잘 맞지 않았다.

'아무래도 나는 영상 쪽과 안 맞는구나.'

사실 김 대리는 지난 주말 서점에 가서 촬영과 관련한 책들을 뒤져보았다. 어느 책을 살피다가 이런 내용을 보았다.

- 영상에는 자신만의 색깔이 나와야 한다.

하지만 김 대리는 아직 그럴 만한 수준이 아니었다. 가장 중요한 건 기본기였다. 기본이 탄탄하지 않으면 차별화도 이뤄낼 수 없었다.

"사진은 구도, 초점, 광량 이 세 가지가 핵심이야. 이 문제만 해결돼도 꽤 괜찮은 사진이 찍히거든. 영상도 마찬가지일 거야."

차 과장이 웃으며 말했다.

팀원들은 김 대리가 찍은 영상의 문제를 하나씩 분석해봤다. 첫 번째 문제는 구도였다. 기본적인 분할 구도를 이해해서 화면을 안정감 있게 구성할 필요가 있었다. 구도는 감각의 문제이기도 했다. 반복 연습을 통한 숙달이 필요했다. 초점과 밝기의 문제는 자동 모드 설정 때문이라는 결론이 나왔다. 카메라가 자동으로 조정을 한 탓이었다. **수동 모드 설정**을 통해서 촬영자가 상황에 맞게 조절할 필요가 있었다.

"오후라 그런지 빛이 좀 약한 것 같아요. 아무래도 조명이 필요하지 않을까요?"

김 대리의 질문에 차 과장과 박 인턴은 대답이 없었다. 동의의 뜻으로 보였다. 역시나 문제는 비용이었다.

"근데 마이크도 필요할 것 같아. 김 대리랑 박 인턴 목소리가 잘 안 들리네."

차 과장의 말에 김 대리는 음성에 귀를 기울였다. 카메라 내장 마이크로 녹음하다 보니 마치 동굴에서 녹음한 것처럼 심하게 울리는 데다가 잡음도 섞여 있었다.

우선 편집을 한 뒤 추가 검토를 하기로 했다. 박 인턴은 무료 편집 프로그램인 **무비메이커**로 능숙하게 편집을 마쳤다. 편집 작업이 마무리될 때쯤 장충모 차장이 들어왔다.

모처럼 팀원들이 함께 모여서 완성된 영상을 봤다. 다들 표정이 좋지 않았다.

"혹시 이 영상 그대로 올릴 거야?"

입을 뗀 건 장 차장이었다. 아무도 대답하지 않았다.

"일단은 올리지 말고 주변 사람들한테 평가 더 받아보려고요. 좀 재미없죠?"

김 대리의 질문에 잠시 뜸을 들이던 장 차장이 말했다.

"응, 좀 많이…. 근데 우리는 판타스틱토이처럼 투자를 안 해주니까. 들어보니까 거기는 유튜브에 집중 투자를 하고 있다던데."

모두가 퇴근한 시간 김 대리는 사무실에 홀로 남았다. 야근을 한다고 문제가 해결되진 않겠지만 무언가 대책 마련은 필요했다. 김 대리는 오늘 촬영의 문제점을 몇 가지 정리해봤다.

1차 촬영 시 문제점

1) 구도가 엉성, 초점은 빗나가고, 광량 조절도 실패했다.

2) 급격한 카메라 움직임과 과격한 줌인, 줌아웃.

만약 야외 촬영이었다면 상황은 더 심각했을 터였다. 스튜디오 촬영은 카메라가 삼각대로 고정되어 있지만, 야외 촬영은 흔들림이 훨씬 심함은 물론 동선도 복잡하고 움직임도 많을 것이다. 김 대리는 한

숨이 나왔다.

저녁 식사를 하려고 인근 건물의 구내식당으로 향했다. 드문드문 앉은 사람들이 스마트폰을 보면서 식사를 하고 있었다. 식판을 들고 지나가며 흘끗 바라보자 대부분 유튜브를 보고 있었다. 김 대리도 유튜브를 열고 조용히 밥을 먹었다.

자리에 돌아온 김 대리는 조카 지후에게 피드백을 받아보라던 오 대리의 조언을 떠올렸다. 김 대리는 일말의 기대감을 품고 누나에게 동영상을 전송했다. 곧 답장이 왔다.

- 완전 재미없대.

이미지, 음원, 폰트
공짜로 쓰는 방법

유튜브는 영상을 기반으로 한 플랫폼으로 그만큼 시각적 요소인 이미지나 폰트, 그리고 음원이 중요합니다. 다행히도 비용을 들이지 않고 풍부한 재료를 확보할 수 있는 방법이 꽤 많습니다. 이러한 소스를 최대한 활용하는 것이 저비용으로 채널의 수익을 향상시키는 노하우입니다.

무료 이미지 찾기

1. 픽사베이

pixabay.com

유튜브 크리에이터들이 가장 많이 이용하는 사이트입니다. 품질이 뛰어난 사진, 일러스트, 벡터 그래픽과 더불어 동영상도 제공합니다. 최근 픽사베이의 무료 이

미지와 동영상을 활용해 정보성 콘텐츠를 만드는 크리에이터들이 늘어나는 추세입니다. 한글도 호환이 되지만 영어로 검색했을 때 더 양질의 이미지를 찾을 수 있습니다. 상단에 검색되는 셔터스톡 이미지는 유료입니다.

2. 프리큐레이션   freeqration.com

픽사베이와 더불어 널리 이용되는 사이트로, 고품질의 이미지를 가장 많이 보유하고 있습니다.

3. 언스플래쉬   unsplash.com

감각적이고 분위기 있는 사진이 많습니다. 단, 한글은 지원되지 않습니다. 새로운 이미지들이 정기적이고 규칙적으로 업데이트됩니다.

4. 펙셀스/펙셀스 비디오스

pexels.com/pexels.com/videos

픽사베이와 마찬가지로 무료 이미지와 무료 동영상을 얻을 수 있는 사이트입니다.

무료 음원 찾기

1. 유튜브 오디오 라이브러리

유튜브 크리에이터들이 가장 많이 사용하는 무료 음원 아카이브입니다. 유튜브에 막 입문한 초보 크리에이터들도 쉽고 편리하게 이용할 수 있습니다.

▶ '내 채널' 화면에서 '유튜브 스튜디오'(❶)를 클릭합니다

▶ 좌측 목록에서 '기타 기능'(❷)을 클릭한 뒤 '오디오 라이브러리'(❸)를 클릭합니다.

▶ '오디오 라이브러리'에 등록된 모든 음원은 무료로 사용이 가능하지만, 음원에 따라 저작권자의 정보를 표시해야 하는 것도 있습니다. 상단의 '저작자 표시'(❹) 필터를 통해 저작자 표시 필요 여부를 설정하여 구분할 수 있습니다.

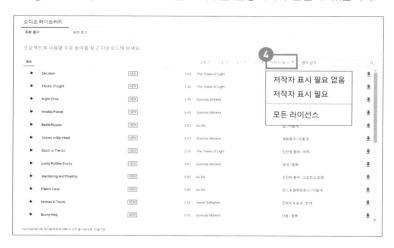

▶ 저작권자의 정보를 표시해야 하는 음원은 동영상을 업로드할 때 설명 칸에 해당 저작권 관계 내용(**5**)을 기재하면 됩니다.

2. 기타 무료 음원 사이트

프리 사운드	freesound.org
자멘도	jamendo.com
프리뮤직 아카이브	freemusicarchive.org
사운드 클라우드	soundcloud.com

❶ 해당 사이트의 음원이 모두 무료는 아니므로 사용하기 전 반드시 'Royalty free'나 'Copyright free'를 확인해야 합니다.

폰트는 유튜브 영상 속 자막이나 섬네일을 제작할 때 가장 중요하게 쓰이는 재료입니다. 완성도가 있으면서도 독특한 모양의 폰트를 사용해야 시청자들의 눈을 사로잡고, 콘텐츠의 몰입도를 높일 수 있습니다. 최근에는 네이버나 배달의민족, 티몬 등에서 무료로 제공하는 폰트를 많이 활용하는 추세입니다. 구글에서 개발해 무료로 배포한 본명조와 본고딕도 완성도가 무척 높아 적절히 활용하면 좋습니다. 이들은 모두 인터넷에서 검색해 쉽게 구할 수 있습니다.

이 밖의 다양한 무료 폰트를 모아놓은 사이트는 다음과 같습니다. 단, 폰트마다 무료로 사용할 수 있는 허용 범위가 모두 제각각이므로 영상에 폰트를 입히기 전 반드시 정확한 허용 범위를 확인해야 합니다.

무료폰트100	freefont100.com
눈누	noonnu.cc

출처: Adobe Typekit Blog

벤치마킹이
가져다준 극적인 변화

- 오늘 저녁에 잠깐 볼까요?

휴가 복귀를 하루 앞둔 오 대리에게 연락이 왔다. 김 대리는 업무를 마치고 오 대리와 약속한 장소로 향했다.

"마음이 즐거워야 좋은 영상이 나오죠. 편하게 생각하세요."
"카메라 앞에만 서면 그게 안 되네요."
"그래도 스튜디오 촬영인 게 얼마나 다행이에요. 야외 촬영은 장소 섭외부터 일이거든요. 돌발 상황은 또 얼마나 많은지. 스튜디오 촬영은 금방 익숙해지실 거예요."

두 사람은 말없이 걸었다. 김 대리는 스마트폰 메시지를 확인했다. 신규 메시지는 없었다. 사실 퇴근 직전, 수연에게서 메시지가 왔었다. 수연은 지방 근무가 예정보다 빨리 끝났다며 저녁에 잠시 만날 수 있느냐고 물었다. 김 대리는 선약이 있다는 말로 수연과의 만남을 거절했다. 이후 답은 없었다.

'혹시 기분이 상한 걸까?'

괜히 신경이 쓰였지만 이내 정신을 차리고 오 대리에게 물었다.

"근데, 오 대리님. 저희 어디 가는 거예요?"

"가보시면 알아요."

오 대리가 김 대리를 데리고 간 곳은 유튜브 크리에이터들의 모임이었다. 한 크리에이터의 '구독자 100만 명 달성'을 축하하는 자리였다.

"써니 님, 이분은 누구세요? 혹시 남친?"

김 대리의 맞은편에 앉은 한 크리에이터가 물었다.

"아니에요. 직장 동료인데요. 얼마 전에 유튜브 시작했어요. 앞으로 열심히 하라는 의미로 초대했어요. 김 대리님 인사드리세요. 유명한 게임 채널인 도토TV 운영자세요."

"아, 안녕하세요. 김지태라고 합니다."

"반갑습니다. 도토입니다."

테이블 곳곳에서 시끌벅적한 대화가 이어졌다. 김 대리는 사람들의 얼굴을 쭉 훑어봤다. 절반 정도는 20대였다. 하지만 초등학생이나 중학생쯤으로 보이는 어린 크리에이터들도 있었다. 게다가 50대가 넘어 보이는 중년 남성과 백발이 성성한 어르신도 보였다. 그러다 반대편 구석에 앉은 사람을 보고 눈을 의심했다. 요즘 지상파 방송에도 출연하고 있는 먹방의 1인자 푸드킹이었다. 김 대리는 오 대리가 얼마나 잘나가는 크리에이터인지 새삼 깨달았다.

식사가 끝나갈 무렵 김 대리의 맞은편에 한 남자가 와서 앉았다. 얼핏 또래로 보였지만 외모만으로는 나이를 추측하기 어려웠다. 남자는 부드러운 목소리로 말을 건넸다.

"안녕하세요. 처음 뵙겠습니다. 토딩이라고 합니다."

"반갑습니다. 김지태라고 합니다."

자신을 소개한 남자는 명함을 내밀었다. 명함을 받은 김 대리는 조카 지후를 떠올렸다. 지후가 재미있게 보던 채널이 바로 '토딩TV'였다.

"저희 회사 동료인데요. 키즈 채널을 운영하려고 하거든요."

오 대리가 김 대리의 상황을 상세하게 설명했다.

"저도 장난감을 활용해서 키즈 채널을 운영하고 있어요."

"아, 제 조카도 토딩TV 자주 보거든요. 한 수 가르쳐주세요."

"네, 도움 필요하시면 연락 주세요."

"안 그래도 여쭤볼 게 좀 있는데요. 동영상을 하나 찍었는데 한번 봐주시겠어요?"

김 대리는 용기를 냈다. 토딩과 상의를 하면 뭔가 돌파구가 열릴 것 같았다. 토딩은 김 대리의 영상을 아무 말 없이 묵묵히 봤다.

"재미없죠?"

김 대리가 조심스럽게 물었다.

"네."

토딩의 단호한 대답에 김 대리는 어금니를 살짝 깨물었다.

"아이들이 보자마자 바로 채널 돌릴 것 같아요."

"그 정도인가요?"

"농담입니다."

토딩이 웃으며 말했다. 김 대리는 전혀 농담처럼 들리지 않았다.

"뭔가 대책이 없을까요?"

토딩은 잠시 생각에 잠겼다가 말했다.

"어떻게 말씀드려야 할지 잘 모르겠어요. 음, **본질**에 좀 더 집중하시는 게 어때요?"

"네? 본질이요?"

"촬영하신 걸 보면 뭔가 산만하고 말도 빠르고 급해요. 저처럼 성격 느긋한 사람은 숨이 찰 정도예요. 그런데 그보다 더 문제는… 누가 보라고 만든 영상인지를 모르겠네요."

"3세부터 6세 정도의 여자아이들입니다."

"네, 애들이 보는 영상인 건 알겠는데 과연 그 연령대 친구들이 볼까요? 안 볼 것 같아요."

김 대리는 말문이 턱 막혔다.

"제가 말씀드린 본질이 그런 거예요. 아이들을 위한 영상이면 아이들이 재미있게 볼 수 있게 만들라는 거죠. 그래서 말인데요. 촬영 방식을 좀 바꿔보는 건 어떨까요?"

"나도 동의! 방향이 잘못됐다면 완전히 뜯어고칠 용기가 필요해요."

오 대리가 토딩의 얘기를 거들었다.

"저도 토딩 님처럼 손을 이용해서 찍어볼까요?"

"글쎄요. 그건 저도 잘 모르겠네요. 사실은 저도 본질에만 집중하다 보니 손을 이용해서 촬영하게 된 거예요. 아이들이 장난감에 가장 잘 집중할 수 있게 하고 싶었거든요."

"아, 그렇군요. 혹시 아이들을 사로잡는 비결 같은 건 없을까요?"

"재미있게 가지고 놀아야죠. 우선 촬영하는 사람 스스로가 재미를 느껴야 합니다."

"어렵네요."

"쉬우면 누구나 할 수 있죠. 어렵기 때문에 더 값어치가 큰 겁니다."

"혹시 교육적인 측면도 고려하시나요?"

"장난감을 통해서 창의력이나 상상력이 쌓이도록 다양한 놀이들을 해요. 숫자나 알파벳, 사물 등을 알려주기도 하고요. 그런데 교육을 전면에 내세우지는 않아요. 우리 채널은 놀이에 중점을 두거든요. 뭐든 자연스러운 게 좋아요. 무엇보다 시청자의 공감을 얻으려면 눈높이에 잘 맞아야 해요."

짧은 대화였지만 김 대리는 큰 깨달음을 얻었다. 그동안 가지고 있던 고정관념도 조금은 무너졌다. 한편으로는 든든한 멘토를 얻은 것 같아 기분이 좋아졌다.

모임이 끝나고 두 사람은 편의점 테이블에 앉아 음료를 마셨다.

"유튜브에서 벤치마킹은 필수예요. 근데 기획 단계에서는 벤치마킹에 관해서 말씀드리지 않았어요. 무작정 남의 것을 베끼는 건 안 되거든요. 충분히 고민한 후에 벤치마킹을 하면 더 많은 걸 얻을 수 있으니까요."

오 대리가 말했다.

"토딩TV처럼 손을 이용해서 영상을 만들어도 괜찮을까요? 벤치마킹이 아니라 그대로 모방하는 것 같아서."

"남의 걸 그대로 따라 하면 좋은 결과가 나오기 어렵죠. 하지만 하늘 아래 새것은 없고, 모방은 창조의 어머니라고도 하잖아요. 참고하다 보면 자신만의 색깔을 발견하는 순간이 올 거예요. 근데 생각 없이 맹목적으로 베껴서는 절대 안 돼요. 차별화를 계속 떠올려야 하죠. 그리고 내가 무언가를 처음으로 개척하겠다는 마음가짐이 필요해요."

김 대리는 가로등 불빛을 잠시 올려다보다가 오 대리의 얼굴을 봤다. 술기운 때문인지 기분이 이상해졌다.

"대리님은 남자친구 없어요?"

순간 김 대리는 괜한 질문을 했다 싶었다.

"어머, 그런 느끼한 질문을? 대리님이 신경 안 쓰셔도 되거든요!"

"그, 그렇죠?"

김 대리는 멋쩍게 웃었다.

"저희 이제 일어나죠!"

오 대리가 일어났다. 김 대리도 엉거주춤 일어났다. 김 대리는 그녀가 곧 퇴사한다는 사실이 슬프게 느껴졌다.

06

촬영에 대한
고정관념을 버리자

"김 대리, 얼굴 팔리는 거 진짜 싫었구나?"

차 과장이 말했다. 김 대리는 출근하자마자 회의를 열어 촬영 방식을 완전히 바꾸겠다고 선언했다.

"영상 보고 다들 재미없다고 하셨잖아요!"

"그거야 아직 익숙하지 않아서 그런 거고. 계속 찍다 보면 더 능숙해지겠지."

"사람이 나와서 제품을 소개하는 건 너무 익숙한 포맷이에요. 경쟁사인 판타스틱토이도 같은 방식으로 촬영하고요. 우리는 본질에 집중해야 해요."

"본질? 그게 뭔데?"

차 과장의 질문에 김 대리는 잠시 생각에 잠겼다. 김 대리의 생각에 본질은 결국 **목적**에 딱 맞는 영상을 만드는 것이었다. 이야기를 쉽고 명확하게 전달하는 것.

김 대리는 토이팜 채널을 준비하면서 제품 리뷰 채널을 자주 봤다. 어떤 리뷰 채널은 기능 설명에만 지나치게 집중해 복잡한 용어를 남발했다. 제품의 사양을 너무 속속들이 이야기하다 보니 재미가 없었다. 물론 그런 방식의 리뷰가 나쁜 건 아니었다. 핵심 정보를 효율적으로 전달할 수 있고, 얼리어답터같이 제품에 관심이 많거나 제품을 실제로 구매하려는 사람에게는 큰 도움이 될 터였다. 하지만 김 대리는 기능보다 사용성이나 활용성을 강조하는 영상이 더 좋았다. 솔직한 사용 후기나 사람들의 반응, 혹은 관련 에피소드를 보는 게 더 재미있었다.

토이팜 채널도 마찬가지였다. 주 시청자인 미취학 아동에게 적합한 포맷을 만들어갈 필요가 있었다.

"얼굴이 나오면 분명 신뢰감은 더 있을 거야. 근데 장난감보다 사람에 집중하게 될 수도 있겠네. 장난감이 아니라 사람이 캐릭터가 되어버리는 거야. 근데 솔직히 김 대리가 재미있는 스타일은 아니잖아?"

차 과장이 김 대리의 의견에 동의했다.

"그러게요. 시선이 장난감과 사람 사이에서 분산되는 느낌이 있기는 하더라고요. 그리고 꼭 얼굴이 나와야 한다는 것도 일종의 고정관념이에요. 유튜브 보면 이미지나 각종 자료들을 잘 활용해서 인기를 얻는 채널도 많거든요."

박 인턴도 동의했다.

"그래, 해보자! 어차피 계속 방향을 수정해야 할 테니까."

차 과장이 시원스럽게 말했다.

"김 대리, 소식 들었어?"

화장실에 들어가려는데 한길수 대리가 김 대리를 막아섰다.

"무슨 소식?"

"역시 뉴미디어팀에 있다 보니 정보가 늦구나. 또 인사 개편이 있을 거라던데?"

"그래?"

김 대리의 대수롭지 않다는 반응에 한 대리는 멋쩍은 표정을 지었다. 사실 김 대리도 알고 있었다. 뉴미디어팀이 회사에서 은근히 따돌림을 당하고 있긴 하지만 웬만한 소식은 다 전해 들었다. 규모가 크지 않은 회사라 인사팀 누군가가 작은 소식이라도 흘리면 삽시간에 일파만파로 퍼져나갔다.

"김 대리, 영상은 아직인가?"

방치열 팀장이 화장실에서 나오며 말했다.

"지금 열심히, 아니 잘 만들고 있습니다."

"잘 만든다고? 빨리 만들어야지. 함흥차사가 따로 없네."

방 팀장은 못 믿겠다는 듯 혀를 차며 사무실로 사라졌다.

촬영 방식을 변경하기 위해 스튜디오의 구성을 바꿨다. 우선 테이블을 벽면으로 붙였다. 카메라의 위치도 바꿨다. 멀리서 얼굴과 테이블을 비추던 카메라를 촬영자 바로 앞에 놓았다. 마지막으로 벽에 붙은 색상지의 위치를 카메라 화면에 맞게 조절했다.

다음은 장난감 배열이었다. 새로운 방식은 생각보다 쉽지 않았다. 장난감만으로도 화면이 다채로워지도록 배치에 더욱 심혈을 기울여야 했다. 손을 이용해서 촬영하면 더 쉬울 거라는 생각은 오산이었다. 고려해야 할 점이 달라진 것뿐이었다.

사람의 상반신을 잡을 때는 머리끝부터 책상까지의 위치만 잘 포착하면 이후 구도에 신경 쓸 일이 별로 없었다. 하지만 장난감에 중점을 두자 구도를 더 신중하게 잡아야 했다. 화면이 너무 빈곤해보여도 안 되고, 너무 꽉 차 보여도 안 됐다. 장난감의 움직임에 따라 클로즈업을 통해 강조해줄 필요도 있었다.

다행히 첫 촬영은 비교적 성공적이었다. 촬영 후 신속하게 편집을 했다. 그리고 드디어 첫 영상을 업로드했다.

07

편집, 영상에
숨결을 불어넣는 마술사

촬영은 점점 손에 익었다. 틈틈이 박 인턴에게 무비메이커 사용법을 배워서 편집도 할 수 있게 되었다.

"대리님, 여기서 자르시면 안 되죠. 연결이 너무 부자연스럽잖아요."

종종 박 인턴에게 잔소리를 들을 때도 있었지만 김 대리는 그 나름 대로 성취감을 느꼈다. 업로드 영상도 10개에 달했다.

편집은 생각보다 어렵지 않았다. 편집의 핵심은 불필요한 장면을 잘라내는 것이었다. 이른바 **컷 편집**. 유튜브 영상은 긴장감 유지가 특히 중요했다. 따라서 시청자들이 끝까지 집중할 수 있도록 영상의 밀도를 높여야 했다.

잘려나간 부분과 다음 영상을 자연스럽게 이어 붙이는 것도 중요했다. 장면이 부드럽게 전환되도록 필요한 경우 디졸브 효과(밝기 조절을 통해 두 화면을 자연스럽게 이어주는 비디오 편집 효과)를 삽입하기도 했다.

강조가 필요한 부분은 포인트를 줬다. 예를 들어 영상의 하이라이트 부분은 슬로비디오 효과를 넣어서 더 오래 집중할 수 있게 만들었다. 잘라내기는 애매하지만 정상 속도로 보기에는 지루한 장면은 영상을 빠르게 돌렸다. 재미있는 자막을 적재적소에 넣는 것도 몰입도를 높이는 데 도움이 되었다.

배경음악을 넣는 것도 잊지 않았다. 배경음악은 박 인턴이 엄선해 공유해주었다. 박 인턴은 웬만한 무료 음원은 모두 유튜브 스튜디오의 오디오 라이브러리에서 얻을 수 있다며 신나 했다.

결론적으로 편집 작업의 핵심은 잘 자르고, 잘 붙이고, 적절한 타이밍에 적합한 효과를 넣어주는 것이었다. 편집 작업을 하나하나 마칠 때마다 김 대리는 뭔가 대단한 일을 해낸 것 같은 기분이 들었다.

"김 대리, 근데 영상이 좀 어둡지 않아?"

차 과장의 지적에 김 대리는 편집한 영상을 다시 살펴봤다. 촬영하고 편집할 때는 못 느꼈는데 영상이 화사하지 않았다.

"빛이 좀 어두웠나 봐요. 색 보정 기능이 있는 것 같던데 한번 해볼까요?"

김 대리는 색상과 명도 등에 적용된 옵션 값을 조절했다. 하지만 극적인 변화는 없었다. 수치를 더 높이자 영상이 뭉개진 느낌이 들었다.

"여전히 어둡고 칙칙한 느낌이 드네요."

박 인턴이 말했다.

반면 박 인턴이 편집한 화면은 같은 카메라로 찍었는데도 화사해 보였다.

"어떻게 한 거야?"

"색 보정했죠."

"나도 보정했는데 왜 이렇게 달라?"

"글쎄요, 저는 영상 위에다가 **필터**를 입혔는데요."

"아, 그래서 색상이 생동감 있구나. 나도 해볼게."

"대리님이 사용하시는 프로그램은 색 보정 기능이 좀 약해요. 저는 다른 프로그램을 쓰고 있어요."

"나한테는 왜 이 프로그램을 알려준 거야?"

"가장 사용하기 쉬우니까요."

"그렇구나."

프리미어프로 같은 유료 편집 프로그램을 쓰면 색 보정 말고도 다양한 효과들을 사용할 수 있어요. 윈도 OS에서는 프리미어를 가장 많이 사용해요. 기능적인 측면에서 가장 뛰어나다고 해서요. 맥에서는 **파이널컷프로X**라는 프로그램을 많이 써요."

"근데 아까 필터라는 건 뭐야?"

"색 보정을 좀 더 잘할 수 있게 영상 위에 씌우는 거예요. 필터는 다른 사람이 만들어놓은 걸 다운로드받아서 사용할 수 있어요. 그러면 작업 시간이 줄고 효율적이죠."

"대단하네. 뭔가 새로운 세계야."

"유튜브는 시간과의 싸움이라고 말씀드렸잖아요. 결국 영상을 빠른 시간에 효율적으로 만드는 게 가장 중요해요."

"근데 유료 프로그램은 비싸?"

"비싸다면 비싸고 싸다면 싸겠죠. 예전에는 프로그램을 구입해야 해서 사용자의 부담이 컸어요. 근데 요즘은 사용료를 월정액으로 내니까 부담이 덜하죠."

당장 유료 프로그램을 사용하는 건 무리였다. 김 대리는 나중을 기약했다. 그리고 색 보정과 관련된 부분을 일단 박 인턴에게 맡기기로 했다. 전반적인 편집 작업을 마치고 박 인턴에게 색 보정만 따로 맡기는 식이었다.

그런데 영상 소스를 옮기는 과정이 반복되자 조금씩 머리가 아파오기 시작했다. 영상 공유를 위해서는 수정 전과 후를 정확히 구분하는 일종의 **버전 관리**도 필요했다.

"프리미어프로는 파일을 주고받지 않고 한 폴더에서 관리할 수 있어요. 클라우드 서비스죠. 그리고 요금을 추가하면 편집 프로그램 말고도 다양한 디자인 툴과 영상 효과 툴을 마음껏 사용할 수 있어요."

김 대리는 점점 더 유료 프로그램이 탐났다. 그러던 중에 조 이사가 김 대리를 호출했다.

"대리님, 작업 잘돼가나요?"

조 이사가 무덤덤한 얼굴로 물었다.

"네, 최선을 다하고 있습니다."

"그렇군요. 영상을 특이하게 찍으셨더라고요?"

김 대리는 장난감에 더 집중하기 위해서 촬영 구도를 바꿨다고 설명했다. 그리고 이것이 차별화 전략임을 강조했다.

"그것만으로는 별로 차별화가 되지 않을 것 같고요."

조 이사의 말에 김 대리는 금세 작아졌다.

"영상이 많이 별로이신가요?"

"별로라기보다는…."

조 이사는 전반적으로 생동감이 떨어진다고 지적했다. 특히 인형의 움직임이 부자연스러워 눈에 거슬린다고 했다.

"사람 인형인데 마치 로봇처럼 움직여요. 대리님이 보시기에는 안 그래요?"

조 이사는 자신의 컴퓨터 화면에서 영상을 재생했다. 김 대리가 보기에도 움직임이 딱딱했다.

"장난감 위주로 찍는다고 했는데 대리님 손등이나 팔이 더 크게 보이기도 하고요. 신경을 조금 더 써야 할 것 같습니다. 요즘 시청자들 눈 정말 까다롭습니다."

조 이사의 얘기는 사실이었다. 유튜브 시장은 경쟁이 치열해졌고 시청자들의 눈도 그만큼 높아졌다.

"근데 색감 때문인지 생생한 느낌도 떨어지는 것 같아요."

"아, 이사님이 말씀해주셔서 말인데요. 자연광과 형광등만으로 찍으려니 좀 칙칙하긴 합니다. 조명이 있으면 나을 것 같습니다."

"조명이요? 조명도 없이 찍으셨어요?"

"네, 비용이….."

"지난번에 마케팅팀에 지원 요청하라고 지시했을 텐데요?"

"네, 그렇기는 한데."

김 대리는 차마 방치열 팀장에게 면박을 당했다는 이야기까지는 하지 못했다.

"제가 다시 얘기해두겠습니다. 꼭 필요한 장비는 있어야죠."

김 대리는 조 이사의 지원에 힘이 났다.

"대리님, 마지막으로 이거 하나만요."

집무실을 나가려는 김 대리를 조 이사가 잡았다.

"우리는 **인트로** 같은 거 없나요? 앞에 인트로 영상이 있으면 좀 있어 보이던데."

"네, 제작해보겠습니다."

김 대리는 집무실을 나오며 원투 스트레이트를 맞은 기분이었다. 해결해야 할 문제들이 더 쌓인 것 같았다.

"김 대리, 그새 이사님한테 일러바쳤단 말이지?"

방 팀장에게 미운털이 더 박히게 생겼다. 하지만 이번에는 김 대리도 가만있지 않았다.

"팀장님께 먼저 보고드리지 않았습니까."

"카메라 사달라고 했지 조명 얘긴 한 적 없잖아."

듣고 보니 그랬다. 잠시 침묵이 흘렀다.

"그래서 필요한 게 뭐야. 카메라는 이미 있을 테고."

"조명이랑 유료 편집 프로그램의 월정액이 필요합니다. 그리고 스튜디오 만들 때 제 돈 들어간 거…."

"월정액이면 매달 나간다는 거야? 꼭 그걸 써야 해?"

"네."

"일단 25만 원 지원해줄 테니 이걸로 해결해봐."

역시 지독한 자린고비였다. 평소 방 팀장은 예산을 타이트하게 사용하기로 유명했다.

"요즘 회사 분위기 알지? 예산 함부로 못 써."

누구나 쉽게 사용할 수 있는 동영상 편집 프로그램

유튜브를 처음 시작하는 분들이 가장 부담을 느끼는 분야가 '동영상 편집'입니다. 그러다 보니 어떤 동영상 편집 프로그램을 선택할지도 고민거리입니다. 프로그램마다 비용과 장단점의 차이가 크기 때문입니다. 또한 윈도 OS를 사용하느냐 맥 OS를 사용하느냐에 따라 선택의 기준이 달라지고, 크리에이터 개인의 취향도 고려해야 합니다. 크리에이터들이 주로 사용하는 편집 프로그램을 유료와 무료로 나누어 설명해드리겠습니다.

유료 동영상 편집 프로그램

1. 프리미어프로 / 애프터이펙트

어도비에서 만든 동영상 편집 툴로 가장 널리 사용되고 있습니다. 프리미어프로는 동영상을 편집하는 툴이고, 애프터이펙트는 동영상에 다양한 효과를 넣을 때 사용합니다. 참고로 토이푸딩은 어도비 패키지를 구입해 사용하고 있습니다.

- **지원 OS:** 윈도 OS / 맥 OS
- **장점:** 가장 다양한 편집 기능을 제공합니다. 전문가들도 프리미어프로를 주로 사용합니다.
- **단점:** 사용법이 복잡하고 배우는 데 시간이 꽤 걸립니다.
- **비용:** 클라우드 서비스 월정액(개별 가격 2만 4000원, 패키지 가격 6만 2000원)

2. 파이널컷프로X

- **지원 OS:** 맥 OS
- **장점:** 기능들이 직관적으로 배열되어 있어서 프리미어프로보다 사용하기 편리하다는 평이 많습니다. 또한 방송사에서 주로 사용되는 편집 툴이기도 합니다. 입문자들이 사용하기에 적합합니다. 프리미어프로 못지않은 다양한 기능을 제공합니다.
- **단점:** 맥 OS만 제공하기 때문에 호환성이 떨어집니다. 초기 구입 비용이 부담될 수 있습니다.
- **비용:** 36만 9000원

3. 소니베가스프로

- **지원 OS:** 맥 OS
- **장점:** 프리미어프로보다 사용법이 간단합니다. 동영상 편집과 효과를 동시에 진행할 수 있습니다. 다만 애프터이펙트만큼 풍부한 효과는 지원하지 않습니다.
- **단점:** 한글 지원이 되지 않는 걸로 알려져 있습니다. 사용자가 프리미어프로만큼 많지 않아서 템플릿 공유나 강좌를 구하기 어렵습니다.
- **비용:** 59만 9000원(에디트 버전 39만 9000원)

무료 동영상 편집 프로그램

동영상 편집 입문자라면 무료 편집 프로그램을 추천합니다. 토이푸딩도 채널 초기에는 윈도우 무비메이커로 편집을 했습니다. 무료 편집 프로그램은 많은 기능이 무료로 제공되지만, 더 심화된 기능을 활용하기 위해서는 비용을 지불해야 합니다.

1. 곰믹스프로

- **장점:** 인터페이스와 사용법이 굉장히 쉽습니다. 이어 붙이기, 음악 삽입, 자막 넣기 등 편집의 필수 기능을 쉽게 사용할 수 있습니다.
- **단점:** 전문가들이 활용하기에는 기능의 한계가 있습니다.
- **비용:** 정품 버전을 사용하려면 3만 9000원의 비용을 내고 영구 이용권을 구입해야 합니다.

2. 뱁믹스

- **장점:** 다양하고 화려한 폰트가 가장 큰 장점입니다.
- **단점:** 인터페이스는 곰믹스에 비해 어렵다는 평가가 있습니다.
- **비용:** 전문가용의 1년 사용료는 33만 원, 영구 사용료는 63만 원입니다.

3. 무비메이커

- 장점: 사용하기 쉽고 단순합니다.
- 단점: 제공하는 기능이 한정적이기에 수준 높은 영상을 만들 수 없습니다.

모바일 동영상 편집 프로그램

키네마스터

모바일로 동영상을 편집할 수 있는 가장 대표적인 앱입니다. 동영상 편집과 더불어 자막 및 각종 테마와 배경음악도 삽입할 수 있습니다. 스마트폰으로 동영상의 촬영과 편집이 가능해서 많은 분이 이용하고 있습니다. 무료로 사용할 경우, 몇몇 기능이 제한되고 워터마크가 붙습니다. 유료로 사용하려면 연간 39.99달러를 지불해야 합니다.

08

몰입도 높은
스토리의 힘

김 대리는 수연과 약속한 시간보다 10분 정도 일찍 도착했다. 지난번 만남을 거절한 이후 잠시 동안 연락이 끊겼지만 얼마 후 수연이 다시 연락해왔다.

약속 장소에 오기 전 조명 장비를 사기 위해 전자상가에 들렀다. 조명은 상당히 비쌌다. 100만 원이 훌쩍 넘는 조명도 많았다. 주어진 예산으로는 턱없이 부족했다. 급히 스마트폰을 열어 중고 사이트를 둘러봤다. 박 인턴의 말대로 중고 제품이 꽤 나와 있었다. 대부분 10회 내외로 사용했다는 문구가 적혀 있었다. 김 대리는 스튜디오의 채광 상태를 고려해 카메라에 부착하는 LED조명을 구매하기로 했다. 유튜브 크리에이터들이 가장 많이 사용하는 LED 조명이 매물로 올라와 있었다. '[급매] 투 스탠드 세트 삼각대 포함 미개봉 19만 5000원', 정가보다 상당히 저렴한 가격이었다. 김 대리는 냉큼 구매했다.

수연을 기다리며 영상 작업과 관련한 몇 가지 문제점을 떠올렸다. 촬영과 편집을 반복할수록 생각지 못했던 여러 고민들이 생겨났다.

첫 번째 문제는 **아이디어 고갈**이었다. 김 대리는 신제품인 베이비돌리 인형을 주인공으로 영상을 찍었다. 주방놀이 세트 등의 다른 장난감을 함께 섞어서 활용했다. 이를테면 베이비돌리가 냉장고를 열고 음식을 꺼내어 먹는 식이었다. 하지만 이렇게 하나의 영상을 만들고 나면 주방놀이 세트는 더 활용할 수 없었다. 다음번에는 마트 계산기 놀이 세트, 병원놀이 세트 등으로 넘어가야 했다. 이런 식으로 촬영을 하면 소재와 주제가 금방 고갈될 게 분명했다.

두 번째 문제는 편집 단계에서 어떤 장면을 **강조**해야 할지 확신이 서지 않는다는 것이었다. 감각에 의지하고 있지만 시청자들의 눈에 재미있을지 확신하기 어려웠다.

마지막 문제는 오 대리가 곧 퇴사한다는 것이었다. 김 대리는 그동안 오 대리에게 업무적으로도 인간적으로도 크게 의지하고 있었다. 하지만 어느덧 오 대리의 퇴사가 2주 앞으로 다가와 있었다.

수연이 도착했다. 첫 만남 때처럼 두 사람은 데면데면했다.

"지방에 있는 동안 심심했겠어요."

"아무래도요. 퇴근하고 집에서 영화만 봤네요."

이야기는 첫 만남 때처럼 또 영화로 이어졌다. 요즘 인기 있는 영화, 최근 본 영화 등을 차례로 이야기했다.

"흥행하는 영화들의 공통점이 뭘까요?"

김 대리가 물었다.

"재미겠죠."

"그러면 재미있는 영화는 왜 재미있는 걸까요?"

유튜브를 시작하기 전까지만 해도 관심 없던 질문이었다.

"글쎄요. 사람마다 재미있는 영화가 다 달라서 잘 모르겠어요. 이유도 다양하겠죠."

"그래도 내가 재미있는 영화는 남들도 재미있다고 하잖아요."

"영화감독이나 평론가가 아니라 잘은 모르겠는데요. **매력적인 캐릭터** 때문 아닐까요? 캐릭터가 생동감 넘치면 재미있던데요. 매력적인 캐릭터가 나오는 영화가 대부분 성공하는 것 같고요. 물론 모든 영화가 다 그런 건 아니지만요."

"이 영상 한번 봐주실래요?"

김 대리는 자신이 만든 영상을 보여주었다. 민망했지만 많은 사람에게 보여줄수록 실력이 늘 것 같았다. 수연은 영상을 보며 고개를 갸웃거렸다.

"어때요?"

"잘 모르겠네요. 애들은 이런 거 좋아하나요?"

"조카한테도 물어봐야 하는데 아직 못 보여줬어요. 수연 씨가 보기에는 어때요?"

"저는 액션 영화를 좋아해요. 근데 이 영상은 움직임이 느려서 지루해요. 스토리가 없어서 그런 것 같기도 하고요. 그냥 비슷한 행동을 반복하니까."

김 대리 역시 자신의 영상에서 재미를 느끼지 못했다. 김 대리는 재미없는 이유가 어린이용 콘텐츠이기 때문이라고 스스로를 위로하고 있었다. 하지만 토딩의 조언에 따르면 그런 이유는 틀렸다. 영상을 만드는 창작자도 재미를 느껴야 하기 때문이다.

"몰입도 높은 스토리가 필요해요."

스토리는 뉴미디어팀 회의에서도 언급된 적이 있었다. 김 대리는 스토리가 있으면 타깃 연령이 높아진다고 반박했다. 하지만 돌이켜보면 김 대리가 만든 영상에도 스토리는 있었다. 다만 스토리가 지나치게 단순할 뿐.

"**자막**을 넣어보는 건 어때요?"

수연의 제안에 김 대리는 솔깃했다.

"자막 나오는 걸 애들이 좋아할까요? 어린애들은 말을 못 읽잖아요."

"그건 중요하지 않아요. 자막을 읽으면 읽는 대로, 모르면 모르는 대로 보겠죠."

김 대리는 자막이 있으면 인형의 움직임만으로는 재미를 못 느끼는 유치원생 아이들의 관심도 끌 수 있을 거라고 생각했다. 김 대리의 표정이 밝아지자 수연의 표정도 밝아졌다.

'계획 또 변경이다!'

자막 넣기, 영상 몰입도를 극대화하는 화룡점정

영상을 최종적으로 완성시켜주는 무기는 '자막'입니다. 콘텐츠에 자막을 삽입하는 방법은 크게 세 가지입니다.

첫 번째는 영상을 편집해 유튜브에 업로드한 뒤 유튜브 내부 시스템을 활용해 등록하는 **시스템 자막** 등록입니다. 시스템 자막 등록은 다시 몇 가지로 나뉩니다. 크리에이터가 유튜브 영상을 시청하며 일일이 자막을 등록할 수도 있고, 정해진 양식에 맞춰 스크립트를 작성한 뒤 한꺼번에 자막을 등록할 수도 있습니다. 이때 전체 스크립트를 넣어주면 유튜브 시스템이 AI를 통해 자동으로 싱크를 맞춰주기도 합니다.

두 번째로 시청자가 직접 달아주는 **커뮤니티 자막**을 활용하는 방법이 있습니다. 채널에 글로벌 팬덤이 형성되면 현지의 시청자들이 커뮤니티 자막을 직접 만들어 크리에이터 대신 등록해줍니다. 크리에이터는 이러한 시청자의 참여를 활용해 다양한 언어로 된 자막을 영상에 등록할 수 있습니다.

마지막으로 영상 편집 단계에서 편집 프로그램을 활용해 자체적으로 콘텐츠에 자막을 달아 통째로 올리는 방법이 있습니다. 이렇게 등록된 자막을 **콘텐츠 자막**이라고 부릅니다.

자막을 등록하는 방법은 다양하지만, 빠른 시간 안에 수익을 내고자 하는 유튜버라면 반드시 이 한 가지를 명심해야 합니다. "유튜브는 시간과의 싸움이다!" 자막은 어디까지나 영상을 돋보이게 하고 재미를 극대화하는 장치 중 하나입니다. 따라서 자막 폰트의 디자인에 너무 신경을 쓰기보다는 가독성과 타이밍에 더 집중하기 바랍니다. 인터넷에 '자막 공유'나 '자막 프리셋'을 입력하면 무료 템플릿을 받을 수 있습니다.

시스템 자막 등록하기

▶ '내 채널' 화면에서 '유튜브 스튜디오'(①)를 클릭합니다.

▶ 좌측 목록에서 '동영상'(②)을 클릭한 뒤 자막을 추가하고 싶은 영상을 체크(③)합니다.

▶ 좌측의 '기타 기능'(④)을 클릭한 뒤 '번역 및 자막 생성'(⑤)을 클릭합니다.

▶ '새 자막 추가'(⑥)를 클릭하면 언어를 고를 수 있습니다. '한국어'를 선택합니다.

▶ 자막 등록 방법 세 가지 중 한 가지를 선택합니다(⑦). '파일 업로드' 방식은
미리 작성해놓은 자막을 업로드해 등록하는 방법입니다. '스크립트 작성 및
자동 동기화'는 유튜브가 제안하는 양식으로 정리해놓은 스크립트를 그대로
업로드하는 방법으로, 구글의 AI 시스템이 스크립트의 자막 텍스트와 영상의

목소리를 자동으로 싱크해 매칭시켜줍니다. 마지막으로 '새 자막 만들기'는 크리에이터가 영상을 직접 보면서 자막을 입력하는 방식입니다. 조작법이 단순하고 직관적이라서 처음 해본 사람도 금세 따라 할 수 있습니다.

커뮤니티 자막 등록하기

▶ 영상을 업로드할 때 '고급 설정'(①) 화면에서 '커뮤니티 자막 제공'(②) 체크박스를 체크하면 시청자가 만든 커뮤니티 자막을 영상에 등록할 수 있습니다.

❶ 시청자는 영상을 시청한 뒤 적절히 자막을 달아 크리에이터에게 제출할 수 있습니다. 이렇게 제출된 커뮤니티 자막은 해당 채널의 운영자와 유튜브의 검토를 거쳐 최종 게시됩니다. 자막을 제공한 시청자는 해당 자막 제공자가 자신이라는 것을 표시할 수 있습니다.

콘텐츠 자막 등록 시 유의사항

콘텐츠를 제작할 때 편집 프로그램을 통해서 자막을 등록할 수 있습니다. 많은 크리에이터가 콘텐츠 자막을 등록합니다. 유튜브에서 제공하는 시스템 자막보다 다양한 폰트를 사용할 수 있고 가독성도 높기 때문입니다. 콘텐츠 자막을 활용할 때 반드시 숙지해야 할 사항을 알아보겠습니다.

1. 발음만으로는 모든 대사를 이해하기 어려운 분들이 있기 때문에, 모든 대사를 자막으로 보여주면 좋습니다. 단, 적재적소에 필요한 대사를 넣는 것도 괜찮습니다.
2. 자막의 가독성을 위해 자막 뒤에 검은색 등과 같은 어두운 배경을 깔아주는 것도 좋은 방법입니다.
3. 대사뿐만 아니라 핵심 포인트를 자막으로 처리해 집중도를 높입니다.
4. 자막에서 사용되는 폰트의 핵심은 단연 가독성입니다. 유튜브를 처음 시작하는 분들은 개성 있는 폰트를 많이 사용하는데, 이 중에는 가독성이 떨어지는 것도 많습니다. 너무 현란해서 시청자의 눈을 피로하게 만들기도 합니다. 따라서 폰트를 신중하게 선택해야 합니다.
5. 여러 사람이 대화하는 경우 자막의 위치나 색상을 조정해 혼란을 최소화하면 좋습니다.
6. 최근에는 글로벌 유튜브 크리에이터가 되기 위해 한글 자막과 영어 자막을 동시에 사용하는 크리에이터도 많습니다.

▶ 유튜브 동영상 시청 화면 하단의 '자막 아이콘'(❶)을 클릭하면 간편하게 자막 기능을 켜고 끌 수 있습니다. '설정 아이콘'(❷)을 클릭한 뒤 '자막'(❸)을 클릭 하면 다양한 언어권의 자막을 선택할 수 있습니다(❹). '자동 번역'(❺)을 선 택하면 유튜브에서 제공하는 자막을 볼 수 있습니다. '자막 추가'(❻)를 클릭 하면 커뮤니티 자막 입력 페이지로 이동합니다.

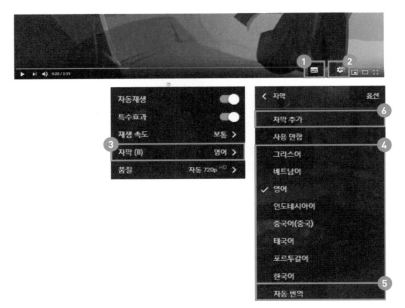

3장

알고리즘을
활용한 업로드 전략

·

유튜브를 시작한 사람들이 가장 많이 포기하는 시기가 바로 채널 개설 한 달 뒤입니다. 나름대로 최선을 다해 영상을 올렸는데 아무런 반응이 없기 때문입니다. 물론 유튜브의 기본은 '잘 만든 영상'이지만, '콘텐츠를 효과적으로 노출시키는 전략'이 없으면 아무리 잘 만든 영상도 무용지물이 되기 십상입니다. 이번 장에서는 조회수와 구독자수를 안정적으로 확보할 수 있는 유튜브의 알고리즘과 수익 창출 시스템에 대해 알아보겠습니다. 한 단계 더 업그레이드된 기술을 통해 김 대리는 정체기에 빠진 토이팜 채널을 살려낼 수 있을까요?

·

왜 조회수가
늘지 않을까?

유튜브를 시작한 지도 벌써 한 달이 다 되어갔다. 그간 40개 정도의 동영상을 업로드했다. 김 대리의 촬영과 편집 기술은 나날이 발전했다. 화면 전환도 자연스럽고 부드러워졌다.

조 이사가 언급한 인트로 화면도 만들었다. 인트로 영상은 짧은 시간에 채널의 정체성을 보여주는 게 관건이었다. 시청자들이 콘텐츠를 볼 때마다 긴 인트로 영상을 보면 지칠 수 있기 때문이다.

채널의 정체성을 강조하는 가장 좋은 방법은 채널 아이콘, 즉 **로고**였다. 김 대리는 마케팅팀에서 지원해준 예산으로 어도비의 유료 계정을 등록했다. 해당 계정으로 프리미어프로를 포함한 모든 프로그램을 사용할 수 있었다. 그중 애프터이펙트를 사용해 토이팜 로고가 물결치는 효과를 만들었다. 그리고 차 과장의 목소리로 '토이팜'이라는 멘트를 녹음해 삽입했다.

그런데 여전히 해결이 되지 않는 문제가 있었다. 바로 '조회수'였다. 가끔 100회를 넘기는 영상도 있었지만 대부분 두 자리에 머물렀다.

"조회수가 너무 안 나와서 답답해요. 어떻게 해야 하죠?"

김 대리는 오 대리를 붙잡고 하소연했다. 설상가상으로 오 대리의 퇴사가 2주 정도밖에 남지 않았다. 그중 절반은 또 휴가다.

"대리님이 만든 콘텐츠를 보물이라고 생각해보세요. 보물찾기에 필요한 준비물이 뭘까요?"

"지도와 나침반이겠죠."

"맞아요. 지도와 나침반을 이용해야겠죠? 유튜브도 마찬가지예요. 일단은 콘텐츠가 시청자들에게 발견이 돼야 해요. 즉, **발견성**을 높여야 하죠. 그래야 시청자들이 콘텐츠를 볼지 말지 선택할 수 있으니까요. 그러면 시청자들은 유튜브에서 콘텐츠를 어떻게 발견할까요?"

"검색 아닐까요? 저도 검색부터 하거든요."

"맞아요. 그런 걸 바로 **키워드 검색**이라고 불러요. 그래서 영상에 어떤 키워드를 등록할지 정하는 일이 무척 중요하죠. 근데 유튜브에서 콘텐츠가 발견되기 위해서는 키워드 검색보다 더 중요한 게 있어요. 그게 뭘까요?"

김 대리는 골똘히 생각했다. 하지만 검색 말고는 떠오르는 게 없었다.

"잘 모르겠어요."

"**추천 기능**이에요. 많은 이용자가 처음에는 유튜브나 구글의 키워드 검색을 통해서 콘텐츠를 발견해요. 하지만 이후에는 유튜브가 추천해주는 영상을 자연스럽게 시청하게 되죠."

김 대리는 고개를 끄덕였다. 자신도 유튜브를 볼 때 추천 영상을 자연스럽게 클릭한 적이 많았다.

"아무튼 유튜브의 보물 지도와 나침반은 **검색**과 **추천 알고리즘**이에요. 따라서 시스템이 내 콘텐츠를 더욱 잘 추천할 수 있도록 지도와 나침반을 정교하게 만들어야 해요."

"지도와 나침반을 어떻게 정교하게 만들어요? 그러니깐 우리 콘텐츠가 추천이 잘되려면 어떻게 해야 하나요?"

"콘텐츠를 재미있게 만들면 되죠!"

"그런 거 말고요! 진짜 노하우 좀 알려주세요."

"진짠데요? 시청자가 내 영상을 재미있게 봐주면 추천이 잘 돼요."

"재미있게 봤는지 재미없게 봤는지는 어떻게 알아요?"

"**시청 시간**과 **조회수**를 보면 알죠. 그리고 **좋아요**가 얼마나 달렸는지, **공유**가 얼마나 되었는지도 중요하고요. 유튜브에는 매일 셀 수 없이 많은 동영상이 올라와요. 경쟁이 정말 치열하죠. 그 수많은 콘텐츠 중에서 내 콘텐츠가 추천되려면 '순위'가 높아야 해요. 그 순위를 높이는 가장 중요한 지표가 바로 시청 시간이에요. 사실상 조회수보다도 더 중요하죠. 조회수는 자극적인 키워드나 미리보기 이미지를 이용해서 어렵지 않게 늘릴 수 있지만, 시청 시간은 그렇지 않아요. 콘텐츠가 재미있어야 계속 보니까요. 아무튼 여러 지표들을 종합해서 추천해준다는 거예요."

"근데 앞뒤가 좀 바뀐 거 같아요. 애초부터 발견이 안 된다면 재미가 무슨 소용이겠어요."

"그건 방법이 하나밖에 없어요. 일단 계속 올려보는 거."

"무조건 많이 올려야 하는 건가요?"

"아니요. 그러면 오히려 역효과가 날 수 있어요. 모든 영상을 최선을 다해 재미있게 만들어서 올린다면 괜찮겠지만요. 시청자가 외면하는 영상을 무분별하게 올리기만 하면 유튜브 알고리즘을 주관하는 AI가 시청자에게 추천할 만한 채널이 아니라고 판단할 거예요."

"네…."

"아무튼 한 콘텐츠가 발견돼서 조회수가 올라가면 나머지 콘텐츠들도 조금씩 노출이 되기 시작할 거예요. 낙수효과 때문이죠. 유튜브가 내 채널의 다른 영상들을 연쇄적으로 추천해주니까요. 이건 제 경험에서 나온 팁인데요. 특정한 키워드를 사용한 콘텐츠가 인기를 얻으면 앞으로도 그 키워드를 사용했을 때 추천될 가능성이 높아요."

"그게 무슨 의미인가요?"

"예를 들어 '립스틱'이라는 키워드를 사용한 콘텐츠의 조회수가 높게 나왔어요. 그러면 앞으로 립스틱 키워드를 사용할 때 다른 키워드를 사용한 콘텐츠보다 노출될 확률이 높다는 거예요."

"그렇군요. 콘텐츠를 얼마나 올리면 소식이 오나요? 한 100개?"

"글쎄요. 대리님이 생각하시는 것보다 훨씬 적을 수도, 좀 더 많을 수도 있어요. 채널마다 달라서 알 수 없다는 얘기죠. 아무튼 콘텐츠가 쌓이면 키워드도 함께 누적되고 그만큼 채널의 힘과 정체성이 좋아진다는 것만 기억하세요. 오늘부터는 업로드하실 때 항목을 하나하나 신경 써서 적어보세요."

김 대리는 오후 영상 작업을 완료하고 오 대리를 다시 불렀다. 업로드 항목들을 함께 입력해보기 위해서였다. 김 대리는 진작 신경 썼어야 하는 중요한 부분을 놓친 것 같아 아쉬운 마음이 들었다. 물론 영상 촬영과 편집 작업에 적응하느라 여력이 없기도 했다.

　김 대리는 기본항목 탭부터 입력했다. 제목, 내용, 태그를 순서대로 넣었다. 공개 상태는 공개로 설정했다. 미리보기 이미지는 별도로 올리지 않고 영상의 장면 중 하나를 사용했다. 재생목록, 카드, 최종 화면은 무슨 기능인지 몰라서 사용하지 않았다. 고급항목 탭의 정보들도 역시나 입력하지 않았다. 오 대리는 김 대리가 입력하는 정보들을 매의 눈으로 지켜봤다. 업로드가 완료되자 오 대리는 작게 한숨을 쉬었다.

　"심각하죠?"

　"네, 솔직히 좀. 업로드할 때 적는 항목들은 다 존재 이유가 있어요. 유튜브는 관리자 페이지인 **유튜브 스튜디오**를 주기적으로 개편해요. 최근에 대대적으로 개편했죠. 딱 핵심 기능만 남겨놓았어요. 업로드는 무작정 동영상을 올리는 게 아니라 발견성을 높이고 유튜브 검색 추천 알고리즘을 이용하는 과정이에요. 그러면 먼저 키워드부터 고민해보세요. 잘 검색되고 추천되기 위한 가장 중요한 기준이니까요."

노출을 부르는
키워드를 선점하라

검색과 추천 알고리즘을 잘 활용하기 위해서는 키워드 선택이 중요합니다. 키워드는 유튜브 운영의 핵심 중 하나입니다. 유튜브 크리에이터 중에는 다양한 '키워드 도구'의 도움을 받는 사람도 많습니다. 키워드 도구란 대중적으로 인기가 많고 매력적인 키워드를 주기적으로 업데이트해 사용자에게 제공하는 사이트나 매체를 뜻합니다. 영상 조회수를 높이고 구독자를 빠르게 모으려면 좋은 키워드를 적절히 붙이는 것이 중요합니다. 여기에서는 채널 운영에 요긴하게 활용할 수 있는 키워드 도구 몇 가지를 소개해드리겠습니다.

1. 키워드 툴   keywordtool.io/youtube

구글, 유튜브, 인스타그램, 트위터, 아마존 등 다양한 플랫폼에서 사용되는 키워드를 보여줍니다. 유튜브 키워드 도구 중 가장 널리 사용되고 있습니다. 사용 방법이 간단하고 키워드 정보가 정확하며 광범위하기 때문입니다.

검색하고 싶은 키워드를 입력하면 검색 빈도가 높은 키워드부터 보여줍니다. 키워드를 손쉽게 저장할 수도 있습니다. 키워드를 선택한 뒤 오른쪽 하단의

'Copy/Export all'을 클릭하면 키워드가 복사되고 전체 내역을 엑셀에 저장할 수도 있습니다. 복사된 정보는 업로드 정보인 태그 입력란에 붙여넣기할 수 있습니다. 무료로 사용이 가능하지만 기능과 제공 키워드에 제한이 있습니다. 더 많은 키워드를 확인하려면 연간 비용을 결제해야 합니다.

2. 튜브버디
tubebuddy.com

구글 크롬에 최적화된 키워드 도구입니다. 앞서 소개한 키워드 툴과 달리 크롬에 설치해서 사용합니다. 크롬에 설치한 후 구글 계정에 액세스를 허용하면 동영상을 업로드할 때 편리하게 사용할 수 있습니다.

동영상을 업로드할 때 키워드를 입력하면 관련된 또 다른 키워드를 추천해줍니다. 따라서 키워드를 대단히 쉽게 입력할 수 있습니다. 키워드 점수를 제공하여 키워드를 얼마나 잘 사용하고 있는지도 평가해줍니다. 또한 미리보기 이미지 템플릿을 제공해서 손쉽게 섬네일을 만들 수 있도록 도와줍니다. 무료 버전은 기능이 제한적입니다. 모든 기능을 활용하려면 유료 결제를 해야 합니다.

3. 비드IQ

vidiq.com

튜브버디와 더불어 가장
많이 사용되는 키워드 확
장 프로그램입니다. 튜브
버디와 마찬가지로 크롬
브라우저에 설치하고, 구
글 계정 액세스를 허용해

야 합니다. 기능도 거의 동일합니다. 장점으로는 태그에 입력한 키워드들의 순위를 조절할 수 있습니다. 마찬가지로 무료 버전은 기능이 제한적입니다. 하지만 무료 버전도 충분히 활용할 수 있는 기능이 많습니다.

4. 구글 트렌드

trends.google.com/trends

인기가 급상승 중인 키워
드나 영상, 채널을 확인
할 수 있습니다. 유튜브
의 최신 트렌드와 각종

데이터를 확인할 수 있습니다. 다양한 필터를 활용해서 검색 옵션의 범위를 좁힐 수 있습니다. 각종 시각화 정보를 제공해서 사용하기도 편리합니다. 무엇보다 구글에서 직접 제공하는 서비스이기 때문에 신뢰도가 가장 높습니다.

5. 네이버 데이터 랩

datalab.naver.com

네이버는 국내에서 가장 많은 사람이 찾는 포털입니다. 하루에도 수억 건의 검색량이 발생하며, 이러한 막대한 정보를 활용한다면 대한민국의 다양한 지표를 한눈에 파악할 수 있습니다. 네이버 데이터 랩은 바로 이러한 네이버의 검색 키워드를 실시간으로 공유하는 사이트입니다.

발견성을 높이는
매력적인 제목 쓰기

퇴근 한 시간 전 김 대리는 오 대리와 다시 마주 앉았다. 키워드에 관한 이야기를 더 하기 위해서였다.

"포털의 인기 검색어나 연관 검색어를 활용하면 어떨까요?"

"좋은 생각이에요. 앞으로 키워드를 정할 때 참고하시면 큰 도움이 될 거예요. 오늘은 각 항목별로 정보를 어떻게 입력할지 고민해보죠."

"네."

"동영상을 업로드할 때 키워드를 입력하는 곳은 제목, 설명, 태그예요. 그중에서도 제목이 가장 중요해요. 제목, 설명, 태그에 입력하는 키워드를 흔히 **메타 데이터**라고 불러요. 이 메타 데이터는 검색과 추천에 굉장히 중요한 역할을 하죠. 유튜브는 키워드를 분석해서 콘텐츠의 연관성, 그러니까 어떤 콘텐츠인지를 판단해요. 그리고 관련 영상을 찾아서 추천하죠. 그런데 모든 영상을 다 추천할 수는 없잖아요. 그래서 키워드로 관련 영상을 추린 후에 시청 시간이 길거나, 조회수가 높거나, 공유나 '좋아요'가 많은 영상을 추천하죠. 즉, 순위가 높은 영상 말이에요."

"유튜브 추천 알고리즘이 이제 좀 이해가 되네요."

"그러면 대리님이 쓰신 제목 좀 볼게요."

[토이팜] 베이비돌리, 주방놀이 정말 재미있어요.

"두 가지 문제점이 있어요. 먼저 **핵심 키워드 선정**과 **키워드 배열**에 문제가 있어요. 다음으로는 제목이 매력적이지 않아요."

"그렇죠?"

"제목 작성 요령을 간단히 알려드릴게요. 우선 사용할 키워드를 잘 선정해야 해요. 선정할 때는 기준이 있어야 하죠. 첫 번째 기준은 **사람들이 많이 검색하는 키워드**예요. 대리님이 쓴 베이비돌리, 토이팜은 우리 제품과 브랜드 이름이에요. 사람들이 거의 검색하지 않겠죠."

"네, 그러네요."

"다음은 우리 콘텐츠와 **밀접한 관련**이 있어야 해요. 베이비돌리 인형이 나오는데 생뚱맞게 자동차 세차나 클럽 같은 키워드가 들어가면 안 되겠죠. 마지막으로 **경쟁률이 낮은 키워드**가 좋아요. 다른 채널에서 많이 사용하지 않은 키워드. 결론을 말씀드리면 사람들이 많이 검색하고, 콘텐츠와 연관성도 높지만, 다른 채널에서는 별로 사용하지 않은 키워드인 거죠."

"너무 어렵잖아요! 그런 키워드가 어디 있어요!"

"물론 어렵죠. 방법을 알려드리면, **복합 키워드**를 사용하는 거예요. 하나의 키워드가 아니라 두 개, 혹은 세 개의 키워드를 결합해 독특한 키워드를 만드는 거예요."

"아! 그렇게 하면 되겠네요."

"복합 키워드를 만들려면 먼저 '핵심 키워드'를 선택해야 해요. 이를테면 장난감, 인형 같은 키워드겠죠. 그리고 이와 관련된 '연관 키워드'를 발견해서 잘 조합해야 해요. 연관 키워드는 핵심 키워드와 관련이 있는 새로운 키워드여도 되고, 핵심 키워드를 매력적으로 묘사하는 키워드여도 돼요. 간단하게 예를 들면 '로봇 장난감' 혹은 '인기 급상승 아기 인형' 같은 복합 키워드를 만들 수 있겠죠."

"여러 개의 키워드를 잘 조합해봐야겠어요."

"키워드는 대리님의 상상으로 만드는 게 아니에요. 여러 도구를 활용해서 발견해야 하죠. **검증된 키워드**여야 한다고요. 대리님이 얘기했듯 포털을 활용해서 키워드를 찾는 것도 방법 중 하나예요. 그것 말고도 다양한 툴이 존재하고요. 그리고 사용한 키워드는 잘 정리해두시는 게 좋아요."

"지금 포털을 한번 찾아볼까요?"

"잠시만요. 조금 더 설명드릴게요. 만약 핵심 키워드와 연관 키워드가 선정되면 그 키워드를 제목의 가장 앞에 배치해야 효과적이에요."

오 대리의 설명에 따르면 제목은 짧기 때문에 앞의 10자나 서너 단어 안에 해당 키워드를 배치해야만 한다. 문장 앞쪽에 사용한 키워드 위주로 검색이 되기 때문이다. 또한 그렇게 하는 편이 시청자들의 눈에도 잘 띄었다. 즉 **'중요한 키워드를 제목의 앞쪽에 배치하라'**였다.

"대리님, 머리 아프시죠?"

"네, 솔직히 좀 그래요."

"그러면 관점을 조금 다르게 해볼게요. 유튜브는 다른 플랫폼보다 더 똑똑해요. 유튜브를 하기 전에 뷰티 블로그를 오래 운영했어요. 당시 블로그 키워드 마케팅이 유행했죠. 블로그의 경우 상위에 노출시키려면 키워드가 정확히 딱 맞아야 해요. 근데 유튜브는 키워드가 달라도 추천을 해줘요. 관련 키워드를 폭넓게 찾아주는 거예요. AI를 통해서요. 따라서 키워드 배열도 중요하지만 제목을 매력적으로 쓰는 게 더 현명한 방법인 것 같아요. 그러면 제목을 고쳐보시겠어요?"

김 대리는 인터넷 포털을 뒤지며 한동안 씨름했다.

"이렇게 고쳤는데 어때요?"

주방놀이 장난감으로 요리놀이! 냉장고 속 음식을 찾아보아요.

"조금은 좋아졌지만 보완이 필요해 보여요. 물론 채널이 충분히 성장했다면 이렇게 써도 검색 상위에 걸릴 수 있겠지만요. 저는 핵심 키워드를 두 개 잡아봤어요. '아기 인형', 그리고 '주방놀이 장난감'. 베이비돌리가 아기 인형이니까요. 그리고 주방놀이 장난감보다 아기 인형을 사람들이 더 많이 검색할 거라고 판단했어요. 추가로 '맛있는 요리'라는 키워드를 넣어서 조금 더 구체화를 했어요."

아기 인형과 맛있는 요리를 만들어요! 주방놀이 장난감 요리놀이! (베이비돌리, 토이팜)

"더 자연스러워진 것 같아요."

"완벽한 제목은 없어요. 키워드에 충실하고 의미 있는 제목을 계속 고민하는 게 답이에요. 제목 뒤에 '베이비돌리, 토이팜'을 적어준 건 이유가 있어요. 브랜드명을 콘텐츠마다 적어주면 앞으로 베이비돌리 키워드가 추천될 때 다른 베이비돌리 콘텐츠도 추천될 가능성이 커지기 때문이죠. 제목은 몇 번 수정해도 괜찮아요. 그리고 제목을 쓸 때는 내가 광고회사의 카피라이터라는 마음가짐이 필요해요. 자, 다음은 **설명 영역**을 좀 볼까요?"

오 대리가 마우스 스크롤을 내리며 말했다.

"구독과 '좋아요'를 부탁한다는 문구만 적어놓으셨네요. 꼭 필요한 문구죠. 근데 내용은 전반적으로 부족해요. 설명 영역도 검색이나 추천을 위한 메타 데이터로 활용되거든요. 설명 영역은 **영문 기준으로 5000자**까지 입력할 수 있는데 실질적으로 상위 세 줄에서 다섯 줄 정도가 검색에 걸린다고 봐요. 근데 검색 목적이 아니더라도 설명에는 필요한 정보를 알차게 넣는 게 좋아요."

"그렇군요."

"아, 그리고 동영상 설명에 **해시태그(#)**를 사용할 수 있어요. 시청자가 해시태그를 클릭하면 관련 콘텐츠를 검색할 수 있죠. 다만 해시태그는 15개를 넘으면 안 돼요. 그러면 유튜브가 동영상의 모든 해시태그를 무시해버리거든요. 참고로 설명에 해시태그를 등록하면 제목 상단에 해시태그가 3개까지 배치된답니다."

"근데 설명에는 어떤 내용을 적어야 하나요?"

"간략한 콘텐츠 소개와 채널 설명이 필요해요. 그리고 관련 웹사이트나 소셜 미디어 주소를 적어놓는 것도 좋아요. 클릭을 유도해서 우리의 다른 서비스를 이용할 수 있도록 말이죠. 재생목록을 적어두면 관심 있는 시청자들이 추가로 콘텐츠를 시청할 수 있어요."

"알겠습니다. **태그 영역**은 어떤가요?"

"태그는 500자까지 입력 가능하니 필요한 키워드는 충분히 넣어주세요. 초기에는 채널 성장에 도움이 될 수 있어요. 앞서 설명했듯이 단일 키워드는 사용자가 많아서 경쟁력이 떨어지니까 복합 키워드를 활용하는 게 좋아요. 하지만 콘텐츠와 관련 없는 키워드를 쓰거나, 같은 키워드를 반복적으로 쓰면 안 돼요. 역효과를 줄 수 있어요."

"역효과요?"

"네, 유튜브 정책 위반으로 채널에 악영향을 끼칠 수 있어요. 심하면 채널이 삭제될지도⋯."

"사, 삭제요? 무섭네요. 조심하겠습니다."

03

유튜브의
'추천 검색' 알고리즘

"권 부장님 그만뒀대!"

"정말요? 어디서 들으신 거예요?"

"방금 인사팀 동기가 얘기해주더라고."

차 과장의 다급한 목소리에 김 대리도 덩달아 흥분했다. 방패막이가 사라져버린 것 같아 마음이 한없이 무거워졌다. 곧 조 이사로부터 호출이 왔다.

"대리님, 혹시 권 부장님 소식 들으셨나요?"

"혹시 잘리신 건가요?"

자신이 해놓고도 이상한 질문이라는 생각이 들었다. 김 대리는 조 이사의 표정을 살폈다.

"죄송합니다. 적절하지 않은 질문을 드렸습니다."

"아닙니다. 권태기 부장님은 스스로 그만두셨습니다. 회사도 부장님의 의견을 존중해서 사직서를 받았고요."

"네…."

"대리님은 크게 걱정하지 않으셔도 됩니다. 뉴미디어팀은 그대로 유지되니까요. 담당하시던 부장님이 퇴사하셨지만 일단 팀은 계속 운영해볼 겁니다. 다만…."

조 이사는 잠시 뜸을 들이다가 말을 이었다.

"얼마나 유지할 수 있을지는 장담하기 어렵습니다. 존재의 가치를 증명하려면 회사에 **실질적인 도움**이 되어야겠죠."

한마디로 성과를 내야 한다는 압박이었다.

"그리고 평가와 관련한 문제가 좀 있는데요. 뉴미디어팀의 성과를 어떻게 측정해야 할지 고민 중입니다."

"무슨 말씀인지 잘…."

"만약 장난감의 매출이 올랐을 때 마케팅팀이나 영업팀의 성과인지 뉴미디어팀의 성과인지 알 수가 없겠죠. 뉴미디어팀이 제품 판매 이외에 다른 부가 수익을 올리고 있다면 상황이 달라지겠지만요."

"맞습니다."

"그러면 제품 판매와 관련해서 뉴미디어팀의 기여도를 어떻게 판단할지 고민해주세요."

자리로 돌아온 김 대리는 팀원들과 회의를 했다. 그리고 조 이사가 얘기한 내용을 전달했다. 뒤늦게 권 부장의 퇴사 소식을 들은 장충모 차장은 혀를 찼다.

"우리는 이제 파리 목숨이네."

장 차장의 푸념에 차 과장이 말했다.

"일단 할 만큼은 해봐야죠. 우리 나이에 쉽게 이직할 수 있는 것도 아니고."

"기회 왔을 때 옮겼어야 하는데."

장 차장이 혼잣말을 중얼거렸다.

"무슨 말씀이세요?"

차 과장이 묻자 장 차장은 정색했다.

"아무것도 아니에요. 신경 쓰지 마세요."

"앗, 미안, 잠시만요."

차 과장이 전화기를 들고 밖으로 나갔다. 급한 전화가 온 모양이었다. 장 차장, 김 대리, 박 인턴 세 사람은 한동안 아무 말이 없었다. 그 사이 차 과장이 들어왔다.

"무슨 일 있으세요?"

김 대리의 질문에 차 과장은 고개를 저으며 대답했다.

"별일 아니야. 얼른 회의하자. 대책 회의."

김 대리는 전날 오 대리와 얘기한 키워드 전략을 설명했다. 그리고 키워드에 중점을 두고 운영해보자고 제안했다.

"검색과 추천에 잘 걸리도록 하자는 거지? 그거 괜찮네."

차 과장이 찬성했다. 장 차장도 고개를 끄덕였다. 그때 박 인턴이 끼어들었다.

"그게 정답은 아닌 것 같은데요."

"무슨 말이야?"

"키워드에 집중하는 것보다 콘텐츠에 더 매달려야 한다는 얘기입니다. 키워드 말고도 시청 시간, 조회수, 좋아요 수, 공유 수, 댓글 등 검색과 추천을 위해서는 필요한 게 많으니까요."

"그건 나도 알아. 그래서 결론이 뭔데?"

사실 김 대리는 박 인턴이 늘 조금 불편했다.

"말씀드렸잖아요. 재미있는 영상, 어린이들이 반응을 보일 만한 영상, 어린이들의 호기심과 궁금증을 자극하는 영상을 더 연구하고 만들어야 한다는 거죠. 그리고 시청자, 구독자와 지속적으로 교류해서 근본적인 성장을 하자는 거죠. 제대로 된 콘텐츠 없이 검색과 추천 조건에만 짜 맞추려고 하면 그게 맘대로 되겠어요?"

"짜 맞추려는 게 아니야. 키워드를 잘 사용하자는 거지."

"네, 키워드 정말 중요해요. 키워드를 잘 사용하는 것도 백번 동의해요. 그런데 그보다 콘텐츠가 더 중요하고 전체적인 밸런스가 더 필요하다는 걸 말씀드리는 거예요."

회의실에 침묵이 흘렀다. 정적을 깬 건 차 과장이었다.

"오, 역시 박 인턴 디지털미디어 전공자라 식견이 다르네. 콘텐츠팀에 있을 때도 얼마나 든든했는데."

박 인턴은 잠시 멋쩍은 표정을 짓다가 고개를 저었다. 박 인턴은 평소 속마음을 잘 얘기하지 않았다. 김 대리로서는 그가 어떤 생각을 하고 있는지 짐작조차 할 수 없었다.

'어쩌면 나보다 더 간절한 마음일지도 모르겠다. 주어진 상황에서 누구보다 최선을 다하고 있었던 건지도 모르고.'

"그래, 일단은 다시 콘텐츠에 집중해보자."

김 대리, 박 인턴, 차 과장, 장 차장 네 사람은 지금까지 업로드한 영상을 하나씩 검토했다. 가장 큰 문제는 여전히 단조로운 스토리였다. 베이비돌리 인형이 주방놀이 세트의 냉장고를 열어보고, 음식을 꺼내고, 냉장고를 닫는 비슷한 패턴이 계속 반복되고 있었다. 수연의 조언으로 자막을 넣었지만 김 대리의 목소리는 생각보다 더 듣기에 거슬렸다.

"베이비돌리는 여자아이 인형이잖아? 김 대리가 하니깐 좀 어색하다, 그치? 목소리를 내가 녹음해볼까?"

차 과장의 의견에 모두가 동의했다.

"이번에 펭귄 인형 출시했잖아. 그 인형도 등장시켜서 이야기를 더 재미있게 짜보자. **에피소드**를 만드는 거지. 그리고 서로 대화하는 방식으로 이야기를 전개하자고. 귀여운 펭귄 목소리는 김 대리가 해봐. 여자 목소리 억지로 안 내도 되니까 편하겠지?"

사용할 장난감들도 다시 정리했다. 각각의 놀이에 맞는 키워드들이 김 대리의 머릿속에 몇 개 떠올랐다.

회의가 끝나갈 무렵 김 대리는 성과 측정과 관련된 이야기를 꺼냈다. 다들 심각한 표정만 지을 뿐 뾰족한 대안은 나오지 않았다. 그때 박 인턴이 말했다.

"이러면 어떨까요? 우리 회사 장난감을 파는 특정 온라인 쇼핑몰의 URL을 하나 따는 거예요. 그리고 동영상 설명 칸에 그 URL을 적는 거죠. 만약 우리 동영상을 본 시청자가 장난감을 구입하고 싶으면 그 URL을 클릭해 온라인 쇼핑몰에 접속하겠죠. 그리고 거기서 판매가 이루어지면 우리의 성과가 되는 거예요."

"그러면 되겠네!"

차 과장이 반기듯 말했다. 김 대리도 고개를 끄덕였다.

"박 인턴, 너 좀 똑똑하다?"

내 콘텐츠를 위로 올려주는
검색엔진최적화(SEO) 전략

검색과 추천에 잘 노출되기 위해서는 기본적으로 좋은 동영상을 제작해야 합니다. 하지만 그 외에도 고려해야 할 지표가 꽤 많습니다.

'검색엔진최적화(SEO, Search Engine Optimization)'란 내 콘텐츠가 검색엔진의 상위에 노출되도록 하는 전략입니다. 즉, 검색 결과나 추천 콘텐츠 상위에 올라가도록 만드는 것이죠. 사실 이와 관련해 유튜브에서 공식적으로 밝힌 자료는 없습니다. 유튜브는 오직 '시청 시간'이 채널의 성장에 중요한 지표가 된다는 점만 밝혔습니다. SEO 지표는 대부분 크리에이터들이나 전문 조사기관들이 각종 실험과 통계조사를 통해 얻어낸 자료입니다.

그러면 토이푸딩이 정리한 검색과 추천을 높여주는 SEO 지표를 알려드리겠습니다.

1. 키워드를 잘 사용했는가?

❶	제목	시청자들의 호기심을 자극할 만한 흥미로운 제목이어야 합니다. 그중에서도 핵심 키워드는 제목 앞쪽에 배치하는 것이 중요합니다.

❷	설명	설명문은 콘텐츠를 요약하는 내용으로 작성합니다. 분량을 다 채울 필요는 없지만 필요한 내용은 빠짐없이 기입하는 편이 좋습니다.
❸	태그	사용 빈도는 높지만 경쟁률은 낮은 키워드를 지속적으로 발굴해서 입력합니다. 단일 키워드보다 복합 키워드가 더 좋습니다.

2. 콘텐츠의 내용이 충실한가?

❹	조회수	조회수는 콘텐츠를 평가하는 가장 기본적인 척도입니다. 조회수가 높다는 것은 키워드와 섬네일을 적절히 사용했다는 방증입니다.
❺	시청 시간	시청 시간은 콘텐츠를 평가하는 가장 중요한 지표입니다. 시청 시간이 길수록, 평균 시청 지속 시간(영상의 전체 시간 중에서 실제 시청된 만큼의 시간)이 길수록 좋습니다.
❻	좋아요 비율	'좋아요'가 많은 동영상, 혹은 '싫어요' 대비 '좋아요' 비율이 높은 동영상이 추천 검색에 더 잘 걸립니다.
❼	댓글	댓글이 많을수록 시청자들의 참여율이 높다는 의미입니다.
❽	공유	공유가 많을수록 다른 시청자에게 추천할 만한 가치가 높다는 의미입니다.
❾	구독자 유입	구독자 증가율이 높은 콘텐츠가 검색과 추천에 유리합니다.

3. 이밖에 검색과 추천에 영향을 주는 요소는?

⑩	구독자 수	일반적으로 구독자가 많은 채널의 동영상을 더 잘 추천해줍니다.
⑪	재생 목록	재생목록에 등록되어 있으면 검색에 걸릴 가능성이 더 높아집니다. 동영상 과 별개로 한 번 더 검색되기 때문입니다.
⑫	영상 품질	영상의 품질이 높을수록 검색 추천에 잘 걸린다는 통계가 있습니다. 유튜 브에는 Full HD, 4K 영상이 많이 올라옵니다.

물론 해당 조건을 하나하나 다 맞출 수는 없습니다. 결론적으로 유튜브에서 추천과 검색이 잘 되기 위해서는 좋은 콘텐츠를 만들고, 좋은 키워드를 사용해야 한다는 것입니다. 무엇보다도 꾸준히 업로드하는 게 가장 중요합니다.

앞서 1장에서도 언급했듯 신규 유튜버들이 진입 장벽을 넘을 수 있도록 도와주는 유튜브 알고리즘에 대해서는 크리에이터들 사이에서도 의견이 분분합니다. 다만 설득력을 얻고 있는 것은 특정한 구독자 수 구간에 콘텐츠 추천이 특히 늘어난다는 것입니다. 물론 유튜브 알고리즘 대부분은 비공개이기 때문에 확신하기는 어렵습니다. 만약 어느 시점에서부터 콘텐츠 조회수가 급격히 증가한다면 그때는 더욱 열심히 콘텐츠를 업로드하는 게 좋습니다. 상승 흐름을 잘 이어가면 채널이 크게 발전할 수 있기 때문입니다.

04

단번에 시선을 사로잡는
섬네일의 비밀

김 대리는 스튜디오 문을 열다가 멈칫했다. 안에서 고성이 들렸기 때문이다. 차 과장이 누군가와 통화를 하고 있었다. 김 대리가 머뭇거리는 사이 문이 열리며 차 과장이 나왔다.

"죄송해요, 들어가려다가 그만….."

차 과장은 크게 한숨을 쉬며 말했다.

"괜찮아. 김 대리, 얘기 좀 할까?"

두 사람은 스튜디오로 들어가 앉았다. 차 과장의 얼굴에는 지친 기색이 가득했다.

"과장님, 많이 피곤하시죠?"

"응, 그럴 수밖에. 애들 둘 키우랴, 회사 다니랴, 남편 뒤치다꺼리하랴…. 거기다가 셋째 임신 중이잖아."

김 대리는 문득 지후를 홀로 키우는 누나를 떠올렸다. 사실 김 대리의 매형은 2년 전 불의의 사고로 세상을 떠났다. 그런데 차 과장은 누나보다도 더 어려움이 많을 듯했다.

"남편분이 집안일 잘 안 도와주세요?"

"도와주기는커녕 속만 안 썩이면 다행이야. 지금도 회사 그만두고 사업을 하겠다는 통에 골머리가 아파서…. 아이템이라도 확실하면 말도 안 해. 언제는 블록체인 사업하겠다고 했다가 또 교육 사업한댔다가 이번에는 게임 사업이래. 남자들은 왜 이렇게 철이 없어?"

"그러게요."

"나도 언제 잘릴지 모르는데 남편까지 회사 그만두면 애들은 어떻게 키워. 한 명이라도 안정적인 수입이 있어야지."

잠시 침묵이 흘렀다.

"그래도 김 대리한테 털어놓으니까 속은 시원하네."

차 과장의 속사정을 듣자 김 대리는 부쩍 차 과장과 가까워진 느낌이 들었다.

"우리 이만 나갈까?"

"네, 먼저 나가세요. 저는 확인할 게 좀 있어서."

"그래. 아, 근데 안 그래도 예전부터 얘기하려고 했는데 섬네일이 왜 그래?"

"네? 섬네일이요?"

"너무 별로던데? 선명하지도 않고."

"안 그래도 바꾸려고요. 지금까지는 이미지 등록을 안 하고 영상 장면을 그대로 사용했거든요."

"그러면 안 돼. 섬네일이 얼마나 중요한데. 콘텐츠 재미있게 만들고 키워드 잘 써서 검색이랑 추천 잘되면 뭐해? 시청자들이 클릭 안 해주면 말짱 도루묵인 걸."

"맞아요. 그래서 이번에 인증받았어요. 미리보기 이미지 등록하려면 휴대전화번호 인증이 필요하더라고요."

"내가 디자이너 출신이잖아. 지난번에 채널 아트랑 채널 아이콘도 내가 만들었고. 근데 섬네일 디자인이 가장 중요한 것 같아. 미리보기 이미지만 봐도 우리 채널이라는 걸 단번에 알 수 있게 해야지. 그리고 예쁘게."

"어떻게 하면 될까요? 시청자층이 어른이면 좀 더 쉬울 것 같아요. 약간 선정적이거나 자극적인 이미지를 사용하면 클릭하니까요. 사람 얼굴이 크게 나와도 되고요. 아니면 볼드체로 굵고 진하게 글씨를 넣어도 되고."

"그러다 큰일 나요. 내 사촌동생도 유튜브 하는데 최근에 채널이 날아갔어. 미리보기 이미지 자극적으로 썼다가."

"정말요?"

"그걸 보고 뭐라더라? '어그로 끈다'고 그러던데? 어쨌든 **유튜브 정책**에 위배되는 거래. 그런 이미지 쓰지 않아도 시선을 끄는 방법은 있어. 특히 어린이들의 시선을 끄는 방법."

"그게 뭐예요?"

김 대리는 기대감 가득한 표정으로 물었다.

"색이야. 아이들의 눈을 사로잡으려면 밝고 선명하고 강렬한 색상을 사용하면 되지."

"제 조카도 미리보기 이미지 보고 주저 없이 화면을 누르더라고요. 보니깐 색상이 눈에 확 들어오더라고요. 혹시 과장님이 작업 좀 해주실 수 있나요?"

김 대리는 은근슬쩍 의중을 떠봤다. 차 과장은 가볍게 웃음을 흘리며 말했다.

"당연히 도와주겠지만 김 대리도 직접 해봐야지, 안 그래?"

"저는 포토숍을 잘 못 다룬단 말이에요. 지금 배우기에는 상황이 너무 촉박해요."

"요즘 무료 디자인 툴이 얼마나 많은데. 게다가 김 대리 잘 쓰는 파워포인트로도 미리보기 이미지를 만들 수 있어. 포토숍은 복잡한 이미지 작업할 때나 쓰는 거지."

"네."

"그러면 이렇게 할까? 미리보기 이미지라는 건 콘텐츠 내용을 미리 예측할 수 있도록 제공하는 이미지라는 뜻이잖아? 그러니깐 김 대리가 콘텐츠를 만들 때 사용한 장난감들을 잘 배열해서 사진을 찍어줘. 색감이 부각되는 장난감 위주로 말이야."

"네, 저도 그 생각은 하고 있었어요."

"내가 그 사진 색상을 보정해줄게. 그리고 **테두리**를 그리자. 우리 회사의 정체성을 잘 알릴 수 있는 색상으로 말이야. 주황색이 좋겠다. 어때, 그러면 해결되지 않을까?"

김 대리는 손바닥을 들었다. 차 과장은 하이파이브를 했다.

"좋은 생각이에요. 그러면 한번 해볼게요."

"그리고 김 대리, 유튜브 보니까 모든 영상의 가로, 세로 사이즈 비율이 **16 대 9**야. 크기 잘 맞추는 거 잊지 말고."

대박 섬네일
제작 방법

'미리보기 이미지'(섬네일)는 시청자들의 클릭을 유도합니다. 그리고 미리보기 이미지를 통해 시청자들은 해당 채널이 어떤 정보를 제공하는지 짐작할 수 있습니다. 즉, 잘 만든 미리보기 이미지의 조건은 두 가지입니다. 시청자들의 눈을 사로잡기! 콘텐츠 내용 함축하기!

다만 두 가지 주의사항이 있습니다. 무작정 사람들의 시선을 끌려고 일명 '어그로' 미리보기 이미지를 사용하면 안 된다는 것입니다. 그리고 콘텐츠 내용과 관계없는 미리보기 이미지 역시 사용을 자제해야 합니다. 둘 다 유튜브 커뮤니티 가이드에 위배되기 때문입니다.

미리보기 이미지를 구성하는 요소는 크게 두 가지입니다. 바로 '이미지'와 '텍스트'입니다.

이미지를 사용할 때는 피사체가 크면 좋습니다. 많은 유튜버가 자신의 얼굴을 사용합니다. 하이라이트 장면이나 재미있는 장면을 따로 촬영해서 편집하는 것도 좋습니다.

텍스트는 볼드체로 크게 쓰는 경우가 많습니다. 강조를 위해서 텍스트에 테두리 효과를 주기도 합니다. 텍스트 내용은 긴 문장보다 짧은 단어의 조합이 전달에 유리합니다.

채널의 정체성을 드러내기 위해 미리보기 이미지의 테두리에 채널 고유의 색상을 입히기도 합니다. 또는 하단에 작게 로고를 넣기도 합니다.

1. 섬네일 크기는 정해져 있나요?

망고보드(www.mangoboard.net)

유튜브 화면은 16 대 9 비율입니다. 가로 너비 1280픽셀, 세로 높이 720픽셀(최소 640픽셀 이상)의 해상도 이미지가 필요합니다. 사용 가능한 파일 형식은 JPG, GIF, PNG, BMP입니다. 용량은 최대 2MB까지 업로드가 가능합니다.

2. 섬네일은 어떻게 만드나요?

이미지 작업이다 보니 포토숍을 사용해야 한다고 생각하시는 분이 많습니다. 하지만 포토숍처럼 무거운 프로그램을 사용하지 않아도 괜찮습니다. 많은 크리에이터가 파워포인트를 사용합니다. 그림판을 이용하는 경우도 있습니다.

그 외에 '포토스케이프(photoscape.co.kr)', 'PicMonkey(picmonkey.com)' 등

다양한 무료 이미지 편집 툴을 활용합니다. 섬네일에 사용할 만한 템플릿을 제공하는 '망고보드'와 'Canva'를 활용하는 것도 작업의 효율을 높이는 데 큰 도움이 됩니다.

3. 좋은 섬네일의 조건은 무엇인가요?

섬네일을 잘 만들기 위해서는 좋은 채널의 섬네일을 무조건 많이 보는 것이 좋습니다. 폭발적인 반응을 이끌어낸 영상들, 소위 대박이 터진 영상들의 유일한 공통점은 바로 섬네일에 많은 신경을 썼다는 것입니다.

그렇다면 어떤 섬네일이 주목을 받을까요? 우선 등장하는 인물이나 캐릭터의 얼굴이 크게 보이고 글자의 가독성이 높습니다. 글자 옆으로 하얀 테두리를 주어 가시성을 높이기도 합니다. 섬네일에 특정 색의 테두리를 두어 채널의 정체성을 확실히 보여줍니다.

출처: 유튜브 채널 공부의신 강성태(공신닷컴 대표)

토이푸딩은 전 세계 시청자를 타깃으로 하는 글로벌 채널이라 텍스트는 없습니다. 대신 어린이 채널답게 색감을 강조했습니다. 하나의 섬네일만 봐도 다양한

출처: 유튜브 채널 토이푸딩

색상을 경험할 수 있습니다. 또한 장난감을 재미있게 배열하고 안정적인 구도로 촬영해 시청자의 클릭을 유도했습니다. 실제로 모든 영상의 클릭률이 상당히 높습니다.

시의성 높은 키워드로
채널 붐업!

금요일 저녁, 홍대 거리는 붐볐다. 수연과의 세 번째 만남이었다. 김
대리는 의무감으로 만남을 이어가고 있었다. 그 덕분에 엄마와 누나
는 더 이상 소개팅을 요구하지 않았다.

이번에도 수연이 먼저 만나자는 문자를 보냈다.

'왜 내게 연락을 주는 걸까?'

의아한 마음도 들었지만 김 대리 역시 금요일 밤을 혼자 보내기는
싫었다. 회사 일을 잠시 잊고 싶기도 했다.

중국집에 들어가 짬뽕, 짜장면, 탕수육을 차례로 시켰다.

"이 거리는 중국집이 유명해요. 대부분 중국 현지인들이 운영하는

가게들이에요."

이 근방이 옛 철길을 숲길로 바꾸며 젊은이들의 명소가 되었다는 건 김 대리도 알고 있었다. 하지만 중국집 얘기는 처음 들었다.

중국집 안에는 빈자리가 없었다. 김 대리와 수연도 밖에서 30분쯤 줄을 서야 했다. 알 만한 사람들은 다 알 만큼 이 거리의 중국집이 유명하다는 증거였다. 김 대리는 문득 유튜브를 잘하려면 아는 게 많아야 한다는 생각이 들었다. 아는 게 많을수록 사용할 수 있는 **콘텐츠의 재료**가 풍부해졌다.

식사를 마치고 나와 다시 거리를 걸었다. 어느 북카페 앞에 인파가 북적거리고 있었다.

'이 집도 유튜브에 나온 집인가?'

김 대리는 의아한 마음에 카페 내부를 기웃거렸다. 그러고는 깜짝 놀랐다. 먹방 유튜버 푸드킹의 사인회가 열리고 있었기 때문이다. 푸드킹과는 오 대리를 따라간 모임에서 짧게 인사를 나눈 적이 있었다.

"어머! 푸드킹이에요!"

"수연 씨도 푸드킹 아세요?"

"그럼요. 푸드킹 모르는 사람도 있나요? 요즘 인기가 얼마나 좋은데요. 우리도 사인 받으러 가요."

김 대리는 수연의 손에 이끌려 카페 안으로 들어갔다. 행사가 끝나갈 무렵이라 줄은 길지 않았다. 푸드킹이 직접 디자인했다는 티셔츠를 하나 사서 줄을 섰다. 티셔츠에는 귀여운 햄버거 캐릭터가 그려져 있었다. 김 대리는 푸드킹이 자신을 알아보지 못할 거라고 생각했다.

하지만 푸드킹이 먼저 아는 체를 했다.

"안녕하세요. 지난번 모임에서 잠시 뵀었죠?"

"네, 맞습니다. 김지태입니다. 알아봐주셔서 감사합니다."

몇 마디의 대화가 오갔다. 김 대리와 수연은 다시 카페 밖으로 나왔다. 수연은 김 대리가 푸드킹을 안다는 사실을 신기하게 바라봤다.

"맞다, 지태 씨 키즈 유튜브 채널 하시죠? 지난번에 보여주셨는데 채널 이름이 뭐였더라? 한 번만 더 알려주세요."

"토이팜이요."

김 대리는 멋쩍게 채널 이름을 알려주었다. 여전히 조회수가 낮아서 조금 민망했다.

"구독자가 얼마나 돼요? 1000명 넘어요?"

"아직 그 정도는 안 돼요."

"그러면 **수익 승인**은 못 받았겠네요."

수연은 생각보다 유튜브에 관해서 잘 알고 있었다. 사실 김 대리는 수익 승인을 받기는커녕 신청도 하지 않은 상태였다.

"수연 씨가 스토리에 관해서 조언해주셔서 요즘 스토리에 신경 쓰고 있어요."

잠시 채널을 둘러보던 수연은 이내 흥미가 없다는 듯 딴청을 피웠다.

두 사람은 숲길 벤치에 앉았다. 잔디밭과 벤치에는 사람들이 삼삼오오 모여 있었다.

"요즘 유튜브 크리에이터들이 방송에도 나와요. 그래서 푸드킹을 알게 된 거예요."

수연의 얘기에 김 대리는 고개를 끄덕였다. 실제로 유튜버들의 위상이 크게 높아졌다. 몇몇 인기 유튜버들은 웬만한 연예인 못지않은 인기를 누리고 있었다. 두 사람의 이야기는 TV 드라마로 넘어갔다. 수연은 주말에 밀린 드라마를 몰아서 보는 게 낙이라고 말했다.

"아! 지태 씨 혹시 「솔직히 결혼이 필요해」라는 드라마 보세요? 요즘 인기가 제일 좋은 드라마인데 혼자서 딸을 키우며 열심히 사는 미혼모가 여자 주인공이에요. 남자 주인공은 여자 주인공이 다니는 회사의 본부장이죠. 회사 대표의 아들이기도 하고요. 두 사람은 나중에 사랑에 빠져요."

"전형적인 신데렐라 로맨스 아닌가요? 식상한데요."

"그렇기는 한데 전개가 재미있어요. 지태 씨는 안 보시나 봐요?"

"네, 저는 드라마는 잘 안 봐요."

"그러시구나. 갑자기 생각난 건데요. 그 드라마에서 주인공의 딸이 정말 귀여워요. 너무 사랑스러워서 포털 실시간 검색어에도 올랐죠. 근데 그 아이가 나올 때마다 장난감을 손에 꼭 쥐고 있어요. 매번 같은 장난감이죠. 제 생각에는 **PPL 협찬**을 받은 것 같은데 아무튼 늘 같은 장난감을 들고 나오니까 새 걸 하나 사주고 싶다는 생각이 들더라고요. 지태 씨가 운영하는 채널 보고 문득 그런 생각이 들었어요."

김 대리는 뒤통수를 한 대 얻어맞은 것처럼 정신이 번쩍 들었다. 기발한 생각이 떠올랐다. 3H 전략, 히어로 콘텐츠, 유행과 트렌드에 맞는 콘텐츠. 시의성을 이용해 크게 도약할 수 있는 기회가 올지도 몰랐다. 김 대리는 왠지 모를 자신감이 들었다.

06
시청자를 채널에 머물게 하는
가두리 전략

"박 인턴! 대박! 조회수가 10만을 넘었어!"

김 대리가 큰 소리로 말했다. 뉴미디어팀은 물론이고 마케팅팀 팀원들도 일제히 김 대리 쪽을 바라봤다. 방치열 팀장이 설마 하는 표정을 지었다.

"와, 대리님, 어떻게 하신 거예요?"

박 인턴이 평소답지 않게 격앙된 반응을 보였다. 장충모 차장, 차미란 과장, 그리고 휴가에서 막 돌아온 오나영 대리도 김 대리의 자리로 왔다.

「솔직히 결혼이 필요해」 아역배우 아현이에게 선물하고 싶은 베이비돌리 인형! 엄마들에게 인기 폭발 완판! (토이팜)

오 대리는 제목을 물끄러미 봤다. 표정이 조금 좋지 않았다.

"관리자 페이지 한번 볼까요?"

오 대리는 유튜브 스튜디오로 들어가 능숙하게 분석 자료들을 확인했다. 각종 통계자료와 그래프들이 나왔다.

"드라마 「솔직히 결혼이 필요해」 하이라이트 모음. 이 동영상에 추천으로 걸렸네요. 그래서 조회수가 폭발적으로 늘어난 거예요."

"그런 것도 나와요? 분석 툴이 대단하네요."

"유튜브 스튜디오를 잘 이용하셔야 해요. 콘텐츠를 올릴 때마다 정기적으로 확인하고 분석해야 하죠. 그래야 콘텐츠와 관련된 정확한 피드백을 받을 수 있어요."

"네, 더 열심히 공부할게요. 근데 조회수 10만이 넘는 콘텐츠가 나왔는데 나머지 콘텐츠들은 잠잠하네요."

"하나의 동영상이 인기를 끌었다고 해서 나머지 영상의 조회수가 폭발적으로 늘지는 않아요. 인기 동영상이 반복적으로 나와야죠. 그래도 조회수가 전체적으로 오른 건 분명하네요."

"맞아요."

"근데 앞으로 제목을 조금 더 신중하게 쓰시는 게 좋을 것 같아요."

"잘못된 거라도 있나요? **시의성**을 이용한 건데…."

"시의성이나 유행은 모 아니면 도라고 봐요. 반짝 인기를 누릴 순

있지만 **지속력**은 없죠.「솔직히 결혼이 필요해」드라마가 끝나면 우리 콘텐츠를 아무도 보지 않겠죠."

"그건 그래요."

"가장 좋은 콘텐츠는 유행을 타지 않고 사람들이 꾸준히 시청해주는 콘텐츠예요. 그래서 크리에이터들이 히어로 콘텐츠를 자주 사용하지 않는 거예요. 채널에서 가장 주가 되는 콘텐츠는 허브 콘텐츠, 그리고 헬프 콘텐츠예요. 물론 시의성 키워드만 사용하는 채널도 있어요. 예를 들어 이슈를 다루는 채널들이죠. 그런 채널은 콘텐츠를 빨리 올리는 게 중요해요."

"빨리…. 쉽지 않겠네요."

"문제는 또 있어요. 제목이 좀 어그로 느낌이 나요. 사실 드라마와 장난감 사이에 직접적인 관계는 없잖아요. 억지로 엮은 거죠. 댓글 한 번 볼까요?"

오 대리는 커뮤니티 기능 중 댓글을 확인했다. 오 대리의 말처럼 낚였다는 댓글이 몇 개 달려 있었다. 김 대리는 유튜브 운영을 더욱 신중히 해야겠다는 생각이 들었다.

"대리님 말씀 새겨들을게요."

"그래도 시의성 키워드를 이용해서 한 방 터트린 건 칭찬해드릴게요. 잘하셨어요."

"엎드려 절 받기네요."

"진심이에요. 조회수가 계속 늘고 있으니까 이제 시청자들을 우리 채널에 계속 머물도록 해볼까요?"

"그런 방법이 있어요?"

오 대리는 **카드 설정**과 **최종 화면**이라는 두 개의 기능을 알려주었다. 카드는 영상을 보던 시청자가 채널의 다른 영상을 시청하도록 유도하는 기능이었다. 특정 동영상뿐 아니라 재생목록 혹은 다른 웹사이트 링크로 유도하는 것도 가능했다.

"카드 기능은 영상 중간에 나오기 때문에 정확한 타이밍이 중요해요. 제 채널을 예로 들어볼게요. 저는 메이크업을 전문적으로 알려주는 채널이에요. 색조화장에 관한 얘기를 한다고 쳐요. 색조화장을 하려면 기초화장을 잘해야겠죠? 따라서 색조화장에 대해 설명하다가 색조화장 전에 기초화장을 충실히 해야 한다고 잠시 언급해요. 그리고 그 타이밍에 기초화장 콘텐츠를 카드로 띄우는 거예요. 그러면 색조화장 전에 기초화장을 하고 싶은 시청자들이 카드를 클릭해 해당 영상으로 이동하겠죠."

"무슨 말씀인지 알겠어요. 그러면 우리 영상에서는 어떤 타이밍에 해야 하나요?"

"이번에 조회수가 급등한 「솔직히 결혼이 필요해」 영상에 카드를 사용해야 해요. 근데 이 영상은 카드를 사용하는 데 문제가 있어요. 뭘까요?"

"문제라…. 너무 유행을 따른다는 거 말고는 잘 모르겠어요."

"카드 사용을 기획 단계에서 고려하지 않았다는 거예요. 스크립트를 쓸 때 이동할 콘텐츠를 미리 고려했어야 한다는 거죠. 제가 색조화장을 설명하면서 군이 기초화장 얘길 꺼냈던 것처럼 말이에요."

"이미 늦었네요."

"그렇다고 방법이 없는 건 아니에요. 최적의 타이밍을 잡기 어려우면 **평균 시청 지속 시간**을 활용해보세요."

"평균 시청 지속 시간이요?"

"네, 시청자들이 지루함을 느끼고 동영상에서 이탈할 때쯤 카드를 띄우는 거죠."

"아! 그러면 다른 동영상을 보려다가 카드를 먼저 클릭할 수 있겠네요."

"제목이나 주제가 매력적이라면 그럴 수 있겠죠."

"최종 화면은 영상이 끝날 때 사용하는 건가요?"

"네, 최종 화면은 카드와 거의 비슷해요. 근데 동영상의 마지막 5초에서 10초쯤에 활용하는 거예요. 카드는 기본적으로 제목을 잘 써야 해요. 제목이 먼저 노출되니까요. 근데 최종 화면은 미리보기 이미지가 더 중요해요. 미리보기 이미지가 제목과 함께 노출되거든요. 카드와 최종 화면은 시청자의 클릭을 요구하기 때문에 **CTA(Call To Action)** 라고도 해요."

"둘 중에 어떤 게 더 효과가 좋나요?"

"그건 저도 잘 모르겠어요. 근데 카드보다는 최종 화면을 클릭할 가능성이 더 높다고 봐요."

"왜요?"

"최종 화면은 동영상을 끝까지 봤을 때 나오는 거니까요. 그만큼 우리 채널의 영상을 신뢰하고 있다는 의미예요."

"그러네요. 근데 카드와 최종 화면이 재생목록으로도 이동할 수 있다고 하셨잖아요. 재생목록이 꼭 필요한가요?"

"재생목록 아직 안 만드셨어요?"

"네."

"대리님, 혹시 재생목록이 어떤 기능을 하는지 아세요?"

"재생목록은 동영상을 모아둔 목록이잖아요. 동영상을 주제별로 일목요연하게 모아둘 수 있어요."

"맞아요. 그래서 시청자들이 연달아 시청할 수 있어서 조회수를 올리는 데 도움이 되죠. 근데 더 중요한 게 있어요. 재생목록이 콘텐츠와 별도로 검색에 걸리고 추천이 된다는 거예요. 그러면 검색엔진최적화에도 도움을 줄 수 있어요."

"정말 필요한 기능이네요. 지금 당장 카드, 최종 화면, 재생목록 다 할게요!"

콘텐츠를 연결하고
그룹화하라

채널을 빠르게 성장시키기 위해서는 재미있고 유익한 콘텐츠를 만드는 것이 가장 중요하지만, 이미 만들어진 콘텐츠를 얼마나 효과적으로 연결하고 관리하는지도 못지않게 중요합니다. 유튜브에서 제공하는 카드 설정 기능, 최종 화면 기능, 재생목록 기능은 이미 만들어진 동영상 콘텐츠를 시청자에게 효과적으로 노출시켜주는 대단히 중요한 기능들입니다. 이 기능들만 제대로 활용해도 채널을 성장시킬 수 있습니다.

카드 설정 기능

'카드 설정 기능'이란 시청하고 있는 동영상 안에 '팝업' 형태의 카드를 만들어 특정 동영상이나 링크로 시청자를 유도하는 기능입니다. 시청자는 이 카드를 클릭하거나 터치하여 설정된 동영상이나 링크로 이동할 수 있습니다.

▶ '내 채널' 화면에서 '유튜브 스튜디오'(①)를 클릭합니다.

▶ 좌측 목록에서 '동영상'(②)을 클릭한 뒤 카드 기능을 설정하고자 하는 동영상
(③)을 클릭하면, 해당 동영상 콘텐츠의 세부 정보를 수정할 수 있는 화면이
나옵니다.

▶ 이 화면에서 '재생목록'(④), '카드'(⑤), '최종 화면'(⑥) 버튼을 클릭하면 각각
해당 기능을 적용할 수 있습니다.

▶ '카드'를 누르면 '카드 설정 창'이 새로 뜹니다. 여기서 카드가 노출될 시간대를 선택(❼)한 뒤 '카드 추가'(❽)를 클릭합니다. 시간대는 추후에 수정할 수 있습니다.

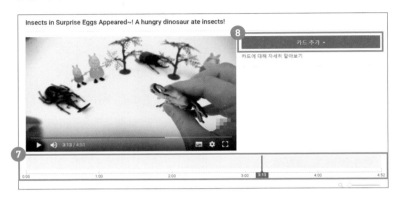

▶ 다시 작은 박스(❾)가 생성되는데, 여기서 '동영상 또는 재생목록' 옆에 있는 '만들기'(❿)를 클릭합니다.

▶ 카드로 노출하고 싶은 동영상(⑪)을 선택한 뒤 '카드 만들기'(⑫) 버튼을 클릭
합니다.

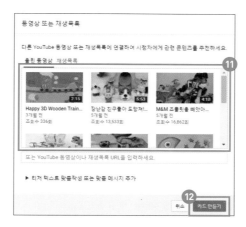

▶ 이 작업을 모두 마치면 최종적으로 영상 상단에 카드가 삽입됩니다(⑬).

최종 화면 기능

'최종 화면 기능'은 동영상이 끝난 후 또 다른 동영상의 시청이나 구독을 유도하는 기능입니다. 시청하고 있는 영상이 종료될 즈음 화면 구석에 특정 영상의 미리보기 이미지가 나타나는 형식입니다. 만약 영상이 흥미롭고 재밌었다면 시청자는 이 최종 화면 버튼을 눌러 내 채널 영상을 또 보게 될 것입니다. 이 기능을 활용해 채널에 방문한 시청자가 꼬리의 꼬리를 물 듯 계속 우리 채널에 머무르게 만들어야 합니다.

▶ '최종 화면'(❶) 버튼을 클릭하면 새 창이 뜹니다.

▶ 노출하고자 하는 시간대(**2**)를 선택한 뒤 '템플릿 사용'(**3**)을 클릭합니다.

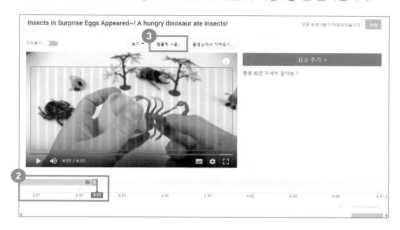

▶ '최종 화면'이 노출될 위치(**4**)와 채널 홈 버튼의 위치(**5**) 등을 조정할 수 있습니다.

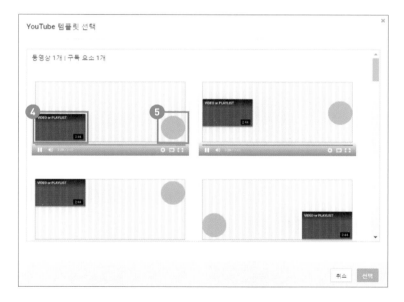

▶ '요소 추가'(❻)를 클릭하면 카드 설정 기능과 마찬가지로 작은 박스가 생성됩니다.

▶ 여기서 '동영상 또는 재생목록' 옆에 있는 '만들기'(❼)를 클릭합니다.

동영상 또는 재생목록 동영상 또는 재생목록을 홍보하세요.	❼ 만들기
채널 다른 채널 홍보	만들기
설문조사 시청자가 설문조사에 참여하도록 유도하세요.	만들기
링크 승인된 웹사이트로 연결되는 링크	사용

▶ '동영상 또는 재생목록 선택'(❽)을 클릭한 뒤 '요소 만들기'(❾)를 클릭합니다.

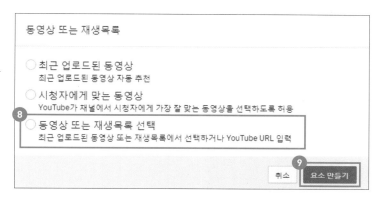

▶ 최종 화면으로 노출할 콘텐츠(❿)를 선택한 뒤 '가져오기'(⓫)를 클릭합니다.

▶ 최종 화면이 적용된 화면을 미리 볼 수 있습니다. 이상이 없다면 최종적으로 '저장'(⑫)을 누릅니다.

❗ 최종 화면 설정은 25초 이상 길이의 영상에만 적용됩니다. 또한 16 대 9 비율이 아닌 영상에는 적용할 수 없습니다.

재생목록 기능

동영상 개수가 많아지면 관리하기가 점점 힘들어집니다. 이 때문에 특정한 분류 기준을 세워 질서 정연하게 '재생목록'을 관리해야 합니다. 구독자나 방문자는 채널의 재생목록을 통해 해당 채널의 성격과 특성을 파악합니다. 따라서 재생목록은 최대한 단순하고 직관적으로 구성해야 합니다. 시청자는 채널 운영자가 이렇게 그룹화한 재생목록을 연속으로 시청할 수도 있습니다. 우선 재생목록을 만든 뒤 해당 목록에 콘텐츠를 등록시키면 됩니다.

[재생목록 만들기]

▶ '내 채널' 화면에서 '유튜브 스튜디오'(①)를 클릭합니다

▶ 좌측 목록에서 '기타 기능'(②)을 클릭한 뒤 '재생목록'(③)을 클릭합니다.

▶ 새롭게 뜨는 화면에서 '새 재생목록'(④)을 클릭한 뒤 '재생목록 제목'을 입력

합니다.

[재생목록에 콘텐츠 등록하기]

▶ 동영상을 추가하고자 하는 재생목록의 '수정'(**5**)을 클릭합니다.

▶ '채널 관리자 페이지'가 생성되면 여기서 다시 '수정'(**6**)을 클릭합니다.

▶ '동영상 추가'(**7**)를 클릭합니다.

▶ 새롭게 뜨는 창에서 다양한 방식으로 동영상을 추가할 수 있습니다(❽). 유튜브에서 동영상을 검색하거나, 특정 영상의 URL을 입력하거나, 자신이 업로드한 영상에서 간편하게 고를 수 있습니다.

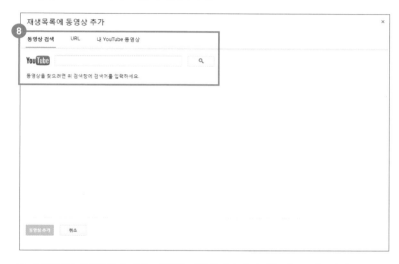

❗ 재생목록에 동영상을 추가하는 방법은 다양합니다. 동영상을 업로드하는 단계에서 해당 영상을 기존 재생목록에 추가할 수도 있습니다.

❗ 재생목록은 내 채널이 아닌 다른 채널의 동영상도 등록할 수 있습니다. 마치 인터넷 익스플로러의 '즐겨찾기' 기능처럼 말이지요.

07

새로운 미션,
광고 수익 창출하기

"김 대리님, 구독자 1000명 넘었나요?"

조 이사가 물었다.

"네, 얼마 전에 넘었습니다."

"조회수가 제법 올랐더라고요."

"콘텐츠 하나가 추천에 걸려서 인기를 끌었습니다. 그 덕분인지 평균 조회수가 늘어났습니다. 아직은 미비합니다."

조 이사는 잠시 모니터 화면을 응시했다.

"혹시 판타스틱토이 채널 보셨어요?"

"네, 봤습니다."

"뭐 달라진 거 없던가요?"

"크게 달라진 건 모르겠습니다. 촬영 패턴도 동일하고요."

"광고가 붙었어요."

김 대리는 판타스틱토이 채널을 마지막으로 본 게 언제인지 떠올려 봤다. 삼사일 전쯤이었다.

"제가 미처 확인을 못 했습니다. 죄송합니다."

"그저께부터 나오더라고요. 최근이라 그럴 수도 있죠. 구독자를 비공개로 해두었는데 광고가 붙은 걸 보면 1000명 넘었을 거고요. 조회수도 나쁘지 않아요. 유튜브의 **수익 승인 조건**이 **구독자 1000명**에 시청 시간 얼마였죠?"

"**12개월 동안 4000시간**으로 알고 있습니다."

"맞아요. 4000시간. 그러면 우리도 수익 승인 기준은 넘겼겠군요. 그렇죠?"

"네, 그렇습니다."

"장난감 매출이 늘고 있어요. 유튜브를 통해서 장난감이 조금씩 판매된다는 얘깁니다."

김 대리의 표정이 밝아졌다. 하지만 조 이사의 한마디에 다시 무거워졌다.

"아직 너무나 미미해요."

"더 분발하겠습니다."

"그래도 반응이 있다는 건 고무적이죠. 그래서 말인데요. 매출 상승을 위해 유튜브 **광고 수익**을 한번 내보세요. 김 대리님께 드리는 새로운 미션입니다."

사무실로 돌아오자 짐을 싸고 있는 오 대리의 모습이 보였다. 오 대리의 퇴사가 하루 앞으로 다가왔다. 김 대리는 오 대리를 잡고 싶었다. 오 대리가 있는 동안 최대한 많은 걸 배우려고 했는데 기대만큼 되지 않았다.

김 대리는 토이팜 채널의 시청 시간을 확인해봤다. 예상보다 많았다. 수익 승인 기준의 두 배가 넘는 9500시간이었다. 이제 수익 신청 절차가 필요했다. 그리고 심사를 거쳐야 했다. 김 대리는 수익 승인 심사에서 탈락하지 않을까 걱정됐다.

"커뮤니티 가이드나 저작권을 위배하지 않았다면 대부분 승인해줘요. 너무 걱정 마세요."

오 대리의 얘기에 조금은 안심이 됐다.

"최근에 유튜브 관련 커뮤니티에 가입했어요. 근데 수익 승인이 잘 안 돼서 고민하는 분들이 많더라고요."

"네, 생각보다 시간이 꽤 걸리는 경우도 있어요."

"승인 조건을 넘기기도 어려운데 심사까지 있다 보니 진입 장벽이 너무 높아진 것 같아요."

"제가 시작할 때만 해도 수익 기준이나 심사 절차가 없었어요. 근데 그런 과정이 필요한 것 같아요. 그래야 콘텐츠의 품질과 신뢰성을 보장할 수 있으니까요. 가장 기본적인 검증을 하는 거죠. 승인 기준과 심사 절차가 없을 때는 저작권을 심각하게 침해하는 콘텐츠도 많이 올라왔어요. 사람들에게 악영향을 미치는 영상도 종종 유포되었고요."

김 대리는 곧장 수익 창출을 위한 승인 신청을 하기로 했다. 그런데 시작하기도 전에 걱정부터 됐다. 절차가 복잡할 것 같았기 때문이다. 유튜브 스튜디오에서 수익 창출 관련 메뉴를 찾아가자 4단계의 절차가 나왔다.

첫 번째 절차는 **유튜브 파트너 프로그램 약관 확인**이었다. 클릭 한 번으로 수락이 완료되었다. 매우 간단한 절차였다.

두 번째 절차는 가장 중요한 **구글 애드센스 가입**이었다. 애드센스 가입 절차도 순서를 따라가자 어려울 게 없었다. '애드센스 가입 시작하기' 버튼을 누르자 애드센스 가입 페이지가 열렸고, 약관에 동의하자 계정 유형과 이름, 주소를 입력하는 항목이 나왔다. 입력하고 제출하자 애드센스 가입 절차도 끝났다. 리디렉션을 클릭하자 다시 유튜브 페이지로 돌아왔다.

세 번째는 **수익 창출 환경설정**이었다. 모든 광고 형식에 체크가 되어 있었기 때문에 역시 클릭 한 번으로 끝났다.

네 번째는 **수익 창출 기준 확인**이었다. 토이팜 채널은 이미 구독자 1000명과 시청 시간 4000시간을 돌파한 상태로 집계됐다.

"이렇게 간단해요?"

김 대리가 의기양양하게 말했다.

"이게 끝은 아니에요. 수익을 받으려면 아직 남은 절차가 있어요."

"어떤 절차가 남았나요?"

"**심사**죠."

"아, 맞다, 심사."

"앞으로도 업로드를 꾸준히 해야 해요. 심사 통과에 도움이 되니까요. 심사를 통과하면 콘텐츠에 광고를 붙일 수 있어요. 그러면 그때부터 업로드할 때 광고를 설정해야 해요."

"콘텐츠마다 광고 설정을 해야 하는 거죠?"

"네, 근데 기본적으로 모든 광고가 설정되기 때문에 특별히 수정할 건 없더라고요. 아무튼 광고를 설정하면 시청자들은 채널의 콘텐츠를 볼 때 광고도 함께 시청하게 돼요. 광고 수익이 **10달러**가 넘으면 입력한 주소지로 **핀(PIN) 번호**라는 걸 보내줄 거예요."

"핀 번호요? 우편으로 보내주나요?"

"네, 우편으로요. 짧으면 2주, 길게는 한 달도 넘게 걸려요. 도착한 핀 번호를 구글 애드센스에 입력하면 수익금을 받을 계좌번호를 입력할 수 있어요. 계좌번호와 각종 정보를 입력하면 돈 받을 준비는 다 끝난 거예요. 수익금이 **100달러**를 넘기면 돈을 입금해준답니다. 어때요? 별로 어렵지 않죠?"

"아뇨! 꽤 복잡한데요?"

"잘 정리해보세요."

유튜브 수익 신청과
승인 절차

드디어 수익 창출 단계까지 왔습니다. 유튜브 콘텐츠를 통해 수익을 얻기 위해서는 수익 창출 신청을 해야 합니다. 수익 신청을 한 뒤 유튜브로부터 수익 창출 가능 여부를 심사받기 위해선 일단 구독자 1000명을 확보해야 하고 총 시청 시간 4000시간을 누적해야 합니다.

유튜브 수익 신청의 4단계

▶ '내 채널' 화면에서 '유튜브 스튜디오'(❶)를 클릭합니다

▶ 좌측 목록에서 '기타 기능'(❷)을 클릭한 뒤 '수익 창출'(❸)을 클릭합니다.

▶ '시작하기'(❹)를 클릭하면 유튜브 파트너 프로그램 약관을 읽을 수 있습니다.

▶ 약관을 모두 읽고 체크한 뒤(**5**) '동의함'(**6**)을 클릭합니다.

▶ '시작하기'(**7**)를 눌러 애드센스에 가입합니다. 계정을 선택하는 화면이 뜨면

원하는 구글 계정을 선택해 다음으로 넘어갑니다.

▶ '다음'(❽)을 클릭합니다.

▶ '애드센스를 최대한 활용하기'(❾)에서 "예"를 체크하고, 원하는 국가(❿)를
선택합니다. 마지막으로 이용약관(⓫)을 한 번 더 체크한 뒤 '계정 만들기'(⓬)
를 클릭합니다.

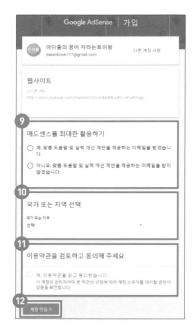

▶ 이제 수익을 받을 수취인의 세부정보를 입력해야 합니다. '개인'과 '사업자' 중 하나를 선택(⑬)하고, '이름 및 주소' 정보를 입력(⑭)합니다. '제출'(⑮)을 클릭합니다.

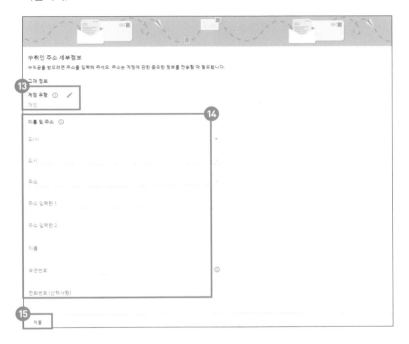

▶ '리디렉션'(⑯)을 클릭하면 유튜브 계정과 구글 애드센스가 연결됩니다.

▶ 정상적으로 애드센스에 연결되면 아래와 같은 화면이 뜹니다. '시작하기'(⓱)

를 클릭합니다.

▶ 수익을 창출할 콘텐츠의 범위와 자신의 동영상에 붙게 될 광고 형식을 미리

설정할 수 있습니다. 모두 체크한 뒤 '저장'(⓲)을 클릭합니다.

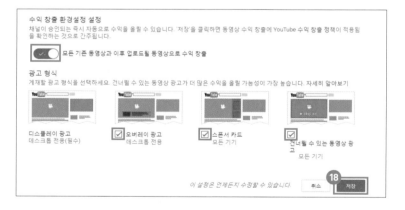

▶ 이제 구글 애드센스를 통해 수익을 창출하기 위한 모든 준비를 마쳤습니다. 이 상태에서 구독자 1000명, 12개월간 시청 시간 4000시간을 돌파하면 수익 승인 심사가 본격적으로 시작(⑲)됩니다.

수익 창출

$ **계정 상태: 수익 창출 사용 설정되지 않음**
언제든지 수익 창출을 신청할 수 있습니다. 검토를 받으려면 모든 채널의 구독자가 1,000명 이상이고 지난 12개월 동안의 시청 시간이 4,000시간 이상이어야 합니다. 이러한 요건을 통해 YouTube에서는 새로운 채널을 올바르게 평가하고 크리에이터 커뮤니티를 보호할 수 있습니다. 자세히 알아보기

수익 창출 신청

✓ **YouTube 파트너 프로그램 약관 수락함**

✓ **애드센스 요청함**
연결된 애드센스 계정
애드센스 설정 ☑

✓ **수익 창출 환경설정 설정됨**
채널 승인 시 모든 기존 동영상과 이후 업로드될 동영상으로 수익을 창출합니다.
환경설정 업데이트

⑲

4 **구독자 1,000명 및 지난 12개월 동안의 시청 시간 4,000시간에 도달한 후 검토 받기**
채널이 이 기준에 도달하면 YouTube에서 채널을 자동으로 검토하여 YouTube 파트너 프로그램 조건과 YouTube 커뮤니티 가이드를 준수하는지 확인하는 단계를 거칩니다. 보통 한 달 내에 결과를 이메일로 알려드립니다. 본인의 동영상이 시청 가능한 상태인지 확인하세요. 4,000 시청 시간 기준을 충족할 만큼 충분한 공개 콘텐츠가 없으면 채널을 검토할 수 없습니다.

지난 12개월 동안의 시청 시간	구독자 수
0	**0**
검토받으려면 4,000시간 필요	검토받으려면 1,000명 필요

❗ 기준에 도달했다고 해서 반드시 승인이 되는 것은 아닙니다. 유튜브 정책에 부합하는 콘텐츠여야 수익 승인이 통과됩니다.

홀로서기,
진짜 채널 운영은 지금부터다!

"부장님!"

권태기 부장과 복도에서 마주친 김 대리는 반가운 마음에 큰 소리로 아는 체를 했다.

"김 대리, 잘 지냈지? 일은 잘되어 가고 있나?"

"잘하려고 애쓰고 있습니다."

"잠시 커피 한잔 할까?"

권 부장과 김 대리는 커피를 들고 옥상으로 올라갔다. 둘은 난간에 기대섰다.

"얘기 들었습니다."

"그래."

권 부장은 무덤덤하면서도 평온한 표정으로 김 대리를 봤다. 한편 권 부장이 판타스틱토이로 이직한다는 소문이 회사에서 은밀히 돌고 있었다. 하지만 김 대리는 평소 우직하고 진솔한 권 부장이 그럴 리 없다고 확신했다.

"저희 때문에…."

"왜 자네들 때문인가? 아닐세. 다 내가 선택한 거야. 그리고 나갈 사람은 나가고 남을 사람은 남아야지."

김 대리는 고개를 푹 숙였다.

"회사에 사람이 들고 나는 건 결코 이상한 일이 아니야. 일종의 자연의 섭리 같은 거지. 내 생각에는 그러네."

"갈 곳은 있으시고요?"

"허허, 이 친구 참. 내가 아무 준비도 없이 나가겠나? 처자식 먹여 살려야 하는데. 아직 둘째가 고등학생이야."

"갈 곳이 정해지신 거네요?"

"조직에 매여 있는 게 피곤해서 직접 내 사업을 하려고. 사실은 회사 다니면서 조금씩 편의점을 준비하고 있었네. 적성에 딱 맞더라고. 내가 영업팀 출신 아닌가?"

"축하드립니다."

경기가 안 좋아서 소상공인들의 삶이 팍팍하다는 기사를 종종 보았다. 한편으로 걱정이 되었지만 다른 한편으로는 권 부장이 잘할 거라는 믿음이 들었다.

"오늘 오나영 대리 퇴사 회식 있는데 부장님도 오세요."

"아쉽지만 선약이 있네. 젊은 사람들끼리 시간 보내게."

김 대리는 권 부장이 진심으로 잘되었으면 좋겠다고 생각했다. 이윽고 뉴미디어팀에 들른 권 부장은 팀원들 모두와 한 명씩 악수를 했다. 모두가 침울한 표정이었다. 특히 차 과장은 눈시울까지 붉혔다.

오 대리의 회식에는 해외사업팀도 전원 참석했다. 일 잘하고 성격 좋은 오 대리를 싫어하는 사람은 아무도 없었다.

"오 대리! 너무 부럽다!"

모두 오 대리를 부러워했다. 회사원이라면 누구나 한 번쯤 오 대리 같은 삶을 꿈꿀 터였다. 자신만의 영역을 찾고 일가를 이루는 것.

사람들은 회사에 대한 불만과 걱정을 쏟아냈다. 모두가 미래를 걱정하고 있었다. 반면 분위기는 시종일관 시끌벅적했다. 주당으로도 유명한 오 대리가 자신의 퇴사 회식 자리를 주도했다. 평소 술을 잘 즐기지 않는 김 대리는 오 대리가 걱정되어서 옆에서 이것저것 챙겨주었다.

"어머, 김 대리님! 오 대리 너무 챙긴다? 두 사람 혹시?"

해외사업팀의 백 과장이 의뭉스러운 눈으로 김 대리를 쳐다봤다.

"아니에요! 그런 거 절대 아니에요!"

김 대리가 강력하게 부인했다.

"어머, 강한 부정은 강한 긍정이라던데. 김 대리님 왜 이렇게 흥분해? 오늘 좀 이상해?"

백 과장의 말에 사람들이 웃음을 터트렸다. 그리고 하나둘 의심의 눈초리로 김 대리를 바라봤다. 김 대리는 얼굴이 빨개졌다.

"러브 샷! 러브 샷!"

해외사업팀의 누군가가 외쳤다. 사람들이 이구동성으로 러브 샷을 외쳤다. 난감해진 김 대리와 달리 오 대리는 싱글벙글 웃고 있었다.

"러브샷은 좀 그렇고, 오 대리님의 퇴사를 축하드리는 의미로 건배사 한번 하겠습니다."

"오, 좋아! 좋아!"

백 과장이 흥이 넘치는 목소리로 받았다.

"오 대리님 축하합니다. 그리고 감사합니다. 오 대리님이 없었다면 저는 아무것도 못했을 겁니다. 아마도 우리 뉴미디어팀이 얼마나 더 힘들었을지 상상하기 어렵습니다. 이 자리를 빌려 오 대리님께 다시 한번 감사의 말씀을 전합니다."

"너무 길다. 건배사 듣다가 자겠네."

백 과장이 크게 하품을 하며 말했다. 사람들이 또 웃음을 터트렸다.

"네! 마무리하겠습니다. 여러분, 오 대리님이 유튜브 크리에이터로서 새 삶을 시작하는 거 아시죠? 오 대리님은 구독자 30만 명이 넘는 인기 유튜버입니다. 제가 선창하겠습니다. 여러분도 함께 외치시면 됩니다."

모두가 고개를 끄덕였다.

"오 대리님 100만 구독자 가자!"

1, 2차가 끝나고 기혼자를 포함한 몇몇이 빠졌지만 3차까지 10명 가까운 인원이 남아 있었다. 김 대리도 흥에 겨워 평소답지 않게 술을 꽤 마셨다. 잠시 필름이 끊기기도 했다. 정신을 차리자 김 대리는 오 대리와 나란히 걷고 있었다. 챙겨주려고 했는데 오히려 부축을 받고 있는 자신의 모습에 김 대리는 자괴감이 들었다.

"너무 취했어요."

김 대리는 자신의 뺨을 손바닥으로 탁탁 쳤다.

"대리님 술 약하시군요. 회식 함께해줘서 고마워요."

오 대리는 여유로운 표정으로 말했다.

"뭘요. 늘 도움을 받기만 했는데…. 제가 늘 고맙죠."

두 사람은 앞으로의 삶에 대해서 이런저런 얘기를 나누며 걸었다. 오 대리는 자신감에 가득 차 있었다. 반면 김 대리는 오 대리가 한없이 부러웠다. 그때 김 대리의 휴대폰 진동이 울렸다. 무심결에 본 휴대폰 화면에는 수연이 보낸 메시지가 떠 있었다. 고개를 돌리자 오 대리가 옆에서 물끄러미 액정을 내려다보고 있었다. 김 대리는 황급히 휴대폰을 주머니에 집어넣었다.

"누군데 그래요?"

"아무도 아니에요. 친구예요, 친구."

오 대리는 고개를 갸웃거리다 씩 웃었다. 밤이 점점 깊어지고 있었다. 어느새 거리가 한산해졌다. 두 사람은 함께 지하철역으로 빠르게 걸어갔다. 막차 시간이 다가오고 있었다.

수익을 극대화하는
채널 운영 전략

수익을 비약적으로 증가시키기 위해서는 도달범위, 시청자, 참여도 등 유튜브가 제공하는 다양한 수치를 분석해 전략을 수립해야 합니다. 이것이 바로 충성 팬을 확보해 안정적으로 높은 수익을 올리는 채널과 그렇지 못한 채널의 결정적 차이입니다.

이번 장에서는 유튜브의 다양한 분석 기능을 활용하는 방법과 함께 채널을 더 적극적으로 확장하기 위한 광고 집행, 그리고 다른 SNS 채널과 유튜브 채널을 연계해 마케팅 역량을 폭발시키는 방법을 소개합니다. 이제 막 첫 수익을 얻은 김 대리는 과연 조 이사의 지시대로 50배 이상 수익을 거둘 수 있을까요?

01

드디어 첫 광고
수익 발생!

한 달 넘게 걸릴 거라는 예상과 달리 수익 승인 심사는 2주일도 안 돼 통과됐다. 핀 번호 역시 2주 만에 우편물로 도착했다. 봉투를 조심스럽게 뜯자 여섯 자리 핀 번호가 적혀 있었다. 김 대리는 핀 번호를 애드센스에 신중하게 입력했다.

다음으로 계좌 정보를 입력해야 했다. 좌측 메뉴에서 '지급'을 선택하고 화면이 바뀌자 오른쪽 하단의 '지급받을 방법 항목'에서 결제수단 관리를 클릭했다. 입력 항목들이 나왔다.

- 예금주의 이름

- 은행 이름
- SWIFT 은행식별 코드
- 계좌번호
- 계좌번호 재입력

계좌란에는 회사 계좌를 입력했다. 그런데 **SWIFT 은행 식별코드**가 생소했다. 인터넷으로 찾아보니 국제적으로 사용되는 은행 식별코드였다. 즉, 해외에서 우리나라의 은행을 찾을 때 사용되는 코드였다. 광고 수익은 싱가포르에서 달러로 들어오기 때문에 해당 코드가 반드시 필요했다.

김 대리는 혹시나 하는 마음으로 은행 고객센터에 전화를 걸었다. 고객센터에서 친절하게 식별코드를 알려주었다. 정보를 모두 입력한 후 입력한 계좌를 기본 결제 수단으로 설정했다. 모든 단계가 끝났다.

유튜브의 정산일은 매달 12일경이었다. 12일에 지난달까지 누적된 광고 수익을 정산하는 것이다. 그리고 22일에 수익을 지급했다. 드디어 첫 광고 수익이 들어왔다. 수익 지급 기준인 100달러를 훌쩍 넘긴 금액이었다. 첫 광고 수익은 무려 550달러. 환율에 맞춰 환전하자 대략 60만 원 넘는 돈이 들어왔다.

"축하합니다. 드디어 유튜브에서 첫 광고 수익을 받았군요. 뉴미디어 팀 모두 수고 많았다고 전해주세요."

조 이사가 축하의 말을 건넸다.

"아직 너무 미미합니다."

"이제 막 걸음마를 떼었으니까요. 앞으로 반년 동안 현실적으로 몇 배 정도 성장이 가능할 거라고 보세요?"

"5배 정도 가능할 것 같습니다."

"김 대리님, 스케일이 너무 작은데요."

김 대리는 재빠르게 머리를 굴렸다.

"10배 정도 해보겠습니다!"

이번에는 조 이사가 만족할 거라고 생각했다.

"10배 가지고는 인건비와 이런저런 비용 제하면 남는 게 없어요. 사업은 이윤을 남겨야죠. 오늘 들어온 돈의 50배 어떠세요?"

"네? 50배요?"

김 대리는 눈을 동그랗게 뜨고 조 이사를 바라봤다. 그의 표정으로 봐서는 분명 진심이었다.

"그런데 팀원들 업무는 명확하게 분배했나요? 새 팀이 꾸려지면 업무 분장이 참 어렵거든요."

"네, 자연스럽게 업무들이 나누어졌습니다. 저와 장 차장은 주로 기획과 운영을 담당합니다. 박 인턴은 촬영을 하고요. 디자인 관련 부분은 차 과장이 맡고 있습니다. 아, 그리고 편집은 저와 박 인턴이 함께합니다. 물론 박 인턴의 비중이 조금 더 높지만요."

김 대리는 은연중에 박 인턴의 팀 내 비중과 중요성을 강조했다. 어떻게든 인턴 신분에서 벗어나게 해주고 싶었기 때문이다. 물론 박 인턴이 팀에서 가장 중요한 실무자이기도 했다.

"네, 앞으로 더 팀워크가 좋아져야 할 겁니다. 팀이 좋은 결과를 내는 데 팀워크가 가장 중요하니까요. 서로 눈빛만 봐도 마음을 읽을 수 있게 해보세요."

"알겠습니다."

자리에 돌아온 김 대리는 수익을 높이려면 어디에 집중해야 할지 고민했다. 문득 오 대리가 없다는 사실이 더 실감이 났다. 오 대리는 늘 현명한 답을 주었다.

"김 대리, 무슨 생각해?"

차 과장이 물었다. 김 대리는 조 이사의 지시를 얘기했다.

"50배? 역시 사장님 아들이라 스케일이 다르네."

"그러게요. 할 건 다 했는데 이제 뭘 더 어떻게 해야 할지."

김 대리가 근심 가득한 목소리로 말했다. 그러고는 박 인턴을 바라봤다. 박 인턴은 무표정하게 모니터를 보고 있었다.

"콘텐츠 더 잘 만드는 거 말고 방법이 있나?"

차 과장이 말했다. 김 대리가 고개를 끄덕였다.

"네, 콘텐츠를 어떻게 더 업그레이드할지 생각해봐야죠."

"시청자들의 반응과 의견을 분석해야 하지 않을까요?"

모니터를 응시한 채 박 인턴이 말했다.

"시청자들의 반응을 어떻게 분석해?"

"그거야 관리자 페이지에 있는 방대한 데이터를 활용해야겠죠."

김 대리는 그제야 무언가 깨달았다는 듯 관리자 페이지인 '유튜브 스튜디오'를 열어봤다. 지금까지는 콘텐츠를 만들어서 업로드하는 일에만 집중했다. 하지만 이제는 결과를 분석해서 가치 있게 활용해야 할 단계였다.

광고 포함 여부,
반드시 공개해야 할까요?

유튜브를 통해 인플루언서 마케팅을 진행하는 크리에이터들이 늘고 있습니다. 동영상 콘텐츠에 광고나 혹은 그에 준하는 메시지가 포함되어 있다면, 해당 사실을 유튜브에 알려야 합니다. 유튜브 광고 정책을 준수하지 않으면 채널에 악영향을 줄 수 있습니다.

내 동영상 콘텐츠에 유료 광고가 포함되어 있다는 것을 유튜브에 알리는 방법은 간단합니다. 해당 동영상의 관리 화면에 들어가 '고급' 메뉴에서 설정이 가능합니다. '본 동영상에는 유료 PPL, VIP 멤버십, 보증과 같은 유료 프로모션이 포함되어 있습니다'를 체크합니다. 해당 사실을 시청자에게도 알리고 싶다면 '본 동영상에 고지를 추가하여 시청자들이 유료 프로모션 포함 여부를 알 수 있도록 하고 싶습니다'를 체크하면 됩니다.

추가 옵션

- ☐ 연령 제한 사용 ⑦
- ☑ 퍼가기 허용 ⑦
- ☑ 구독 피드에 게시하고 구독자에게 알림 허용 ⑦
- ☐ 본 동영상에는 유료 PPL, VIP 멤버십, 보증과 같은 유료 프로모션이 포함되어 있습니다. ⑦
- ☐ 본 동영상에 고지를 추가하여 시청자들이 유료 프로모션 포함 여부를 알 수 있도록 하고 싶습니다. 관련 법규에 따라 본 동영상에 대한 추가 고지가 필요할 수 있습니다. ⑦

❶ 해당 영역에 체크를 하더라도 동영상에는 계속 광고가 게재됩니다. 따라서 광고 수익에 관해서는 걱정하지 않으셔도 됩니다. 다만 유튜브 측에서 관련 조치를 취할 수 있습니다. 예를 들어 해당 영상에 달린 광고의 내용과 영상이 상충한다면 자동으로 다른 광고로 대체될 수 있습니다. 광고성 콘텐츠와 관련한 법적 문제는 국가나 지역마다 차이가 있습니다.

❶ 현재 유튜브는 콘텐츠 내 광고 포함 여부를 반드시 명시하라고 법적으로 강제하지 않습니다.

02

상상이 아닌
데이터로 분석하라

김 대리는 토이팜 채널의 콘텐츠를 시청하는 사람들이 누구인지 늘 궁금했다. 그래서 종종 유튜브 스튜디오 중 '분석' 기능을 통해 연령, 성별, 국가 등의 통계를 확인했다.

김 대리는 토이팜 채널의 주 시청자가 여자아이들일 거라고 생각했다. 그런데 통계 결과는 달랐다. 우선 시청자의 성별은 남성과 여성이 거의 비슷했다. 그리고 연령은 만 25세에서 34세가 가장 많았다. 주요 타기층과 통계 수치가 차이 나는 이유는 뭘까? 이는 구글의 정책과 관련이 있었다.

토이팜 채널의 콘텐츠를 주로 시청하는 2~7세 어린이들은 구글 회

원가입이 공식적으로 불가능했다. 또한 대부분 스마트폰을 소유하고 있지 않았다. 따라서 부모의 스마트폰을 이용해 유튜브에 접근하는 게 분명했다. 김 대리는 지후를 떠올렸다. 지후 역시 엄마의 스마트폰으로 유튜브 동영상을 봤다. 하지만 그렇다고 해서 엄마가 콘텐츠를 골라주는 건 아니었다. 지후 스스로 보고 싶은 영상을 선택했다. 따라서 통계상의 정보는 25세에서 34세지만 콘텐츠는 계속 어린이 눈높이에 맞춰야 했다.

데이터를 해석할 때는 정보를 그대로 해석하는 게 아니라 상황에 맞춘 분석이 필요했다. 물론 대상이 어른이라면 상황은 다를 터였다. 시청자의 소속 국가는 한국뿐만이 아니었다. 미국, 일본, 캐나다, 인도네시아 등 무척 다양했다.

"박 인턴, 정말 신기해. 우리나라 말고도 세계 각지에서 우리 콘텐츠를 봐."

"그래요?"

아침부터 무언가에 열중하던 박 인턴이 영혼 없이 대답했다.

"장난감은 세계 모든 어린이들이 가지고 놀잖아. 우리 애들도 미국 동영상 자주 봐. 키즈 채널이 글로벌 채널로 성장하는 데는 다 이유가 있다니까. 근데 우리나라 다음으로 많이 보는 나라가 어디야?"

차 과장이 호기심 가득한 표정으로 물었다.

"미국이요. 다음은 인도네시아고요. 요즘 인도네시아에서 IT가 뜨고 있다는 기사를 본 적이 있어요. 인도네시아 사람들이 유튜브를 많이 하나 봐요."

"인도네시아는 인구도 많잖아."

"동남아 국가들은 광고 수익 단가가 낮아요."

박 인턴이 불쑥 끼어들었다.

"나라마다 광고 단가가 다르다고?"

"미국은 높겠네? 선진국이니까. 그치?"

차 과장이 말했다. 박 인턴이 고개를 끄덕였다.

"높죠. 유럽 국가들도 대부분 높게 나와요. 우리나라 단가도 낮지는 않아요. 상위권에 속하죠."

박 인턴은 다시 하던 일에 집중했다. 김 대리는 수익 창출 메뉴를 클릭했다. 토이팜 채널의 수익은 완만한 상승 그래프를 그렸다. 그래프를 보고 있으니 괜히 기분이 좋아졌다. 수익원은 광고 수익이 97%였다. 월 정액 유료 서비스인 '유튜브 프리미엄'을 통해 얻는 수익은 3% 정도에 불과했다. 김 대리의 머릿속에 한 가지 의문이 들었다.

'근데 유튜브 스튜디오의 통계 정보로 얻을 수 있는 게 뭐지? 채널과 콘텐츠의 발전에 어떤 도움을 얻을 수 있지?'

"박 인턴, 바빠? 뭐 해?"

"네, 아무것도 아닙니다. 아까 뭐 물어보셨죠?"

"혹시 유튜브 스튜디오 좀 쓸 줄 아나 해서. 나보다 유튜브 많이 알잖아."

"기능이 워낙 많아서 다는 몰라요. 뭐, **분석 기능**을 주로 사용하죠."

"분석 기능도 광범위한데…. 그중에서 뭘 봐야 해?"

"하나를 콕 집어서 얘기하기는 그래요. 저는 주로 **도달범위**를 봐요."

"시청자 도달범위? 그게 뭔데? 좀 가르쳐줘."

김 대리가 박 인턴의 자리로 다가갔다.

"잠깐만요."

박 인턴은 김 대리를 막으며 마우스를 바삐 움직였다. 모니터 화면에 떠 있던 인터넷 창을 닫는 것 같았다.

'이 녀석 뭔가 있다.'

김 대리는 박 인턴을 의심의 눈초리로 잠시 바라봤다. 박 인턴은 인터넷 화면에서 유튜브 스튜디오를 열었다. 그리고 '분석' 메뉴를 클릭했다. **개요 탭**이 나왔다.

"이 '개요 페이지'는 우리 채널을 전체적으로 분석해 그 결과를 실시간으로 모니터링해주는 페이지니까 매일 확인하세요. 유튜브는 기본적으로 **최근 28일의 통계**를 보여줘요. 그동안의 조회수, 시청 시간, 구독자, 추정 수익을 확인하시면 돼요. 특히 전달 대비 증가율과 감소율을 꼭 보세요. 그러면 채널이 성장하고 있는지 정체 상태에 빠졌는지 알 수 있어요."

"응, 나도 개요 페이지는 늘 확인해."

"밑에 보면 인기 동영상과 실시간 활동이 나와요. 인기 동영상은 28일 동안 가장 인기가 높았던 콘텐츠를 보여주는 랭킹 정보죠. 시청자가 어떤 콘텐츠를 가장 좋아했는지 한 번에 알 수 있어서 도움이 돼요. 바로 옆의 실시간 정보도 자주 보게 되실 거예요. '더 보기' 버튼을 클릭하면 전체 콘텐츠에 대한 실시간 통계가 나와요."

"아! 실시간 조회수가 늘 궁금했는데… 어디서 보는 건지 이제 알겠네."

　박 인턴은 막힘없이 분석 메뉴를 설명했다. 유튜브에 관한 지식이 꽤 있다는 건 알았지만 예상보다 더 능숙하게 기능을 다루었다.

　'박 인턴 이 녀석 개인 채널을 하고 있는 게 틀림없다!'

　김 대리는 박 인턴을 의심 가득한 눈길로 쳐다봤다. 그러거나 말거나 박 인턴은 무뚝뚝한 표정으로 개요 옆의 탭 메뉴 중 **도달범위**를 클릭했다.

　"개요 바로 옆에 있다는 건 굉장히 중요하다는 거겠죠?"

　박 인턴의 설명에 따르면 이 '도달범위'야말로 채널 운영이 제대로 되고 있는지를 한눈에 보여주는 지표라고 했다. 도달범위 탭에 들어가자, 우선 채널의 트래픽이 어디에서 발생하는지를 확인할 수 있었다. 이 정보들을 통해 김 대리는 사용자들이 어떤 경로로 토이팜의 콘텐츠를 시청했는지 알 수 있었다.

트래픽 소스 유형	사용자들이 어떤 경로로 동영상 콘첸츠를 시청했는지 종합적으로 볼 수 있다.
트래픽 소스 유형: 외부	외부의 다른 플랫폼이나 사이트를 통해서 트래픽이 유입된 통계를 보여준다.
트래픽 소스 유형: 추천 동영상	내 채널 영상이 다른 채널의 어떤 영상에 추천 동영상으로 노출되었는지 확인할 수 있다.
트래픽 소스 유형: 재생목록	내 채널의 영상이 어떤 재생목록에 걸려서 노출되었는지 확인할 수 있다.

트래픽 소스 유형: 유튜브 검색	내 채널이 어떤 키워드로 검색되었는지 알 수 있다.

"토이팜 채널의 트래픽 소스 유형은 이렇게 나오는군요."

추천 동영상	탐색 기능	최종 화면
59.3%	29.2%	6.2%
유튜브 검색	기타 유튜브 기능	직접 입력 또는 알 수 없음
3.1%	2.1%	0.1%

"'추천 동영상'이나 '탐색 기능'의 비율이 높으면 유튜브 내부 알고리즘이 잘 작동하고 있는 거예요. '유튜브 검색'으로 들어오는 비중은 생각보다 크지 않네요. 어린이 채널이 대개 그렇다고 해요. 유용한 정보를 제공하는 강의 형태의 콘텐츠는 상대적으로 키워드 검색 비중이 높고요. 제 경험으로 봤을 때 '추천 동영상'의 비중이 커질수록 채널이 잘 성장하고 있는 거예요."

"어째서?"

"채널을 처음 개설하면 '유튜브 검색'이나 '탐색 기능'의 비중이 높아요. 그러다 차츰 '추천 동영상'의 비중이 높아지거든요. 추천을 많이 받아야 콘텐츠의 수명도 길어져요. 오랫동안 시청자들이 볼 수 있죠. '추천 동영상'의 비중이 낮다면 키워드 선택에 더 신중해야 해요."

"근데 '검색'과 '탐색'이 달라? 용어가 좀 헷갈리네."

"네, 좀 그렇죠. 검색으로 유입됐다는 것은 누군가가 키워드를 검색해서 우리 채널이나 동영상에 접근했다는 뜻이에요. 탐색은 홈페이지의 홈 화면이나 구독 피드 등의 영역에 노출된 우리 콘텐츠를 보고 유입됐다는 뜻이고요."

"음, 이제 알겠어."

박 인턴이 '트래픽 소스 유형' 영역 하단에 있는 '더 보기'를 클릭하자 새로운 창이 하나 떴다. 한눈에 봐도 굉장히 다양한 수치가 그래프와 표로 정리되어 있었다. 모든 수치가 다 중요하지만, 박 인턴은 이 중에서 일부 데이터만 꼼꼼히 챙겨 본다고 말했다.

"그런데 시청자 도달범위에서 가장 눈여겨봐야 할 정보는 '노출수 및 노출수가 시청 시간에 미치는 영향도'예요. 채널과 관련한 전체 현황을 그림 하나로 볼 수 있어서 유용해요."

노출수 및 노출수가 시청 시간에 미치는 영향도

박 인턴의 설명에 따르면 '유튜브에서 추천한 내 콘텐츠에서 발생 비율'(①)을 보면 유튜브의 내부 알고리즘을 얼마나 활용했는지 확인할 수 있었다. 비율이 높을수록 내부 알고리즘에 의해서 시청자들에게 우리 콘텐츠가 잘 노출되고 있다는 뜻이다.

"97.7%라는 건 대다수의 시청자가 유튜브의 추천과 탐색 등을 통해서 우리 채널의 콘텐츠를 접했다는 거예요. 시청자가 우리 콘텐츠를 접할 수 있는 경로가 다양해지면 비율이 조금씩 변하겠죠."

다음은 '클릭률'(②)이었다. 클릭률은 검색, 추천 등의 알고리즘으로 시청자들에게 노출된 콘텐츠가 얼마나 많은 선택을 받았는지 알 수 있는 지표였다. 클릭률이 낮다면 더 매력적인 섬네일과 제목이 필요했다.

"클릭률 8.1%는 좀 부족해 보여요. 10%는 넘어야겠죠. 15% 정도를 목표로 해볼까요?"

마지막은 '평균 시청 지속 시간'(③)이었다. 평균 시청 지속 시간은 좋은 콘텐츠인지를 판별하는 가장 중요한 지표였다. 평균 시청 지속 시간이 길다는 건 그만큼 콘텐츠가 재미있다는 의미다. 또한 시청자들의 평균 시청 지속 시간이 길수록 크리에이터들의 수익도 늘어났다.

"우리 콘텐츠의 길이가 대략 7분 내외죠. 대부분 비슷해요. 그런데 평균 시청 지속 시간이 3분 31초면 절반 정도 보는 거네요. 제 생각에 나쁘지 않은 것 같아요. 어린이들이 어른에 비해서 하나의 동영상을 오래 못 보는 것 같아요. 아무튼 높일 수 있는 만큼 높여봐야죠."

김 대리는 존경스러운 표정으로 박 인턴을 바라봤다.

"도달범위 탭 옆에 있는 **참여도 탭**과 **시청자층 탭**도 익숙해지는 게 좋아요. 참여도 탭에서는 '시청 시간'과 '평균 시청 지속 시간'을 볼 수 있어요. 시청자들이 얼마나 콘텐츠를 오래 시청하는지 알 수 있는 통계라 중요해요."

"시청자층 탭에서는?"

"콘텐츠의 실제 '시청자수'와 '구독자'가 얼마나 증가했는지 확인할 수 있어요. **수익 탭**은 워낙 자주 보시니깐 생략할게요. 채널의 평균적인 지표들을 봤으니까 이제 개별 동영상과 비교해야 해요. 그러면 좋은 콘텐츠를 구별할 수 있겠죠. 채널의 좋은 콘텐츠들을 참고해서 전체적인 콘텐츠 수준을 높이면 됩니다."

"박 인턴 아는 것 많네?"

"기본적인 내용만 알아요. 더 공부해야죠. 그리고 갑자기 생각났는데요. 우리 채널이 미국 시청 비율이 꽤 높잖아요. 영상에 영어 자막을 넣어야 할 것 같아요. 태그와 설명에서도 영어 키워드를 써주는 게 좋겠어요."

말을 마친 박 인턴은 중요한 일이 있는지 급히 밖으로 나갔다. 김 대리도 잠시 자리에서 일어났다. 다시 사무실로 돌아온 김 대리는 박 인턴의 모니터 화면을 우연히 봤다. 그리고 충격을 받았다. 박 인턴의 모니터 화면에는 취업포털 홈페이지가 띄워져 있었다.

03
데이터를 통해
좋은 콘텐츠를 선별하는 법

오후 5시, 퇴근 시간이 다가오고 있었다. 김 대리는 내내 좌불안석이었다. 박 인턴의 속마음을 떠봐야겠다고 생각했다.

"박 인턴, 오늘 약속 있어? 없으면 밥이나 같이 먹을까?"

"죄송해요. 선약이 있어서."

"그, 그래."

김 대리는 무슨 말을 꺼낼까 잠시 머리를 굴렸다.

"그러면 유튜브 스튜디오 조금 더 가르쳐줄래? 설명을 들었는데도 좀 어렵네. **동영상 통계**도 봐야 한다면서."

"어떤 게 궁금하세요?"

"좋은 콘텐츠를 골라내야 한다고 했잖아. 좋은 콘텐츠를 어떻게 찾는데?"

"평균 수치보다 높으면 좋은 콘텐츠겠죠. 월등히 높으면 그 이유를 분석해봐야 하고요. 복잡한 얘기는 아니에요."

김 대리는 슬금슬금 박 인턴의 뒷자리로 갔다. 박 인턴은 유튜브 스튜디오에서 '동영상' 메뉴를 클릭했다. 동영상 목록이 나왔다.

"동영상 목록을 쭉 보세요. '조회수', '댓글', '좋아요 비율'이 나오죠. 높을수록 좋은 콘텐츠일 거예요. 댓글이 많다는 건 이슈화가 되었다는 거고요. '좋아요'가 많다는 건 시청자들이 공감한다는 거겠죠."

박 인턴은 조회수와 좋아요 비율이 높은 동영상 하나를 클릭했다. 병원놀이 장난감 콘텐츠였다. 박 인턴은 다시 좌측의 분석 메뉴를 클릭했다. 그러자 동영상 각각의 통계 정보를 확인할 수 있었다.

개요 페이지와 함께 **그래프**가 보였다. 그래프는 상승과 하락을 거듭하고 있었다.

"업로드한 지 두 달 넘은 동영상이에요. 오르내림을 반복하면서 계속 이어지는 걸 보니 사람들이 꾸준히 시청하고 있네요. 동영상을 업로드하면 조회수가 24시간 동안 가장 급격하게 올라가요. 길게는 48시간 정도 가고요. 그 이후에는 조회수 증가율이 크게 떨어지죠. 그런데 키워드가 적절하고, 콘텐츠의 질이 높으면 오랫동안 시청자의 사랑을 받게 돼요. 유튜브 알고리즘이 시청자의 범위를 늘리면서 추천 노출을 높여 나가거든요. 처음에는 유사한 영상을 시청하는 사람에게 보여주다가, 이후에는 관심이 덜할 것 같은 사람에게까지 노출하는 겁니다. 이른바 스테디셀러가 되는 거죠."

"알겠어!"

"이번에는 '시청 지속 시간'을 보세요."

시청 지속 시간은 그래프 바로 아래에 있었다. '5분 3초(62.1%)'라고 적혀 있었다.

"토이팜 채널의 콘텐츠 평균 시청 지속 시간이 3분 31초였죠? 근데 이 콘텐츠는 평균 시청 지속 시간이 2분 가까이 더 길어요. 괄호 안에 적힌 비율은 전체 영상 시간 중 시청자가 평균적으로 시청한 비율이에요. 평균 시청 비율이 60%가 넘으면 아주 좋은 콘텐츠예요."

김 대리는 좋은 콘텐츠를 찾는 기준들을 어느 정도 이해했다. 통계들을 더 신중하게 확인해야겠다는 생각도 들었다.

"혹시 동영상이 시작되고 1분도 안 돼서 혹은 30초도 안 돼서 시청자들이 이탈했다면 문제가 큰 거예요. 콘텐츠는 초반에 시청자들의 눈길을 사로잡아야 해요. 조금이라도 재미없으면 가차 없이 다른 영상을 봐요. 이 세계가 굉장히 냉정하다는 걸 기억하세요."

"생각해보면 나도 그래. 유튜브는 선택권이 많잖아."

"맞아요. 내 동영상 말고도 볼 수 있는 게 무궁무진하죠."

"아, 그리고 여담인데요. 유튜브의 경우 10분이 넘는 영상은 크리에이터가 원하는 지점에 광고를 붙일 수 있어요. 여러 개 붙일 수 있죠."

"무한정 붙일 수 있어?"

"원하는 만큼 붙일 수 있지만, 광고가 너무 많으면 시청자들이 더 안 보겠죠. 아무튼 동영상 중간에 광고가 붙으면 수익률이 높아질 가능성이 큽니다. 이번에는 여길 볼까요?"

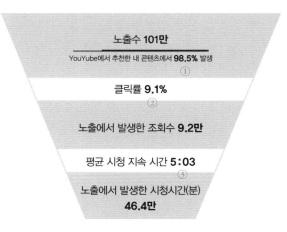

노출수 및 노출수가 시청 시간에 미치는 영향도

박 인턴은 이번에는 도달범위 탭을 클릭해 '노출수 및 노출수가 시청 시간에 미치는 영향도' 그래프를 살펴봤다. 토이팜 영상의 평균과 비교해 모든 수치가 높았다(①, ②, ③).

"좋은 콘텐츠를 선별했다면 이 콘텐츠가 어떤 이유로 인기를 얻었는지 잘 분석해야 해요."

박 인턴은 '트래픽 소스 유형'의 '더 보기' 버튼을 클릭했다. 그러자 해당 동영상이 다른 어떤 동영상에 의해 추천으로 노출됐는지 확인할 수 있었다. 이 영상은 인기 장난감 채널인 '토이잼 TV'의 병원놀이 콘텐츠에 추천으로 걸려 있었다. 김 대리는 토딩 채널의 영상에 토이팜의 영상이 추천이 됐길 바랐지만 토딩 채널 추천 영상에 토이팜 콘텐츠는 없었다.

김 대리는 몇 가지 동영상을 더 살펴보았다. 몇몇 콘텐츠는 평균값에 한참 밑돌기도 했다. 트래픽과 관련해서 다른 메뉴들도 살펴봤다. 특히 '트래픽 소스' 영역에서 '유튜브 검색' 지표를 눈여겨봤다. 사용자들이 어떤 키워드를 검색해서 이 콘텐츠에 접근했는지 알 수 있었다. 김 대리는 핵심 키워드들을 별도로 엑셀에 저장해두어야겠다고 다짐했다.

"박 인턴, 고마워. 넌 정말 똑똑한 것 같아."

"뭘요. 이 정도 가지고."

"근데 말이야."

김 대리는 잠시 뜸을 들였다.

'다른 회사로 이직할 거야?'

질문이 입안을 맴돌았다.

"진짜 궁금해서 물어보는 건데, 박 인턴 유튜브 하고 있지?"

질문이 겉돌았다. 박 인턴은 김 대리를 물끄러미 바라봤다.

"토이팜 채널 같이하고 있잖아요."

"그것 말고 개인 채널 말이야."

"글쎄요. 취미로 몇 개 올려보기는 했어요. 근데 회사 업무로 바빠서 관리가 전혀 안 돼요."

"솔직히 말해봐. 취미로 한 수준이 아닌데?"

"공무원 준비 실패하고 친구가 운영하는 채널 몇 달 도와준 적은 있어요."

"전업 유튜브 크리에이터 해볼 생각은 없었어?"

박 인턴은 대답하기 껄끄러운 듯 딴청을 피웠다.

"그건 그렇고, 박 인턴 혹시 이직 준비해?"

박 인턴의 눈빛이 흔들렸다.

"사실은 어쩌다 화면을 봤는데 취업포털이 열려 있어서. 일부러 본건 절대 아니야."

박 인턴은 애써 침착한 표정을 지으며 말했다.

"다른 분께는 비밀로 해주세요."

"진짜 옮기려는 거야?"

"아니요. 아직 확정된 건 아무것도 없습니다."

박 인턴은 김 대리가 다른 질문을 하기 전에 전화기를 들고 밖으로 나갔다. 뉴미디어팀은 이제야 조금씩 자리를 잡고 있었다. 차 과장, 김 대리, 박 인턴이 자신들의 업무를 해나가고 있었다. 물론 장 차장은 여전히 자리를 못 잡고 있었다. 최근 장 차장은 출근을 잘 하지 않았다. 혹시 정리해고를 당한 건 아닌지, 혹은 다른 일이 생긴 것인지 걱정되었다. 그런 상황에서 박 인턴까지 나간다면 팀을 유지하기가 어려울 듯했다. 김 대리는 크게 한숨을 내쉬었다.

유튜브 스튜디오에서
데이터 분석하기

유튜브는 크리에이터에게 다양한 분석 기능을 제공합니다. 콘텐츠를 무작정 많이 만드는 것보다 이 분석 기능을 제대로 활용하는 것이 더 중요합니다. 시청자가 우리 채널에 어떻게 유입됐는지, 어떤 동영상이 가장 시청 비율이 높은지, 구독자가 가장 적극적으로 반응하는 콘텐츠가 무엇인지, 어떤 검색어를 가장 많이 입력하는지 등을 모두 알 수 있습니다. 이 방대한 통계 자료를 통해 가장 최적화된 방식으로 콘텐츠를 업로드해야 합니다.

채널 데이터 분석하기

▶ '내 채널' 화면에서 '유튜브 스튜디오'(①)를 클릭합니다

▶ 좌측 목록에서 하단에 위치한 '분석'(❷)을 클릭합니다.

[개요 탭]

❶ 분석 페이지는 총 다섯 개의 탭 메뉴로 구성되어 있습니다. 그중 첫 번째 탭
   인 '개요 탭'에서는 다양한 통계 정보를 세부적으로 확인할 수 있습니다. 특
   정 기간 동안의 전반적인 조회수 현황과 인기 동영상, 실시간 조회수 등을

확인할 수 있습니다.

❷ 기간을 설정할 수 있습니다. 따로 설정하지 않으면 자동으로 28일 동안의 분석 통계를 보여줍니다.

❸ 선택 기간 동안의 채널의 핵심 성과를 확인할 수 있습니다. 조회수, 시청 시간, 구독자, 추정 수익 등의 증감 현황 정보를 제공합니다.

❹ 선택 기간 동안의 조회수 증감 추이를 그래프로 확인할 수 있습니다.

❺ 선택 기간 동안 가장 인기 있었던 동영상의 순위를 확인할 수 있습니다.

❻ 실시간 조회수 변화를 확인할 수 있습니다. 유튜브의 시청자 화면에서 보이는 조회수는 실시간이 아닙니다.

[도달범위 탭]

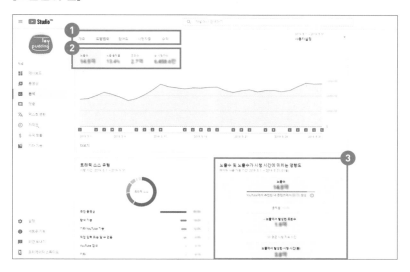

❶ '도달범위 탭'은 시청자들이 어떤 경로로 채널과 콘텐츠에 접근했는지 확인하는 메뉴입니다.

❷ 선택 기간 동안의 노출수와 노출 클릭률, 조회수, 순 시청자수를 확인할 수 있습니다. 여기서의 노출수는 추천과 검색 알고리즘 등에 의해서 시청자에게 노출된 수치를 의미합니다. 노출 클릭률은 노출된 콘텐츠를 시청자가 얼마나 클릭했는지의 비율입니다. 순 시청자수는 콘텐츠를 시청한 추정 시청자수입니다. 조회수와는 차이가 있습니다. 이유는 한 시청자가 같은 동영상을 여러 번 시청하는 상황이 많기 때문입니다.

❸ 노출수와 시청 시간의 관계를 세부적으로 분석한 그래프입니다. 해당 콘텐츠가 유튜브 내부 알고리즘을 통해 얼마나 많이 노출이 됐는지도 확인할 수 있습니다. 또한 노출에서 발생한 조회수와 시청 시간도 확인할 수 있습니다.

[참여도 탭]

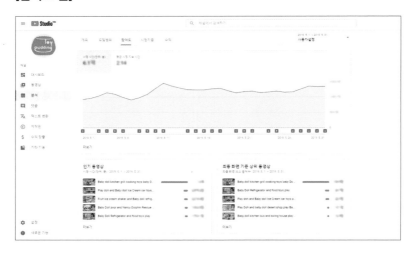

▶ 선택한 기간 동안의 총 시청 시간과 평균 시청 지속 시간을 확인할 수 있습니다. 하단 영역에서는 시청 시간 대비 인기 동영상 등 다양한 관련 지표를 확인할 수 있습니다.

[시청자층 탭]

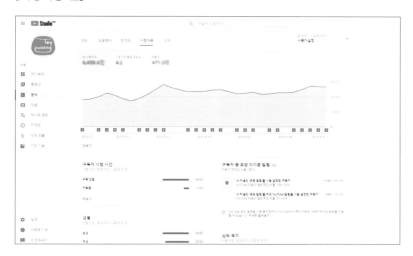

▶ 선택한 기간 동안 순 시청자수와 시청자들이 채널에서 동영상을 평균적으로 몇 번 조회하는지, 구독자가 얼마나 늘었는지 등을 확인할 수 있습니다. 하단 영역에서는 구독자와 비구독자의 시청 비율, 시청을 많이 한 국가와 성별 비율 등을 확인할 수 있습니다.

[수익 탭]

▶ 추정 수익과 예상 수익 창출 재생, 재생 기반 CPM 정보를 확인할 수 있습니

다. 여기서 '예상 수익 창출 재생'이란 모든 시청이 수익으로 연결되지 않기 때문에 수익에 영향을 준 조회수를 별도로 분석한 것입니다. 'CPM'은 조회수 1000건당 발생하는 수익을 뜻합니다. 수치가 클수록 수익 단가가 높습니다. 하단 영역에서는 월별 추정 수익과 수익 상위 동영상, 대표적인 수익원, 가장 많이 사용된 광고 유형 등을 분석할 수 있습니다.

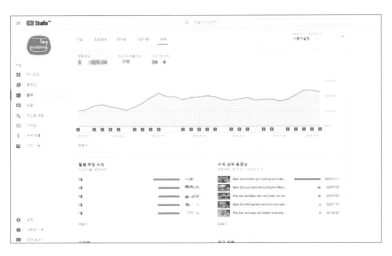

동영상 콘텐츠 데이터 분석하기

▶ '내 채널' 화면에서 '유튜브 스튜디오'(①)를 클릭합니다.

▶ 좌측 목록에서 하단에 위치한 '동영상'(❷)을 클릭합니다.

▶ 분석하고 싶은 동영상의 제목을 클릭한 뒤 해당 화면에서 '분석'(❸)을 클릭합니다.

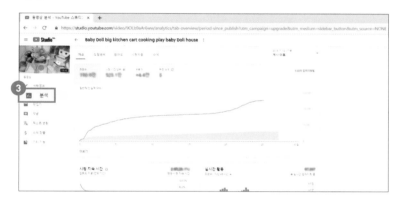

▶ 채널 분석 페이지와 마찬가지로 '개요', '도달범위', '참여도', '시청자층', '수익' 등 다섯 개의 탭을 확인할 수 있습니다. 전체 분석 메뉴의 평균 수치와 대조해 좋은 콘텐츠와 나쁜 콘텐츠를 선별해보세요.

> **04**
>
> # 구독자를 넘어
> # 충성 팬을 확보하라

출근하자마자 김 대리는 유튜브 스튜디오에서 모든 동영상을 하나씩 살펴봤다. 좋은 콘텐츠와 나쁜 콘텐츠를 구분하기 위해서였다.

좋은 콘텐츠는 확실히 몰입도가 높았다. 자연스러웠다. 무엇보다 중요한 사실은 좋은 콘텐츠의 경우 김 대리 스스로도 즐겁고 재미있게 만들었다는 거였다. 반면 의무감에 억지로 만든 콘텐츠는 시청자들에게 외면을 받았다.

'스스로도 즐거워야 좋은 콘텐츠가 나오는구나.'

김 대리는 동영상 분석의 탭 메뉴들을 클릭하다가 시청자층 탭의 구독자 지표를 확인했다. 해당 콘텐츠를 통해 얼마나 많은 구독자를 늘렸는지 판단하는 지표로 보였다. 김 대리는 그제야 구독자의 중요성을 실감했다. 구독자는 채널의 신뢰도를 판단하는 가장 중요한 지표였다. 채널이 성공하려면 구독자를 넘어서 충성 팬을 확보해야 했다.

"박 인턴, 구독자가 중요해, 그치?"

김 대리는 박 인턴에게 은근슬쩍 말을 걸었다.

"그럼, 당연하지! 나도 채널 볼 때 구독자가 몇 명인지부터 보는데."

박 인턴 대신 차 과장이 대답했다.

"아, 네. 생각해보니 저도 그래요."

김 대리는 다시 업무에 집중하는 척했다. 그러다 또 박 인턴에게 말을 걸었다.

"구독자를 늘릴 수 있는 방법을 고민하고 있어. 콘텐츠 끝날 때마다 '좋아요'랑 '구독 눌러달라'는 문구를 보여주는데 효과가 있을까 모르겠네. 채널 아트에도 적어놓았고."

"안 하는 것보다는 낫겠죠."

"그렇겠지?"

박 인턴은 대답이 없었다. 그러다 무언가 떠오른 듯 말했다.

"기왕이면 콘텐츠 시작할 때 얘기하면 더 효과가 좋지 않을까요?"

"그게 낫겠네! 앞으로는 콘텐츠 시작 부분에 짧게 하이라이트 영상도 넣으려고 해. 시청자들의 호기심을 유발할 수 있게 말이야. 내 생각 어때?"

"요즘 많이들 그렇게 하던데요."

"**맞구독**은 어떻게 생각해?"

"제 친구 중에서도 주변 지인들 동원해서 구독자 늘리는 녀석이 있었어요. 저한테도 부탁하더라고요. 어떤 사람은 다른 채널에 가서 맞구독하자고 댓글을 달기도 해요. 자신과 비슷한 주제를 다루는 채널에 가서 임팩트 있는 댓글을 다는 크리에이터들도 있고요. 사람들이 그 댓글을 보고 자신의 채널에 관심을 갖도록 하는 거죠. 근데 그런 방법으로 몇 명이나 늘릴 수 있을까요? 1000명이나 늘릴 수 있을까요? 수익 승인 기준을 넘기기 위한 거라면 또 모를까, 구독자를 늘리는 근본적인 방법은 아닌 것 같은데요."

"아무래도 그렇지?"

"차라리 **구독자 링크**를 만들어서 SNS 등 여기저기 공유하는 게 더 효과가 클 거예요."

"구독자 링크?"

"네, 채널에 들어오면 자동으로 '구독 추천 팝업'을 띄우는 채널 링크를 만드는 거예요. 쉽게 만들 수 있어요. 근데 이 방법 역시 근본적인 해결책은 아니에요. 사실은 채널의 정체성이 명확하고 조회수가 꾸준히 늘면 구독자도 자연스럽게 늘어나요. 근데 채널마다 상당한 차이가 있긴 하죠. 어떤 채널은 조회수가 1억인데 구독자는 20만 명이에요. 반면 어떤 채널은 조회수는 5천으로 절반이지만 구독자는 50만 명이 넘기도 하죠. 그 이유가 뭘까요?"

"글쎄?"

"구독할 정도의 가치가 있느냐 없느냐죠. 많은 사람이 추천으로 노출된 영상을 한 번 보고 지나가잖아요. 구독까지는 쉽게 안 한다는 거죠. 다시 말해서 한 번쯤 재미로 보는 콘텐츠인지 계속 보고 싶게 하는 콘텐츠인지 구별할 필요가 있다는 거예요."

"어렵네."

"콘텐츠를 잘 만드는 건 늘 어려워요. 그러면 이렇게 설명해보죠. 어른들은 어떤 채널을 주로 구독하는지 아세요?"

"내게 필요한 정보를 주는 채널 아닐까?"

"저도 그렇게 생각해요. 유익한 정보를 지속적으로 제공할 때 구독으로 연결되는 경우가 많죠. 반면 아이들은 어떨까요?"

"그야, 재미있는 콘텐츠겠지."

"맞아요. 재미있고 흥미진진한 콘텐츠예요."

"결국 제자리로 돌아갔네."

"이야기하고 보니 그러네요. 본질은 늘 하나밖에 없어서…. 아, 또 하나. 시청자들이 채널에 오도록 유도할 수 있으면 구독할 가능성이 커져요. 채널 소개 영상을 매력적으로 만드는 것도 도움이 될 것 같네요."

"나는 채널 홈 화면에 최신 영상이 보이도록 해놓았는데."

"기존 구독자라면 그 방법이 좋아요. 그런데 신규 방문자에게는 채널 소개 영상이 효과가 좋을 수 있죠. 어쨌든 가장 중요한 건 콘텐츠가 계속 업로드되어야 한다는 거겠죠."

"근데 구독이 실제로 중요한 거 맞아? 구독자들의 시청 비율이 생각보다 높지 않더라고."

"구독 중요합니다. 구독자들이 새로운 콘텐츠가 올라왔다는 알림을 받는 것 외에도 구독자는 외부에서 채널을 평가하는 첫 번째 척도니까요. 그리고 구독자는 채널 정체성의 척도도 됩니다. 유튜브 AI는 채널의 구독자를 분석해서 해당 채널이 어떤 채널인지 파악한다는 얘기도 있거든요."

말을 마친 박 인턴은 다시 자신의 일에 집중했다. 그러다 무언가 떠오른 듯 말을 이었다.

"갑자기 생각난 건데요. 채널 분석 통계에서 시청자층 탭을 보면 구독자가 언제 늘어나고 언제 줄어들었는지 알 수 있잖아요. 구독이 늘어나는 시점에서 어떤 동영상이 업로드되었는지 역추적해보면 구독을 유도했던 콘텐츠가 뭔지 명확히 알 수 있지 않을까요?"

김 대리는 트래픽 정보를 활용해서 다양한 전략을 세울 수 있다는 걸 깨달았다. 또한 그것이 운영의 중심이라는 것도 알았다.

마케팅팀에서 근무했던 김 대리는 데이터를 이용한 마케팅이 각광받고 있다는 걸 알고 있었다. '데이터 마케팅'이라는 용어가 생기고 빅데이터가 인기를 끌었다.

한편 김 대리는 오 대리의 퇴사로 상심해 있었는데, 박 인턴이라는 고수가 옆에 있다는 사실에 든든한 마음이 들었다. 그러기에 박 인턴의 퇴사 여부가 더 궁금해졌다. 하지만 정말로 퇴사할 것인지는 결국 묻지 못했다.

05

채널 운영 정지?
유튜브의 경고 시스템

- 포털 실시간 검색어 1위 '써니TV'

김 대리는 고개를 갸웃거렸다. 써니TV는 오 대리의 유튜브 채널 이름이었다.

'오 대리 채널은 아니겠지? 설마 무슨 일 생겼나?'

김 대리는 검색어를 클릭했다. 오 대리의 채널이 맞았다. 김 대리는 좋은 소식이기를 바랐다. 하지만 기대와 정반대의 기사들이 눈에 들어왔다.

4장 수익을 극대화하는 채널 운영 전략 **281**

- 뷰티 유튜버 '써니TV' 부적절한 광고 논란, 고소로 번지나?

- 과장 광고 '써니TV'에 네티즌들 뿔났다!

- 잘나가던 뷰티 크리에이터, 인기 '빨간불' 켜지나?

김 대리는 기사를 하나하나 신중하게 읽었다. 기사의 핵심은 오 대리의 채널에서 소개한 화장품에서 좋지 않은 성분이 검출됐다는 것이었다. 곧바로 오 대리에게 전화를 걸었다. 하지만 받지 않았다. 메시지에도 답이 없었다.

"우리 오 대리 어떻게 해? 이러다 큰일이라도 생기는 거 아니야?"

차 과장이 걱정스러운 듯 말했다.

"그러게요. 별 탈 없이 지나가야 할 텐데."

김 대리가 고개를 끄덕이며 말했다. 그러고는 갑자기 흥분해서 말을 이었다.

"아니! 화장품에서 나쁜 성분이 나온 게 오 대리 탓은 아니잖아요. 오 대리가 화장품을 만든 것도 아니고 성분을 하나씩 확인할 수도 없고요. 화장품 회사 잘못이라고요!"

"맞아, 사용해보고 좋으니까 소개했겠지. 오 대리 성격에 돈 준다고 그냥 했겠어?"

차 과장이 맞장구를 쳤다.

"어쨌든 시청자와 구독자, 팬들에게 실망을 준 건 사실이니까요. 신뢰를 배신한 거죠. 책임에서 완전히 벗어날 순 없을 거예요. 어쨌든 써니TV는 광고를 통해서 돈을 벌었고 인기도 얻었으니까요. 그리고 광고를 본 사람들이 화장품을 구매해서 사용했을 테고요."

"그, 그건 그렇지?"

"운영을 신중하게 해야 하는 이유가 여기 있어요. 누구나 실수를 해요. 하지만 사람들은 사소한 잘못도 가만두지 않아요. 미처 발견 못한 아주 작은 실수를 문제 삼을 때도 있죠. 물론 인기를 시기하는 것일 수도 있어요. 하지만 그만큼 크리에이터들은 심사숙고해서 콘텐츠를 만들어야 한다는 의미입니다."

"하긴 브랜드가 된다는 건 엄청난 책임감을 가져야 한다는 뜻이기도 해. 브랜드의 영향력은 엄청나니까."

김 대리가 말했다.

오후 내내 일이 손에 잘 잡히지 않았다. 오 대리가 메시지를 읽었는지 수시로 확인했다. 하지만 여전히 읽지 않은 상태였다.

"써니TV 사과 방송 올라왔어. 당분간 방송 접는대."

차 과장이 호들갑을 떨며 말했다.

김 대리는 곧바로 써니TV 채널을 열었다. 단정한 정장 차림의 오 대리가 초췌한 얼굴로 등장했다. 오 대리는 모든 일이 자신의 잘못이라고 인정했다. A사 제품을 더 신중하게 검증해야 했는데 그러지 못했다는 것이다. 한마디의 변명도 하지 않았다. 자신의 잘못임을 100% 인정하고 고개를 숙였다. 김 대리가 보기에 진심 어린 사과였다.

사과 방송을 보고 누구도 입을 열지 않았다. 혼자서 괴로워하고 있을 오 대리를 생각하자 김 대리의 마음은 더욱 침울해졌다. 그때 박 인턴이 불만 가득한 목소리로 말했다.

"대리님, 이게 뭐예요?"

"응? 뭐 말이야?"

김 대리는 자신이 무슨 잘못이라도 했나 싶어 긴장됐다.

"저작권 침해를 하셨는데요."

"뭐? 내가 저작권 침해를 했다고?"

김 대리는 깜짝 놀랐다.

"누가 신고한 거야?"

차 과장이 물었다.

"신고는 아니고 시스템에서 걸렸네요. **콘텐츠 ID**가 등록된 음악을 사용했나 봐요."

"콘텐츠 ID? 그게 뭐야?"

김 대리는 박 인턴의 말을 이해하지 못했다. 다만 무언가 좋지 않은 일이 생긴 건 분명해 보였다.

"대리님 혹시 제가 드린 음원 말고 다른 거 사용하셨어요?"

"아니, 그게 어떻게 된 거냐면…."

이전까지 김 대리는 늘 박 인턴이 오디오 라이브러리에서 무료로 받은 음원만을 동영상에 삽입했다. 그러던 중 최근 판타스틱토이 채널에 방문했다. 판타스틱토이의 영상들을 하나씩 살펴보니 음악이 귀에 쏙쏙 들어온다는 느낌을 받았다. 확실한 건 토이팜 채널보다 더 세련된 음악들을 사용하고 있었다. 콘텐츠의 내용과도 더 잘 어울리는 것 같았다. 그러던 중 김 대리는 우연히 인터넷에서 마음에 드는 음원을 발견했고, 가요나 클래식이 아니어서 저작권이 없을 거라고 멋대로 판단해 그 음원을 동영상에 호기롭게 삽입한 것이었다.

"대리님, 음원 저작권이 얼마나 중요한데요!"

"미안해, 몰랐어. 혹시 채널에 나쁜 영향을 주는 거 아니야?"

"계속 반복되면 그럴 수 있죠. 한 번이니까 큰 문제는 안 되겠지만."

"누가 신고한 건 정말 아니지?"

"신고했으면 상황이 정말 심각했겠죠. 채널에 **저작권 경고**가 쌓이니까요. 저작권 학교도 수료해야 하고요. 저작권 신고가 **3회 누적**되면 채널이 삭제됩니다."

"삭제? 조심해야겠네."

"오 대리 걱정할 게 아니었는데? 김 대리부터 걱정해야겠어?"

차 과장이 쏘아붙이듯 말했다.

"조심할게요."

"이 콘텐츠의 광고 수익은 우리가 못 가지고 옵니다. 저작권자에게 가게 돼요."

"아쉽네."

"수익이 중요한 게 아니잖아요! 저작권 말고도 **커뮤니티 가이드**를 조심해야 해요. 커뮤니티 가이드도 경고가 세 번 누적되면 계정이 삭제되거든요."

"선정적이거나, 폭력적이거나, 광고성 스팸인 경우에 해당되는 거지? 근데 스팸은 어떤 걸 의미하는 거야?"

"시청자들을 낚는 콘텐츠죠. 시청자들이 원치 않는 콘텐츠들을 반복해서 올리면 스팸성 영상이 돼요. 콘텐츠 내용과 관계없는 섬네일이나 키워드를 빈번하게 사용해도 스팸에 해당합니다."

김 대리는 정직한 채널 운영이 얼마나 중요한지 다시금 깨달았다. 유튜브를 잘 운영하기 위해서는 신중, 또 신중해야겠다고 다짐했다.

내 채널에 '노란 달러'가 붙었어요!
커뮤니티 가이드 완벽 정리

유튜브를 처음 시작하는 분들 중 시청자의 관심을 끌기 위해 선정적인 제목이나 섬네일을 사용하는 경우가 더러 있습니다. 유튜버들 사이에서는 이를 보고 이른바 '어그로를 끈다'고 표현합니다. 어그로를 심하게 끌거나 시청자에게 좋지 못한 동영상 콘텐츠를 지속적으로 올리면 유튜브 커뮤니티 가이드 위반으로 채널에 악영향을 줄 수 있습니다. 반복되면 채널 운영을 정지당할 수도 있습니다. 유튜브 크리에이터들이 반드시 숙지해야 하는 커뮤니티 가이드를 정리해드리겠습니다. 참고로 이 자료는 유튜브에서 공식적으로 밝힌 내용입니다.

과도한 노출과 성적인 콘텐츠	유튜브는 포르노나 음란물 콘텐츠를 허용하지 않습니다.
유해하거나 위험한 콘텐츠	시청자가 크게 부상을 입을 수 있는 행위를 조장하는 동영상은 안 됩니다.

증오성 콘텐츠	인종이나 민족, 종교, 장애, 성별, 연령, 국적, 군필 여부, 성적 지향, 성 정체성에 따라 개인이나 그룹에 대한 폭력을 선동하거나 용납하는 콘텐츠 혹은 증오를 조장하는 것이 목적인 콘텐츠는 지원하지 않습니다.
폭력적이거나 노골적인 콘텐츠	충격적이거나 선정적이거나 필요 이상의 유혈과 폭력이 난무하는 콘텐츠를 게시해서는 안 됩니다.
괴롭힘 및 사이버 괴롭힘	악성 동영상과 댓글을 게시해서는 안 됩니다. 괴롭히는 행위가 도를 넘어 악의적 공격으로 간주되면 삭제될 수 있습니다.
스팸 혹은 오해를 불러일으킬 수 있는 메타 데이터 및 사기	조회수를 늘리기 위해 오해를 일으키는 제목, 설명, 태그 또는 미리보기 이미지를 만들면 안 됩니다. 시청자들이 원치 않는 콘텐츠 또는 반복적인 콘텐츠를 대량으로 올리면 안 됩니다.
위협	타인의 이익을 침해하는 행위, 스토킹, 협박, 괴롭힘, 위협, 사생활 침해, 타인의 개인정보 누설, 폭력 행위 선동, 이용약관 위반 조장 등의 행위에 대해 유튜브는 강경한 입장을 취하고 있습니다.
저작권 침해	직접 만들었거나 사용 허가를 받은 동영상만 업로드해야 합니다.
개인정보 침해	누군가가 허락 없이 내 개인정보를 게시했거나 내가 등장하는 동영상을 업로드한 경우 유튜브 개인정보 보호 관련 가이드에 근거해 콘텐츠 삭제를 요청할 수 있습니다.
명의 도용	다른 채널이나 개인을 도용하기 위해 만든 계정은 삭제될 수 있습니다.
미성년자의 정서적 및 신체적 건강 위험	미성년자에게 유해한 동영상 콘텐츠는 허용되지 않습니다. 아동학대 사실이 밝혀지면 법적 조치가 취해질 수 있습니다.

저속한 언어	청소년에게 적합하지 않은 노골적인 성적 표현이나 과도한 욕설이 사용되는 콘텐츠는 연령 제한이 적용되거나 삭제될 수 있습니다.
휴면 계정 정책	오랫동안 활동하지 않은 계정은 회수당할 수 있습니다. • 6개월 이상 사이트에 로그인하지 않는 경우 • 동영상 콘텐츠를 올린 적이 없는 경우 • 동영상 또는 채널을 시청하거나 댓글을 다는 데 적극적으로 참여하지 않는 경우
서비스 약관 위반 조장	다른 사용자가 서비스 약관을 위반하도록 조장하는 콘텐츠를 게시하면 해당 콘텐츠가 삭제되고 계정 활동에 불이익이 발생합니다.

출처: 유튜브 고객센터(유튜브 커뮤니티 가이드)

만약 커뮤니티 가이드 위반이 확정되면 채널에 불이익이 발생합니다. 유튜브는 이런 채널에 강력한 페널티를 부여합니다. **경고**는 90일간 유지됩니다. 90일이 지나면 경고는 자동으로 삭제됩니다. 총 세 번까지 경고가 주어지는데, 만약 90일 동안 경고가 3회 누적되면 채널이 삭제될 수도 있습니다. 경고 부여가 유튜브 측의 실수라고 인정되면 채널 운영자는 유튜브에 항소할 수 있습니다. 항소가 접수되면 유튜브는 다시 한번 면밀히 검토해 결과를 통보해줍니다. 하지만 경고 조치가 번복될 확률은 매우 희박합니다.

콘텐츠가 건전하지 않으면 거기에 붙는 광고에도 악영향을 미칩니다. 유튜브는 이런 콘텐츠를 '광고주 비친화적 콘텐츠'라고 정의합니다. 해당 콘텐츠에는 **노란 달러**가 붙습니다. 노란 달러가 붙으면 광고가 거의 붙지 않습니다. 수익과 연계된 부분인지라 유튜브 측에서도 매우 엄격하게 검토하고 있습니다. 광고주 비친화적 콘텐츠로 분류되는 기준은 커뮤니티 가이드 위반 유형과 상당수의 항목이 겹치는데, 그중에서 차이가 있다고 판단되는 몇 가지 콘텐츠 유형만 말씀드리겠습니다.

논란의 소지가 있는 문제 및 민감한 사건	전쟁, 정치적 대립, 테러 또는 극단주의, 사망 및 참사, 성적 학대를 포함하나 이에 국한되지 않는 민감한 주제 또는 사건을 다루면 광고 부적합
마약, 위험 품목 또는 물질	불법 약물, 규제 약물이나 물질 또는 기타 위험 품목의 판매, 사용, 남용을 다루거나 조장하면 광고 부적합
가족 엔터테인먼트 캐릭터의 부적절한 사용	코미디나 풍자 목적일지라도, 가족 엔터테인먼트 캐릭터나 내용을 애니메이션 또는 실사로 모사하면서 폭력적, 성적, 악의적 또는 기타 부적절한 행동을 결부하면 광고 부적합

출처: 유튜브 고객센터(광고주 친화적인 콘텐츠 가이드라인)

이런 콘텐츠가 빈번하게 업로드되면 채널 수익 승인이 정지될 수 있으며, 채널 운영자는 문제가 된 콘텐츠를 수정하고 28일이 지난 뒤 유튜브에 채널 수익 재승인 신청을 할 수 있습니다.

06
시청자를 사로잡는
유튜브 광고 기획

써니TV에 사과 방송이 올라온 지도 벌써 일주일이 지났다. 오 대리는 약속대로 동영상 업로드를 중단했다. 여전히 김 대리의 전화도 받지 않았다.

김 대리는 사과 방송에 달린 댓글들을 모두 읽었다. 놀라웠다. 대부분의 댓글이 오 대리를 응원하고 격려하고 있었다. 팬들은 오 대리의 복귀를 기다리겠다고 했다. 단순한 시청자나 구독자가 아닌 진정한 충성 팬들이었다. 진심 어린 사과의 힘인 것 같기도 했다. 잘못에 대해 변명하기보다 문제를 솔직하게 인정하고 용서를 구하는 게 더 진정성 있었다.

- 김 대리님, 잠시 제 방으로 오시죠.

조 이사의 호출이었다. 김 대리는 가슴이 철렁했다.
'저작권 위배를 눈치채셨나? 어떻게 알았지?'

김 대리의 우려와 달리 조 이사는 저작권에 관해서는 전혀 모르는 것 같았다.
"대리님, 약속했던 50배는 언제쯤 가능할 것 같나요?"
"노력하고 있습니다. 아니 잘해보겠습니다."
"다름이 아니고 이제 2단계를 진행해보셔야죠."
"2단계요?"
"대리님이 보고할 때 얘기하셨잖아요. 채널 성장을 위한 세 가지 큰 그림."
"아! 혹시 광고 말씀인가요?"
"맞습니다. 이제 스스로 광고주가 되어보시기 바랍니다. 사실은 채널 시작할 때부터 광고를 동시에 진행할까도 고민해봤습니다. 하지만 그러기에는 준비가 너무 안 되어 있었죠. 광고 영상을 만들 방법도 없었고. 광고 영상을 외주에 맡기는 건 크리에이터의 자세가 아니겠죠? 지금은 웬만큼 준비가 되었을 것 같은데 가능하시겠어요?"
"한번 해보겠습니다."
"좋습니다."
"비용은 얼마나….'

"얼마면 되겠어요?"

"팀원들과 상의를 좀 해보겠습니다."

"하루에 만 원 어때요?"

"만 원이요?"

김 대리는 조 이사가 너무 인색하다는 생각이 들었다. 조 이사의 아버지인 조평강 대표이사는 짠돌이로 유명했다. 김 대리는 아들이 아버지를 똑 닮았다는 생각에 웃음이 나오려는 걸 간신히 참았다.

"너무 적다고 생각하시나요? 유튜브 광고 단가가 페이스북이나 네이버보다 낮아서 해볼 만할 텐데요. 금액을 많이 쓰는 게 중요한 건 아니에요. 적은 비용으로 많은 시청자를 불러 모으는 게 진짜 마케팅이죠. 유튜브 광고의 가장 큰 장점은 바로 효율성입니다. 자신의 광고가 소비자에게 도달한 만큼만 비용을 지불하면 되니까 대단히 경제적이죠. 아니면 아예 처음부터 예산을 잡아놓고 그 재정 규모 안에서만 광고를 집행해도 되고요. 유튜브 광고야말로 최소 비용으로 최대 효율을 얻을 수 있다고 생각합니다. 물론 광고 콘텐츠가 재미있다면 말이죠."

"한번 해보겠습니다."

"그리고 말이에요. 우리 채널에 방문하는 고객의 정보를 이용해서 다양한 활동들을 하고 싶어요. 프로모션 같은 것도 나중에 할 거니까 계획 좀 해놓으세요."

"알겠습니다."

"아, 하나만 더요. 제가 방치열 팀장님께 지시를 하나 할 거예요. 뉴미디어팀에 업무가 조금 가중될 수 있어요."

김 대리는 조 이사의 지시가 무엇인지 궁금했다. 하지만 명쾌하게 이야기해주지는 않았다.

김 대리는 광고 집행만큼은 스스로의 힘으로 해보고 싶었다. 명색이 마케팅팀 출신이었다. 사실 김 대리는 유튜브 광고 상품에 대해 다양한 자료를 미리 찾아두었다. 특히 **구글 애즈** 공식 채널에서 영상들을 하나씩 시청하며 관련 정보를 공부했다. 유튜브 광고 상품은 무척 다양했다. 구글 광고까지 범위를 확장하면 선택의 폭은 무궁무진했다. 김 대리는 일단 유튜브 동영상 광고에 집중하기로 했다.

유튜브 광고는 크게 두 가지로 분류할 수 있었다. 예약형 광고는 구글의 광고 부서를 통해서 예약해야 집행이 가능한 광고였다. 반면 입찰형 광고는 광고주들이 경매 형식으로 입찰해 광고 게재를 결정하는 방식으로, 구글 애즈에서 등록하면 되는 광고였다. 두 그룹 안에는 다양한 광고 형식이 더 있었지만 일단 김 대리는 가장 대표적인 광고 형식만 따로 정리했다.

예약형 광고	1. 마스트 헤드 광고 2. 건너뛸 수 없는 동영상 광고
입찰형 광고	1. 트루뷰 인스트림 광고 2. 트루뷰 디스커버리 광고 3. 범퍼 광고

조 이사의 말처럼 만 원을 활용해서 최소 비용 최대 효율을 얻으려면 **입찰형 광고**를 선택해야 했다. 광고주의 선택에 따라 단가가 정해지기 때문이다. 또한 아무리 입찰이 치열하더라도 예약형 광고보다는 단가가 낮았다.

'트루뷰(True View)'란 실제로 시청해야 광고 비용을 지불한다는 의미였다. 시청자가 광고를 본 만큼만 돈을 내면 되니까 가격도 합리적이었다. **트루뷰 인스트림 광고**와 **트루뷰 디스커버리 광고**는 노출 영역에 차이가 있었다. 전자는 유튜브에서 영상을 시청하기 전 혹은 영상 중간에 나오는 광고였다. 5초 동안 강제로 시청한 후 건너뛸 수 있는 동영상 광고로, 유튜브에서 가장 많이 활용되는 광고 형식이었다. 후자는 키워드 검색 결과나 시청 페이지의 추천 영상에 노출되는 광고였다. 마지막으로 **범퍼 광고**는 최근 각광받고 있는데, 6초 이내의 매우 짧고 임팩트 있는 광고였다. 하지만 6초 안에 모든 메시지를 넣어야 한다는 점에서 부담이 있었다.

김 대리는 토이팜 채널의 기존 콘텐츠와 형식이 비슷하지만 더 밀도 있는 영상을 만들어야겠다고 생각했다. 시간은 30초에서 1분 사이. 선택지는 트루뷰 인스트림 광고와 트루뷰 디스커버리 광고 둘 중 하나였다.

김 대리는 고민 끝에 트루뷰 디스커버리 광고를 선택했다. 트루뷰 인스트림 광고는 우리 영상을 시청하는 모든 사람에게 일방적으로 노출시키는 영상이지만, 트루뷰 디스커버리 광고는 직접 클릭해서 시청하기 때문에 더 좋은 효과를 낼 수 있었다. 아무래도 오랫동안 영상을 볼 가능성이 있었고, 검색이나 추천 영역에 노출되기 때문에 광고가 아닌 일반 콘텐츠로 인식할 가능성도 컸다. 클릭을 하든 하지 않든 추천 영역에 계속 노출이 되는 것도 장점이었다.

트루뷰 인스트림 광고	영상 시청 전과 영상 중간에 나오는 광고. 광고 영상이 30초 이상일 때는 30초 이상을, 30초 미만일 때는 끝까지 시청해야 광고 비용을 과금한다. ＊ 과금 방식: CPV(Cost Per View)
트루뷰 디스커버리 광고	검색 결과 상단 영역, 추천 영상 영역, 홈 화면에 노출되는 광고. 시청자가 영상의 이미지나 영상 제목을 클릭하면 시청이 카운팅된다. ＊ 과금 방식: CPV(Cost Per View)
범퍼 광고	영상 시청 전과 영상 중간에 나오는 광고. 6초 영상이라 '건너뛰기'는 없음. 노출 1000회당 비용을 지불한다. ＊ 과금 방식: CPM(Cost Per Mille)

김 대리는 본격적인 작업에 착수하기 전에 **과금 방식**이라는 것이 무엇인지 알아봤다. 유튜브 광고의 과금 방식으로는 크게 세 가지 정도가 있었다. 우선 CPC 방식은 시청자가 광고를 클릭하면 비용이 발생하는 과금 방식이었다. CPM 방식은 노출 1000회당 비용이 발생하는 방식이었고, CPV 방식은 시청자가 영상을 일정 시간 이상 시청하면 비용이 발생하는 방식이었다. 김 대리는 유튜브 광고 부분은 특히 더 공부할 것이 많다고 생각했다.

이제 공부한 것을 행동으로 옮길 차례였다. 최근에 올렸던 마트 계산기 놀이의 조회수가 꽤 높았다. 평균 시청 시간도 가장 길었다. 다음으로 인기가 좋았던 건 병원놀이, 미용실놀이, 캠핑카놀이, 주방놀이 순이었다.

마트 계산기 놀이 장난감 세트는 토이팜의 주력 상품 중 하나였다. 신상품은 아니었지만, 유행을 타지 않고 꾸준히 나가는 상품이었다. 선택을 마친 김 대리는 광고를 만들기 전에 고려해야 할 사항을 정리했다. 김 대리는 메모 앱을 꺼내 네 가지를 적었다.

하나, 콘텐츠가 너무 길면 거부감을 줄 수 있다. 30초 내외에서 1분 정도의 분량으로 만든다.

둘, 콘텐츠인지 광고인지 명확히 구별되지 않은 콘텐츠를 만든다. 쉽게 말해서 광고가 아닌 것 같은 광고 영상을 만든다.

셋, 짧은 영상인 만큼 지루할 틈을 주지 않는다.

넷, 시청자의 눈높이에 딱 맞춰서 만든다.

김 대리는 박 인턴과 함께 바로 영상을 제작했다. 기존의 방식을 활용하되 더 긴장감 넘치고 밀도 있게 55초짜리로 만들었다. 촬영 시간은 짧았지만 편집에는 오히려 더 많은 시간이 걸렸다. 완성한 광고 영상을 팀원들이 모여서 함께 봤다. 다들 나쁘지 않다는 반응이었다.

유튜브가 좋아하는 광고는
따로 있다

"오 대리님! 괜찮으신 거예요?"

김 대리는 자신도 모르게 오 대리의 손을 덥석 잡았다.

"저 아무 일 없이 잘 지내고 있어요."

애써 태연한 표정을 지었지만 얼굴이 반쪽이 된 듯했다.

"왜 그동안 연락이 안 된 거예요?"

"혼자 여행 좀 다녀왔어요. 솔직히 유튜브 하면서 사람들한테 좀 지쳤거든요. 잠시 생각할 시간이 필요해서요."

"잘하셨네요. 혼자만의 시간이 반드시 필요하죠."

"이제 다시 세상으로 돌아왔어요. 앞으로도 사람들과 공감하기 위해 계속 노력하려고요. 유튜브는 소통이 생명이니까요."

김 대리는 오 대리가 진정한 프로처럼 느껴졌다.

"그나저나 김 대리님이 가장 집요하게 연락하셨던데요?"

"앗, 죄송해요. 제가 방해가 됐네요."

"괜찮아요. 그만큼 저를 많이 생각하신다는 거니까."

김 대리는 속마음을 들킨 것 같았다.

오 대리가 김 대리를 데리고 간 곳은 성수동의 한 분위기 좋은 레스토랑이었다. 공장을 개조해서 만들었다지만 삭막한 분위기는 없었다. 오히려 네온사인 조명과 식물들이 어우러진 인테리어가 일품이었다. 오 대리는 레스토랑의 주인과 잘 아는 사이인 듯했다. 밀리터리 셔츠를 입고 굵은 뿔테 안경을 쓴 주인은 범상치 않은 분위기를 풍겼다. 김 대리는 주인의 뒷모습을 보고 속삭이듯 말했다.

"사장님이 멋쟁이시네요."

"그렇죠? 이 가게 주인분도 유튜브 크리에이터예요."

김 대리는 주인을 다시 한번 바라보았다.

"직접 작사 작곡한 곡을 기타 연주와 함께 불러주는 뮤직 크리에이터예요. 분위기 있는 노래들이라 인기가 정말 좋아요. 특히 여성들한테요. 유튜브 인기 덕에 가게 홍보도 자연스럽게 이루어졌어요. 지금은 커플들의 성지로 굉장히 유명해요."

"대단하네요."

"크리에이터 중에 대단한 사람들이 정말 많아요. 유튜브에서의 성공을 발판으로 삼아서 다양한 분야로 사업을 확장한 친구들도 꽤 있죠. '멀티잡', 'N잡러' 이런 말이 과언이 아니에요."

파스타와 피자, 그리고 맥주 두 병을 시켰다. 김 대리는 레스토랑 이곳저곳을 두리번거렸다. 김 대리는 오 대리에게 호감을 느끼고 있었지만 조용한 공간에 단 둘이 있는 건 여전히 어색했다. 이야기는 자연스럽게 유튜브로 흘러갔다. 김 대리는 유튜브 광고 집행에 관해 물었다.

"저도 유튜브 광고 집행은 안 해봤어요. 제 입으로 말하긴 민망하지만, 저는 시작부터 꽤 잘된 케이스라…. 물론 당시는 유튜브 초창기라 지금만큼 경쟁이 심하진 않았어요."

"저도 좀 일찍 시작할 걸 그랬어요."

"지금도 늦지 않았어요. 저는 유튜브 광고보다는 다른 크리에이터들과 컬래버레이션에 더 집중하고 있어요. 일종의 인플루언서 마케팅이라고 볼 수도 있겠네요. 모두가 상생하기 위해서 서로 협업하는 거죠."

"저도 유튜브 크리에이터들과 친하게 지내고 싶네요."

"언젠가 그럴 날이 오겠죠. 제가 도와드릴게요."

"사실은 조 이사님이 또 새로운 미션을 주셨어요."

"무슨 미션인가요? 궁금하네요."

"광고주가 되어라."

"광고 집행이 조 이사님의 지시였군요. 근데 광고를 집행하든 안 하든 크리에이터라면 광고주의 입장을 잘 헤아려야 해요. 광고주의 관점으로 콘텐츠를 바라보기도 해야 하거든요. 채널을 성장시키고, 콘텐츠를 성공시키는 것도 일종의 마케팅 활동이니까요. 사람들에게 내 채널과 콘텐츠를 어떻게 알릴 것인가의 문제이기도 하고요."

"그건 그래요."

"더욱 중요한 건 유튜브 플랫폼이 광고주들의 광고비로 운영되다 보니 구글이 늘 광고주들의 편에 선다는 거예요. 그래서 광고주 친화적인 콘텐츠를 만드는 게 아주 중요해요."

"광고주 친화적이요?"

"네, 광고주들이 자신들의 광고를 붙일 만한 가치가 있다고 판단하는 콘텐츠여야 해요. 그리고 광고를 붙이더라도 기업의 브랜드 이미지에 피해를 주지 않을 콘텐츠여야 하죠."

"유튜브가 승인 심사를 만든 이유를 인터넷 기사에서 봤어요. 테러 단체 등에서 게시한 극단적인 혐오 영상에 기업들의 광고가 붙었다고 하더라고요. 기업들이 강력하게 항의했고, 유튜브는 콘텐츠 검증을 더욱 확실하게 하겠다고 약속했다고 해요."

"그래서 유튜브는 시청자에게 악영향을 주는 콘텐츠를 반복적으로 올리는 채널들에 대해 계정 삭제 조치를 해요. 악영향까지는 아니지만 광고가 붙기에 적합하지 않다고 판단되는 콘텐츠에는 노란 달러를 붙이기도 하고요. 광고가 잘 안 붙도록 하는 거예요. 부적절한 콘텐츠가 계속되면 수익 승인 정지를 시키기도 해요."

"채널의 수익 승인이 정지되면 어떻게 해요?"

"채널의 콘텐츠를 모두 바꾸고 재심사를 요청해야죠. 아마도 최초의 심사 통과보다는 까다로운 기준이 적용되지 않을까요?"

"매번 느끼는 거지만 정말 신중하게 운영해야겠네요."

"맞아요. 저도 신중하지 못해서 이런 일을 겪은 거죠."

"대리님 잘못만은 아니잖아요."

"그렇게 말씀해주셔서 감사해요. 하지만 제 잘못이 맞고 책임도 제가 져야 해요. 제 채널에서 발생한 일이니까요."

김 대리는 위로할 말이 떠오르지 않았다. 둘 사이의 대화가 잠시 끊겼다. 대화가 돌고 돌아 결국 원하지 않는 방향으로 흘러간 것 같았다. 김 대리는 오 대리가 겪은 일에 관해서는 가급적 언급을 피하고 싶었다.

"암튼 오 대리님도 유튜브 광고는 잘 모르신다는 거죠? 대리님도 모르는 게 있었네요?"

"모르는 거 정말 많아요. 그래도 일단은 물어보세요. 제가 아는 만큼은 알려드릴게요."

김 대리는 트루뷰 디스커버리 광고를 하기로 결심했다. 그리고 그에 대한 오 대리의 의견을 들어보고 싶었다.

"제 생각도 대리님이랑 같아요. 어린이들은 광고를 끝까지 안 보고 넘기는 편이어서 일방적인 인스트림 광고보다 디스커버리 광고가 나을 것 같아요."

"역시 마음이 통하네요."

"그런데 기획하실 때부터 하나의 소스로 여러 형태의 광고를 만들어두시는 것도 좋을 것 같아요. 예를 들어서 1분짜리 트루뷰 디스커버리 광고를 만들되 범퍼 광고용으로 6초짜리도 염두에 두고 제작하자는 거죠."

"영상 길이는 1분 정도면 될까요?"

"요즘은 10분 가까이 되는 광고 영상들도 많이 올라와요. 근데 어린이 채널은 너무 길면 안 될 것 같아요. 1분 내외로 긴장감 있게 보여주면 될 듯해요."

"네, 알겠습니다."

"광고 영상은 최선을 다해서 만들어야 해요. **품질평가점수**가 중요하거든요."

"아, 맞아요!"

김 대리는 광고 집행에 품질평가점수가 중요하다는 걸 알고 있었다. 품질평가점수는 광고를 얼마나 잘 만들었는지 구글이 수치로 평가하는 것이었다. 품질평가점수가 높아야 저렴한 입찰가로도 광고를 운영할 수 있었다. 그리고 입찰가가 동일하더라도 광고 게재 순위가 높아졌다.

다양한 평가 기준이 있지만, 가장 중요한 것은 '클릭률'과 '광고 관련성', 그리고 '방문 페이지의 만족도' 등 세 가지 정도였다.

'클릭률'은 특정 키워드로 광고가 게재됐을 때 해당 광고가 시청자에 의해서 클릭될 가능성이 얼마나 높은지를 의미했다. 이전의 광고 실적들을 토대로 점수를 부여하기 때문에 계속 좋은 클릭률을 유지하는 게 중요했다. 만약 이번에 집행하는 광고의 클릭률이 높으면 앞으로 광고 집행에서 유리한 고지를 점령하는 것이다. 따라서 클릭률을 높이기 위해 매력적인 제목, 눈에 확 띄는 섬네일을 사용해야 했다.

'광고 관련성'은 사용자들이 검색한 키워드와 광고의 문구가 얼마나 관련성이 높은지를 평가하는 지표다. 역시나 키워드에 신경 쓰고 관련성이 높은 광고 문구를 잘 선택해야 했다.

마지막은 '방문 페이지의 만족도'였다. 광고를 클릭해 페이지에 방문한 사용자에게 해당 방문 페이지가 키워드와 얼마나 관련성이 있고 효과성이 있는지를 추정한 수치다. 사용자가 방문 페이지로 넘어가는 과정이 얼마나 쉬운지 등의 요소도 중요한 기준으로 적용된다. 만약 토이팜의 장난감 광고를 클릭한 사용자가 있다면 장난감을 구매할 수 있거나 제품을 소개하는 페이지로 보내야 한다. 생뚱맞게 여성 의류를 소개하는 페이지가 나오면 좋은 평가를 받을 수 없다.

김 대리는 또 일방적으로 도움을 받은 것 같았다.

"늘 도움만 받네요."

"그렇지 않아요. 대리님이랑 얘기하면서 저도 정리가 되거든요. 가르치는 보람도 쏠쏠하고."

"좋게 말씀해주셔서 감사해요."

"사실 대리님이 보내주신 메시지들 덕분에 위로를 많이 얻었어요. 진심이 담겨 있던 걸요? 대리님이 진심으로 나를 걱정해주는구나 싶더라고요. 김 대리님은 참 좋은 사람인 것 같아요."

김 대리의 가슴이 가쁘게 뛰었다. 김 대리는 맥주를 한 모금 크게 마셨다. 목으로 넘어가는 소리가 유난히 컸다. 오 대리가 재미있다는 듯 바라보고 있었다. 김 대리는 민망했다.

"퇴사하면 좋은 일만 있을 줄 알았어요. 그런데 막상 회사를 나오니까 마음이 편치만은 않더라고요. 유튜브에 내 모든 걸 걸어야 한다는 부담감 같은 거 때문에요. 준비가 덜된 것 같은 불안감과 언제 어떻게 될지 모른다는 두려움도 있었고요. 결국 이번 사태도 그래서 생긴 일이에요. 불안한 마음에 한 번도 해보지 않은 신규 브랜드와 손을 잡은 거예요. 검증도 하지 않고. 더 신경 썼어야 했는데…."

오 대리가 담담하게 말했다.

"그래도 잘 해결되신 거죠?"

"뭐, 하나씩 정리해봐야죠."

두 사람의 대화는 팀원들에 관한 얘기로 이어졌다. 김 대리는 박 인턴이 퇴사할지도 모른다고 얘기했다.

"고민이 많겠죠. 중요한 시기니까요."

"맞아요."

그동안 김 대리는 박 인턴의 진로보다 박 인턴이 빠지면 발생할 업무 공백에 두려움을 느끼고 있었다. 박 인턴이 하던 일의 상당 부분을 자신이 맡아야 하기 때문이다. 김 대리는 박 인턴의 상황을 더 깊이 이해해야 한다고 생각했다.

두 사람의 대화는 늦도록 이어졌다. 김 대리는 시간이 가는 게 아쉬웠다. 취기가 올라왔다.

"사실은 김 대리님께 드릴 말씀이 있어요."

오 대리가 무언가 작심한 듯 비장한 표정을 지었다. 김 대리는 가슴이 터질 것 같았다.

'서, 설마 혹시? 고백?'

오 대리는 잠시 뜸을 들였다.

"김 대리님도 얼른 개인 채널 하나 만드세요. 잘하실 것 같아요."

"네?"

맥이 빠져버렸다. 김 대리는 허탈한 목소리로 물었다.

"제가 잘할 수 있을까요?"

"그럼요. 제가 도와드릴게요."

오 대리가 환하게 웃었다.

08

마케팅 효과를
극대화하는 광고 집행

김 대리는 본격적으로 유튜브 광고를 집행했다. 유튜브 광고는 구글 애즈를 사용하면 됐다. 김 대리는 먼저 광고 집행의 전체적인 그림을 그려봤다.

1단계	2단계	3단계	4단계
구글 애즈 계정 만들기	캠페인 등록하기	광고그룹 만들기	동영상 광고 만들기

유튜브 광고의 첫 단계는 **구글 애즈 계정** 만들기였다. 구글 홈페이

지에서 '구글 광고', '구글 애즈' 등의 키워드를 검색하자 구글 애즈 홈페이지가 나왔다.

해당 페이지로 이동해 기본적인 정보를 입력하자 구글 애즈 계정이 곧바로 생성됐다. 김 대리는 유튜브를 하면서 새로운 과정에 직면할 때마다 늘 긴장했다. 하지만 매번 절차가 간단했고 어렵지 않게 상황을 해결할 수 있었다. 김 대리는 유튜브가 사용자 편의성을 크게 고려한 플랫폼이라 생각했다.

다음 단계는 **캠페인** 등록이었다. 캠페인은 광고 집행에서 가장 중요한 단계다. 광고와 관련된 모든 기본 정보를 입력해야 하기 때문이다.

'캠페인-광고그룹-동영상 광고'는 각각 서로 하위 개념이었다. 캠페인 아래 여러 하위 광고그룹이 있고 또 그 안에 또 여러 동영상 광고가 있었다.

김 대리는 순서에 따라 캠페인 등록을 진행했다. 캠페인 등록 시 각 단계에서 정해야 할 것은 다음과 같았다.

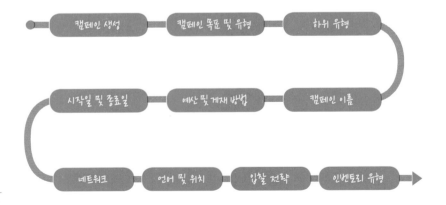

캠페인은 캠페인의 이름과 더불어 관련 예산과 일정, 그리고 입찰 전략을 정하는 게 핵심이었다. 전체적인 흐름을 따라가자 어렵지 않게 입력할 수 있었다.

다음으로 **광고그룹**을 만들어야 했다. 광고그룹 설정의 핵심은 타기팅이었다. 김 대리가 알기로 구글 광고의 타기팅은 모든 플랫폼 중 가장 정교하고 정확했다. 따라서 그만큼 신중한 선택이 필요했다. 너무 세부적으로 선택하면 타기팅 범위가 좁아질 수 있었다.

사용자 기반 타기팅	콘텐츠 기반 타기팅
인구통계 타기팅 잠재고객 타기팅	키워드 타기팅 주제 타기팅 게재위치 타기팅

'사용자 기반 타기팅'은 사용자에 포커스를 두고 광고를 싣는 방식이었다. 일반적으로 다른 플랫폼에서도 이 방식을 활용했다. 구글은 지메일이나 유튜브 등의 접속 정보와 행동 패턴을 이용해 사용자 기반 정보 데이터를 확보했다.

'인구통계 타기팅'은 연령, 성별, 자녀 유무, 가계 소득 등의 정보를 통한 타기팅이었다. 만약 오 대리처럼 뷰티 채널이라면 이 방식이 적절했다. 오 대리의 채널을 이용하는 사용자는 대부분 여성이고, 연령은 18세에서 24세, 25세에서 34세에 주로 분포하기 때문이다. 하지만 어린이를 대상으로 하는 채널에는 적합하지 않다. 유튜브 스튜디오에서 확인했듯 실제 시청 연령과 통계에서 확인되는 연령은 차이가 있기 때문이다. '잠재고객 타기팅'은 관심 분야 및 습관 정보를 활용한 방법이었다. 관심 분야와 구매 의도에 따라 타깃을 정할 수 있었다.

김 대리는 '콘텐츠 기반 타기팅'에 더 관심이 갔다. 콘텐츠 기반 타기팅은 광고 영상이 게재되는 지면을 기반으로 타깃을 정하는 방식이었다. 즉, 사용자의 특성을 분석하는 것이 아니라, 내 상품과 서비스에 관심을 가질 만한 사용자들이 즐겨 보는 다른 영상을 파악해 해당 영상을 중심으로 광고를 노출하는 방식이었다. 파악하는 방법은 주로 키워드나 주제를 통해서였다. 김 대리는 콘텐츠 기반 타기팅이야말로 유튜브 광고의 꽃이라고 생각했다.

'키워드 타기팅'은 내 영상에 관심을 가질 만한 사용자들이 유튜브에서 어떤 영상을 즐겨 보는지 확인하고, 해당 영상의 제목과 설명 문구, 태그 등에 있는 키워드를 기반으로 타깃을 좁히는 방식이었다. 따라서 광고를 봐야 할 주요 소비자들이 유튜브에서 어떤 키워드를 검색할지 찾아내는 것이 중요했다.

'주제 타기팅'은 20여 개의 '대카테고리'와 100여 개의 '소카테고리' 중에서 원하는 것을 선택하는 방식이었다. 따라서 키워드 타기팅보다 조금 더 쉽게 접근할 수 있었다.

김 대리가 선택한 것은 '게재위치 타기팅'이었다. 이는 광고를 싣고 싶은 채널이나 콘텐츠를 광고주가 직접 선택하는 방식이었다. 김 대리는 채널을 기준으로 선택하기로 했다. 특정 영상 하나를 선택한다면 자칫 노출 범위가 줄어들 수 있었다. 더욱이 인기 영상은 경쟁률이 치열해 CPV 비용이 높아질 수 있었다. 김 대리는 토딩TV를 포함해 평소에 모니터링했던 장난감 키즈 채널, 그리고 애니메이션 채널 중에서 예닐곱 개를 선택했다. 그리고 채널 타기팅을 선택했다. 끝으로 광고의 평균 단가를 입력해야 한다. 김 대리가 염두에 둔 트루뷰 디스커버리 광고의 CPV 평균 단가는 30원에서 50원 정도였다. 김 대리는 과감하게 80원을 입력했다.

마지막은 **동영상 광고 만들기**였다. 유튜브 광고를 집행하려면 해당 광고 동영상을 채널에 미리 업로드해두어야 했다. 그리고 '공개'나 '미등록'으로 설정해두어야 했다. 김 대리는 광고 동영상을 일찌감치 업로드해두었다. 광고 동영상을 등록하는 칸에 URL 정보를 입력해 동영상을 불러왔다. 동영상 광고 형식으로는 '트루뷰 디스커버리 광고'를 선택했다(캠페인 등록 시 결제 방식으로 이미 CPV 방식을 선택했기 때문에 범퍼 광고나 아웃스트림 광고는 선택이 되지 않았다). 트루뷰 디스커버리 광고는 섬네일을 노출시키는 광고 형식이다. 따라서 시청자의 눈을 사로잡을 수 있는 매력적인 섬네일이 필요하다.

이제 모든 게 끝났다. 김 대리는 좋은 성과가 나오길 간절히 기원했다.

구글 애즈로
유튜브 광고 집행하기

구글 애즈 홈페이지에 접속해 필요한 정보를 입력한 후 구글 애즈 계정을 생성합니다. 계정을 생성한 뒤 **'캠페인 만들기 → 광고그룹 만들기 → 동영상 광고 만들기'**의 순서로 광고 집행 준비를 마치면 됩니다. 캠페인은 광고주가 원하는 광고 내용의 일반적인 개요를 정리한 큰 틀이고, 광고그룹은 그 내용을 구체화한 하위 종속 개념입니다.

구글 애즈 계정 생성 화면

캠페인 만들기

▶ 좌측 목록에서 '캠페인'(**1**)을 클릭합니다.

▶ 새롭게 뜨는 창에서 '더하기 버튼'(**2**)을 클릭해 '새 캠페인'을 선택합니다.

▶ 이제 캠페인의 목표를 설정해야 합니다. '목표에 따른 안내 없이 캠페인 만들기'(❸)를 선택합니다.

▶ 여기서는 동영상을 활용한 광고를 집행할 것이므로, '동영상'(❹)을 선택한 뒤 '맞춤 동영상 캠페인'(❺)을 클릭하고 '계속'을 누릅니다. '맞춤 동영상 캠페인'을 선택하면 추후 트루뷰 인스트림 광고, 트루뷰 디스커버리 광고, 범퍼 광고 등 입찰형 광고를 집행할 수 있습니다.

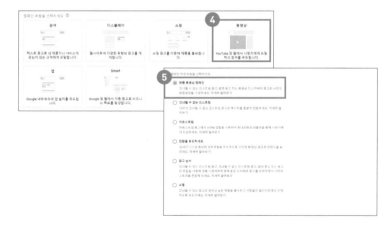

▶ '캠페인 이름'(❻)을 입력하고 '예산 및 날짜'(❼)를 정합니다. '입찰 전략'(❽)
은 '최대 CPV', '타깃 CPM' 중 하나를 택합니다. 트루뷰 인스트림 광고, 트루
뷰 디스커버리 광고는 '최대 CPV'을, 범퍼 광고는 '타깃 CPM'을 고릅니다.

❗ 구글 애즈에서는 '타겟', '타겟팅'으로 표기하지만 우리 책에서는 외래어 표기법에 의거해
'타깃', '타기팅'으로 통일하여 표기하였습니다.

❗ 캠페인 이름은 광고를 집행하는 상품과 성과 등을 한눈에 알아볼 수 있도록 지어야 합니
다. 또한 여러 개의 캠페인을 진행했을 때 구분이 잘 되도록 명확하게 짓는 게 좋습니다.

❗ 예산액은 일일 예산과 총 예산 중 원하는 항목을 선택할 수 있습니다. 날짜는 캠페인의 시
작일과 종료일을 정할 수 있는데, 종료일은 따로 설정하지 않아도 됩니다. 상황에 따라 광고
주가 직접 광고를 올리거나 내리기를 반복하기도 합니다.

▶ '네트워크'(**9**)는 광고 노출 범위입니다. 세 가지 중 원하는 것을 모두 체크합니다. 다음으로 '언어'(**10**)와 '위치'(**11**)를 설정합니다.

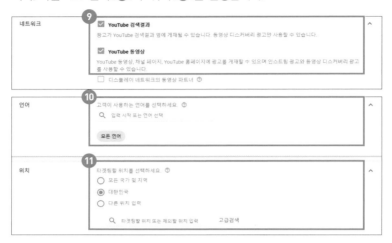

❶ '네트워크'에서 '유튜브 검색결과'는 동영상 광고를 트루뷰 디스커버리 광고로만 노출시키겠다는 뜻입니다. '유튜브 동영상'은 트루뷰 인스트림 광고, 트루뷰 디스커버리 광고, 범퍼 광고 등 다양한 광고 형식이 모두 가능합니다. '디스플레이 네트워크의 동영상 파트너'를 선택하면 구글과 제휴가 되어 있는 외부 파트너사의 지면을 활용하겠다는 뜻입니다. 단, 해당 항목을 체크하면 유튜브 내부 광고가 줄어들 수도 있습니다.

▶ 마지막으로 '인벤토리 유형'(**12**)을 선택합니다. 자신의 광고 동영상이 노출되는 콘텐츠의 건전성과 안정성이 걱정된다면 인벤토리 유형을 '제한된 인벤토리'로 선택하면 되고, 최대한 많은 확산을 추구한다면 '확장된 인벤토리'를 선택하면 됩니다. 또한 자신의 광고가 노출되는 광고 유형과 콘텐츠 형태를 직접 선택할 수도 있습니다.

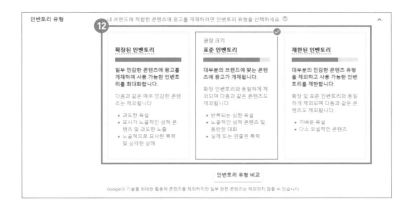

광고그룹 만들기

광고그룹 생성 단계에서 핵심 내용은 타기팅과 광고 입찰가 설정입니다. 참고로 하나의 광고그룹에서 트루뷰 인스트림 광고와 트루뷰 디스커버리 광고를 한꺼번에 집행할 수는 없습니다. 각각의 광고그룹으로 등록해야 합니다.

▶ '광고그룹 이름'(❶) 역시 캠페인 이름처럼 쉽고 명확하게 지어야 합니다. 다음으로 타기팅 기준을 정해야 합니다. '사용자 기반 타기팅'(❷)과 '콘텐츠 기반 타기팅'(❸) 두 가지 중 하나를 택할 수 있습니다. 그런 다음 '최대 CPV 입찰가'(❹)를 입력합니다.

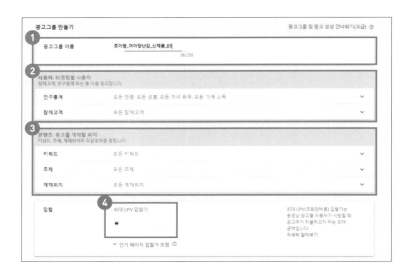

동영상 광고 만들기

▶ 생성한 광고그룹에 광고를 집행하고자 하는 광고 동영상을 등록합니다(①). 앞서 캠페인을 만들 때 설정한 '입찰 전략'에 따라 '동영상 광고 형식'(②)을 지정할 수 있습니다.

▶ '동영상 디스커버리 광고'를 선택한 경우 섬네일을 고를 수 있습니다(❸). 마지막으로 광고 제목과 설명을 적어줍니다(❹). 하단의 '저장하고 계속하기'를 클릭하면 광고 집행 준비를 마치게 됩니다.

인생은
타이밍이다

"보험설계사를 하겠다고?"

금요일 퇴근을 앞둔 시간이었다. 박 인턴의 얘기에 김 대리는 멍해졌다.

"공무원 시험 같이 공부했던 친구가 보험 왕이 됐다고 하더라고요. 1년에 1억 넘게 번대요. 그 친구 정말 평범했는데 그렇게 크게 성공할 줄 몰랐어요."

김 대리도 잘나가는 보험설계사들의 수익이 높다는 건 알고 있었다. 문제는 모든 보험설계사가 고수익을 올리는 건 결코 아니라는 사실이었다. 사실 모든 일이 그랬다. 성공하는 사람도 있지만 실패하는 사람은 더 많다. 유튜브 역시 마찬가지였다. 한 달에 억대의 수입을 올리는 유튜버가 있는가 하면 용돈벌이도 못 하는 유튜버도 있었다.

"뭘 해도 지금보다 나빠지진 않을 것 같아요. 인생은 타이밍이잖아요. 지금이 바로 선택의 타이밍인 것 같아요."

박 인턴은 단호했다.

"왜 지금이 선택의 타이밍이야?"

"결심이 굳어졌으니까요."

"보험 일이 적성에 맞을 것 같아? 내 생각에 박 인턴은 혼자 몰두해서 뭔가를 만드는 게 더 적성에 맞을 것 같은데."

"적성에 맞는 일, 좋아하는 일만 하고 살 수 있나요? 돈 벌려면 뭐든 해야죠."

'좋아하는 일, 적성에 맞는 일을 해야 돈을 벌 가능성이 조금이라도 생기는 거야. 돈을 좇으면 돈을 못 벌어.'

김 대리는 입안에 맴도는 말을 꿀꺽 삼켰다.

"회사는 그만두는 거야?"

"아무래도요."

"보험 일은 언제부터 할 거야?"

"조만간요. 다음 주쯤 이사님께 말씀드리려고요. 일단 다른 분들께는 계속 비밀로 해주세요."

김 대리도 박 인턴의 상황을 이해하지 못 하는 건 아니었다. 공무원 시험을 준비하느라 취업이 늦어졌다. 그런데 아직 인턴 신분이다. 월급이 또래 직장인 평균보다 한참 아래고 앞으로의 미래도 불투명하다. 박 인턴이 결단을 해야 하는 시기인 건 분명해 보였다.

김 대리는 수연을 만나러 왔다. 늘 그랬듯 수연이 먼저 연락해왔고 장소도 수연이 정했다. 금요일 저녁 인사동 거리는 사람들로 북적였다. 김 대리는 구름 같은 인파 속에서 거북이걸음을 했다. 수연은 평소와 달리 진한 색조화장을 하고 나왔다. 의상도 화려했다. 확 달라진 그녀의 모습에 김 대리는 의아한 기분마저 들었다.

두 사람은 수연의 화려한 차림과 맞지 않는 백반 집으로 들어갔다. 전통 한옥을 개조한 집이었다. 식당에는 외국인 단체 관광객들이 식사를 하고 있었다. 한국을 찾는 외국인들이 꾸준히 늘고 있었다. 김 대리는 한국 문화, 이른바 한류의 힘이 아닐까 싶었다. 최근 한 아이돌 그룹은 빌보드를 접수했다. 그야말로 폭발적인 인기를 누리고 있다.

'한국의 문화를 소개하는 글로벌 채널을 만들면 어떨까?'

김 대리는 잠시 생각해봤다. 하지만 그런 채널은 넘치도록 많을 게 분명했다. 어떤 주제를 선택하든 차별화가 필요했다. 차별화 지점이 없다면 일단은 더 고민해봐야 했다.

돌솥비빔밥과 제육볶음을 주문했다. 두 사람은 말없이 밥을 먹었다. 단체 관광객들이 썰물처럼 빠져나가자 식당은 조용해졌다. 말없이 계속 식사만 하다 보니 김 대리는 밥이 목구멍으로 잘 넘어가지 않았다. 늘 했던 영화, 유튜브 얘기도 길게 이어지지 못했다. 김 대리는 수연의 눈치를 봤다. 그녀의 표정이 좋지 않았다.

"수연 씨, 회사에서 무슨 안 좋은 일이라도 있었나요?"

김 대리의 질문에 수연은 작게 고개를 저었다. 그리고 짧게 답했다.

"아뇨."

식사를 마친 두 사람은 전통 찻집으로 들어갔다. 찻집은 사람들의 인적이 뜸한 골목 끝자락에 있었다. 찻집에서는 조용필의 노래가 흘러나오고 있었다. 수연은 무언가 얘기를 꺼내려다 몇 번 주저했다. 뜸을 들이던 그녀가 결국 입을 열었다.

"근데 지태 씨는 왜 먼저 연락 한번 안 하세요?"

수연이 서운한 표정으로 말했다. 김 대리는 한 대 얻어맞은 것 같았다. 그러고 보니 수연의 말대로 먼저 연락한 적이 한 번도 없었다.

"죄송합니다. 너무 바빠서."

"남자들 바빠도 할 건 다 하던데…."

잘못한 건 없었지만 김 대리는 죄인처럼 고개를 숙였다. 냉기가 흘렀다.

"앞으로 자주 연락을…."

"됐어요. 엎드려 절 받기도 아니고."

"아, 네."

"근데요. 우리 무슨 사이예요?"

점입가경이었다. 김 대리는 두 사람이 특별한 사이라는 생각은 해본 적이 없었다. 그저 여자 사람 친구 정도의 감정밖엔 느끼지 못했다.

김 대리는 수연의 마음을 깊이 헤아리지 못한 것 같아 미안했다. 어쩌면 자신과는 전혀 다른 감정을 가지고 있을지도 몰랐다. 자신의 부족한 공감 능력을 탓했다. 만남을 지속하는 게 수연에 대한 예의가 아니라는 것을 새삼 깨달았다.

"좋은 친구 사이 아닐까요?"

"그게 뭐예요!"

다시 정적이었다. 수연이 결심했다는 듯 입술을 굳게 깨물었다. 그리고 잠시 후 입을 열었다.

"저에 대해서 호감은 있으세요?"

"사실 확신이 드는 단계는 아니지만 그래도 싫진 않은 것 같아요."

양심에 찔렸지만 그렇다고 해서 거짓말을 할 순 없었다.

"그래서 말인데요. 저랑 진지하게 만나볼 생각 있으세요?"

"네? 그러니까 수연 씨 얘기는….""

김 대리는 말끝을 흐렸다. 수연은 고개를 끄덕였다.

"생각하시는 게 맞아요. 사귀자고요."

"제가 어디가 좋으세요? 어느 곳 하나 특출한 데도 없고 너무 평범하잖아요."

"평범한 게 좋은 거죠. 그래서 사귀자는 거예요."

김 대리는 조금만 생각할 시간을 달라고 했다. 수연은 상심한 표정이었다. 하지만 김 대리 입장에서는 섣불리 대답할 수 없었다.

김 대리는 박 인턴이 아니라 자신이야말로 중요한 선택의 문제에 직면했다고 생각했다.

10

유튜브와 SNS의
컬래버레이션

"김 대리, 조 이사님 어떻게 구워삶은 거야?"

방치열 팀장이 말했다. 김 대리는 방 팀장의 얘기가 뜬금없다고 생각했다. 무슨 얘기를 하려는지 이해할 수 없었다.

방 팀장에게 회의실에서 잠시 보자는 메시지를 받았을 때부터 김 대리는 마음이 무거웠다. 그에게서 좋은 말을 들어본 기억이 없기 때문이다.

"무슨 말씀인가요?"

"시치미 뗄 거야? 조 이사님이 SNS 계정을 뉴미디어팀으로 넘기라고 지시했는데 이래도 발뺌이야?"

김 대리는 그제야 일전에 조 이사가 했던 이야기를 떠올렸다. 조 이사는 SNS를 활용한 업무를 뉴미디어팀으로 모두 옮기려는 듯했다.

마케팅팀은 오래전부터 블로그와 페이스북을 운영해왔다. 최근에는 인스타그램 계정도 만들었다. 마케팅팀은 SNS 계정에 이벤트와 프로모션 공지를 꾸준히 올렸다. 신제품 관련 소식이나 행사 정보 등을 올리는 건 분명 올바른 운영 방식이었다. 하지만 SNS를 그런 용도로만 사용한다는 게 문제였다. SNS를 효율적으로 활용하려면 좋은 콘텐츠의 기획이 필요했다.

"김 대리, 요즘 회사들이 왜 **플랫폼 마케팅**에 열광하는 줄 아나?"

"운영비가 적게 들기 때문 아닐까요?"

"맞아. 그런데 더 중요한 건 사람들이 많이 모이기 때문이야. 수많은 사람이 이용하는데 운영비는 거의 공짜라면 해볼 만한 일 아닌가?"

방 팀장은 김 대리를 바라봤다. 한 번도 본 적 없는 부드러운 눈빛이었다.

"그동안 내가 뉴미디어팀을 좀 얕잡아 봤어. 그런데 시간이 지날수록 뉴미디어를 활용한 브랜딩 방안을 제법 찾아가고 있다는 생각이 들더군."

방 팀장의 목소리에는 다정함마저 감돌고 있었다. 김 대리는 멋쩍은 표정으로 고개를 끄덕였다.

"한길수 대리한테 계정 정보 전달하라고 지시해놨네. 한번 잘해봐. 그런데 말이야, 마케팅팀에 있을 때 이렇게 적극적으로 했으면 좀 좋왔겠어?"

방 팀장이 씩 웃었다. 잠시 주저하던 김 대리도 덩달아 웃음을 지었다.

김 대리는 한 대리에게 건네받은 SNS 계정에 들어가봤다. 토이팜 SNS는 찾는 사람이 거의 없는 황량한 사막 같았다. 게시물에는 좋아요도, 댓글도 거의 달리지 않았다.

김 대리의 생각에 유튜브와 SNS는 닮은 점이 많았다. 메모 앱을 꺼내 공통점을 적어봤다.

> 좋은 콘텐츠가 필요하고,
> 최적화된 키워드를 사용해야 하고,
> 사용자와 소통해야 한다.

결론적으로 운영의 본질이 비슷했다. 하지만 차이점도 존재했다.

블로그는 가장 오래전부터 활용되어온 플랫폼으로 텍스트 기반의 콘텐츠가 주를 이루었다. 글과 사진의 반복으로 정보를 전달하고 전문적인 콘텐츠가 많다. 또한 사용자들이 키워드 검색을 통해서 적극적으로 찾아온다.

페이스북은 뉴스피드를 통한 파급력이 굉장히 뛰어나다. 친밀한 상호작용이 가능하기 때문에 팬을 관리하기에 적합하다. 전문적인 내용보다는 개인의 일상처럼 소소한 내용들이 많다.

인스타그램은 최근에 각광받고 있는 플랫폼이다. 주로 2030 세대의 여성들이 사용한다. 따라서 패션이나 뷰티 등의 콘텐츠를 다루기에 적합하다. 감수성 넘치는 이미지를 활용해 콘텐츠를 구성해야 한다. 생명력 넘치고 매력적인 이미지가 필수이며 짤막한 멘트와 해시태그를 활용한다.

그중에서도 김 대리는 인스타그램에 주목했다. 떠오르는 플랫폼인 데다 주로 여성들이 활용한다는 사실이 인상적이었다. 자녀, 친구, 혹은 조카의 장난감을 선물하고 싶은 젊은 여성들을 타기팅할 수 있을 거라 판단했다.

유튜브와 SNS 운영은 기본적으로 **원소스 멀티유즈(One-Source Multi-Use)**가 가능했다. 하지만 각각의 플랫폼의 문법에 맞게 가공해서 사용해야 했다. 완벽히 똑같은 콘텐츠를 여기저기 올리는 건 효과가 떨어질 듯했다.

물론 운영의 중심은 유튜브가 돼야 했다. 유튜브는 일종의 **마케팅 정거장**이었다. 김 대리는 토이팜 채널의 채널 아트에 SNS 경로를 넣는 방안도 떠올렸다. 링크를 통해 채널을 방문한 사용자들이 자연스럽게 토이팜 SNS로 이동할 수 있다. 그러면 뉴미디어 채널들이 전체적으로 살아날 가능성이 있었다.

5장

개인 채널로
글로벌 크리에이터
되기

유튜브의 가장 큰 장점은 한 명의 크리에이터가 콘텐츠 기획부터 제작, 노출, 마케팅까지 모든 일을 혼자서, 그것도 시공간의 제약 없이 해낼 수 있다는 것입니다. 국경과 언어의 장벽도 없어서 검증된 기술과 노하우만 있다면 누구나 자신의 콘텐츠로 글로벌 무대에 당당히 도전장을 낼 수 있습니다. 토이푸딩처럼 말이죠.

이번 장에서는 성공적으로 회사 채널을 운영한 김 대리가 개인 채널을 개설해 성장하는 과정을 소개합니다. 바야흐로 1인 미디어 시대에 김 대리는 회사가 아닌 자신의 이름으로 글로벌 크리에이터로 자리매김할 수 있을까요?

01
김 대리,
스카우트되다?

유튜브를 시작한 지 3개월이 지났다. 한 달간의 유튜브 광고 집행도 끝이 났다. 한 달 동안 여러 가지 일이 있었다.

우선 오 대리가 유튜브 활동을 다시 시작했다. 구독자와 팬들의 응원 덕분이었다. 오 대리의 유튜브에는 연일 격려와 응원의 댓글이 달렸다. 오 대리는 팬들의 성화에 때 이른 복귀를 결정했다.

박 인턴은 보험설계사가 되는 걸 포기했다. 박 인턴은 퇴근 후와 주말을 이용해서 열심히 보험 상품 컨설팅을 했다. 적지 않은 시간을 들인 듯했다. 하지만 예상보다 더 적성에 맞지 않았다. 박 인턴은 주로 친구들과 친척들에게 보험 상품을 권유했다. 하지만 돌아온 반응은 대부분 싸늘했다.

　박 인턴이 보험설계사를 포기하겠다고 선언한 날 김 대리는 술을 사주었다. 둘이서 술을 마신 건 처음이었다. 김 대리는 박 인턴이 그 만두지 않는다는 사실이 마냥 기뻤다. 하지만 박 인턴이 처한 상황을 깊이 이해하자 자신의 생각이 경솔했음을 깨달았다.

　박 인턴은 학자금 대출뿐 아니라 부모님에게 용돈도 꼬박꼬박 드리고 있었다. 거기다 월세와 교통비, 통신비, 식대까지 감당해야 했다. 인턴 월급으로는 빠듯할 터였다. 그래서 박 인턴은 홀로 반지하 원룸에 살고 있었다. 김 대리는 박 인턴을 반드시 정규직으로 만들어주어야겠다고 다짐했다.

한 달 동안의 광고 결과는 절반의 성공이었다. 기대에는 많이 못 미쳤다. 김 대리는 성과보고서를 매일 들여다보면서 추이를 지켜봤다. 그리고 상황에 따라 광고 옵션을 바꿨다. 게재 위치에 따라 새로운 캠페인을 만들고 CPV 비용과 광고 일정 등도 수시로 수정했다.

　하지만 구독자가 100명 정도 늘어나는 정도의 성과에 그쳤다. 비용 대비 효율이 크지 않은 것 같아 실망스러운 마음이 들었다. 하지만 김 대리는 경험을 해본 것에 만족하기로 했다. 그리고 앞으로 더 잘 해내겠다고 다짐했다.

　조 이사의 호출을 받은 김 대리는 광고 결과를 어떻게 설명해야 할지 갈피를 잡지 못했다. 하지만 조 이사는 이미 다 알고 있다는 듯 성과에 대해 추궁하지 않았다.

"이번에 신제품이 출시됩니다. 제품 홍보에 주력해주세요."

"네, 알겠습니다."

"조만간 마지막 미션을 드릴 겁니다. 김 대리님이라면 잘 부응해주시리라고 믿어요."

조 이사와 면담을 마치고 사무실로 돌아오자 짐을 싸고 있는 장충모 차장의 모습이 보였다. 놀란 김 대리와 달리 장 차장의 표정은 비교적 여유로워 보였다. 장 차장은 김 대리를 향해 싱긋 웃었다.

토이팜에서 마케팅 총괄이사로 있던 장충근 이사가 경쟁사인 판타스틱토이로 이직했다는 사실은 김 대리도 알고 있었다. 대부분의 직원들은 장충모 차장 역시 판타스틱토이로 옮길 거라 확신하고 있었다.

"김 대리, 나 좀 잠깐 볼까? 다른 사람한테는 말하지 말고 혼자 조용히 나와."

짐 정리를 마친 장 차장이 작게 말했다.

"네? 스카우트 제의요?"

김 대리가 큰 소리로 대답했다.

"쉿!"

장 차장이 손가락으로 입을 막으며 주위를 두리번거렸다. 다행히 카페에는 장 차장과 김 대리 말고는 아무도 없었다.

"김 대리도 알지 모르겠는데 요즘 판타스틱토이 채널 상황이 좀 안 좋아. 진행자도 두 번이나 바뀌었고 팀원 절반이 퇴사를 했지."

"잘되고 있는 줄 알았어요. 갑자기 왜 그래요?"

"갑자기는 아니고 처음부터 구성이 잘못된 거지. 아무튼 윗분들 기대에 영 못 미쳐. 공격적으로 투자한 것치고는 성과가 지지부진하니까. 뭐, 세상에 쉬운 일이 어디 있겠어? 영상 좀 찍는다는 사람들 데리고 와서 일 시켜도 쉽지 않은 거 김 대리도 잘 알잖아. 운영이 중요한데 말이야."

"콘텐츠도 중요하고 운영도 중요하죠."

"그래서 말인데, 내가 김 대리를 추천했어."

"저를요? 저를 왜…."

"예산도 없는데 채널을 이만큼 키워놨으니 추천할 만하지."

"고민 좀 해볼게요."

"고민은 짧을수록 좋아. 이왕 말이 나온 김에 하는 말인데, 우리 팀 다 데리고 갈까? 찬밥 대우 받는 거 지겹지 않아?"

장 차장은 판타스틱토이에서 자신의 세력을 구축하고 싶은 듯 보였다.

뉴미디어팀의 상황은 여전히 불투명했다. 차 과장과 박 인턴의 얼굴을 떠올리자 김 대리는 머리가 더 복잡해졌다. 김 대리의 고민을 눈치챘는지 장 차장이 못을 박듯 말했다.

"이봐, 김 대리. 인생은 타이밍이야. 알지?"

02

N잡러의 필수 플랫폼, 유튜브

나른한 토요일, 김 대리는 오랜만에 늦잠을 잤다. 12시쯤 일어나 터덜 거리며 식당으로 향했다. 주말에는 늘 그렇듯 인근 식당에서 혼자 밥을 먹었다. 자신과 비슷한 처지의 사람이 두 명 더 보였다. 스마트폰을 보면서 식사를 하고 있었다.

김 대리는 장 차장의 제안이 문득 떠올랐다. 좀처럼 결정을 내리기가 어려웠다.

저녁에는 오 대리를 만났다. 한 달 만이었다. 오 대리의 밝은 표정에 김 대리의 마음도 덩달아 밝아졌다. 두 사람은 그동안 있었던 일들에 대해 수다를 떨었다.

박 인턴의 상황에 관해서는 오 대리도 무척 신경이 쓰이는 모양이었다.

"박 인턴도 자취하는데 불러볼까요?"

김 대리의 제안에 오 대리가 고개를 끄덕였다.

– 두 분이 오붓하게 보내세요. 저도 ~ 치는 있어요

박 인턴에게서 온 메시지를 보여주자 오 대리는 크게 웃음을 터트렸다. 주위 사람들이 흘끔거리며 오 대리를 바라봤다. 김 대리는 오 대리의 눈치를 살폈다. 그녀는 웃기만 할 뿐 별다른 반응을 보이지 않았다.

"자식 별 얘기를 다 하네."

김 대리는 오 대리가 들으라는 듯 크게 혼잣말을 했다.

"유튜브 광고를 집행했는데 기대에 못 미치네요."

"첫술에 배부를 수 있나요? 광고 집행도 다 노하우가 필요한 일인 걸요. 차차 좋아지실 거예요."

오 대리가 다정하게 말했다. 이야기는 자연스럽게 장 차장의 제안으로 옮겨갔다.

"오늘 하루 종일 고민했는데 결정을 못 내렸어요. 어쩌죠?"

김 대리의 질문에 오 대리는 잠시 생각에 잠겼다.

"대리님은 꿈이 뭐예요?"

"꿈이요? 꿈은 생각해본 적이 없는 것 같아요."

"직장인이 꿈은 아니시죠?"

"그럼요! 그건 확실히 아닙니다. 오 대리님의 꿈은 뭐예요?"

"사실 저도 잘 몰라요. 미용이나 뷰티에 관심이 많았고 막연히 그것과 관련된 일을 하고 싶었어요. 근데 그게 꿈이라고 단정 짓기는 어려워요."

"어렸을 때는 꿈이 있었던 것 같은데…."

"질문을 좀 더 현실적으로 해볼게요. 대리님은 직장이 중요하세요? 직업이 중요하세요?"

"아무래도 직업이겠죠?"

"맞아요. 요즘은 평생직장이 없잖아요. 언제든 내 직장이 사라질 수 있죠. 그래서 사람들이 멀티 잡, 사이드 잡을 하고 있어요. 하나의 직장에 다니지만 더불어 다양한 직업을 가진다는 거죠."

"요즘 'N잡러'라는 말도 많이 쓰더라고요. 여러 직업을 가진 사람을 의미하는 거죠."

"네, 유튜브 크리에이터 중에도 N잡러가 정말 많아요. 한 변호사분은 게임 유튜버로 활동하면서 웹소설을 쓰시더라고요. 어떤 회계사분은 회계 관련 정보를 알려주는 유튜브 채널과 영화 유튜브 채널을 동시에 운영하기도 해요. 놀라운 건 본래의 직업보다 유튜브 수익이 더 많다는 거죠."

"대단하네요! 저도 개인 채널을 해봐야겠죠?"

"그건 대리님이 선택할 문제예요. 하지만 토이팜 채널을 운영하셨으니까 잘 아실 거예요. 유튜브는 굉장한 끈기를 요구하는 일이라는 걸. 가벼운 마음으로만 접근하면 성공할 수 없죠. 궤도에 오르기 전까지는 반드시 생업과 병행해야 하고요. 그러니까 섣불리 회사를 그만두는 건 곤란해요."

"제 생각도 그래요."

김 대리는 오 대리의 얼굴을 찬찬히 바라봤다. 회사 생활을 훌륭히 하면서 뷰티 크리에이터로도 성공한 그녀가 김 대리에게는 롤 모델이었다. 롤 모델이 이렇게 가까이 있는 건 큰 행운이었다.

"제가 잘할 수 있을까요?"

"잘하실 거예요. 대리님은 성실하니까요."

김 대리는 토이팜 채널을 운영하면서 느꼈던 점을 머릿속으로 찬찬히 떠올려봤다. 확실히 성실하다는 강점이 있었다. 지금까지 하루에 두 개의 영상을 업로드하자는 목표를 어긴 적이 없었다. 필요하면 야근과 주말 출근도 불사했다. 물론 애사심 때문은 아니었다. 주어진 업무는 반드시 해내자는 책임감 덕분이었다.

김 대리는 자신이 잘하는 것과 잘하지 못하는 것도 어느 정도 알게 됐다. 김 대리는 기획력이 좋은 편이었다. 하지만 촬영 감각은 시간이 지나도 좀처럼 나아지지 않았다. 편집은 스스로 무난한 수준이라고 평가했다.

"유튜브를 평생 직업으로 삼을 수 있을지, 평생까지는 아니더라도 향후 몇 년 동안 집중할 수 있을지 고민해보세요. 그리고 유튜브를 선택하는 순간 유튜브는 내 삶의 중요한 부분이자 습관이 되어야 해요."

김 대리는 고개를 끄덕였다. 하지만 장 차장의 제안에 관해서는 여전히 고민이었다.

"대리님의 뜻을 잘 펼칠 수 있는 곳이라면 어디든 괜찮아요. 대리님은 토이팜, 판타스틱토이 어디서든 잘하실 거니까요. 대신 대리님의 미래에 관한 큰 그림을 꼭 그리세요. 제가 해드릴 수 있는 조언은 여기까지예요."

개인 채널,
어떤 소재로 시작해야 할까?

"웬 강아지야?"

지후가 털이 복슬복슬한 포메라니안 강아지를 안고 있었다.

"홍군이야."

지후가 싱글벙글 웃으며 말했다.

"응? 홍군?"

"얘 이름이야."

홍군은 김 대리를 보고 꼬리를 살랑살랑 흔들었다. 앳되고 귀여운 얼굴이었지만 새끼 강아지처럼 보이지는 않았다.

"대학 동기가 유학가면서 맡기고 갔어. 지후 동생이라고 생각하고 키우려고."

"몇 살인데?"

"두 살."

"그렇구나. 입이 하나 늘었네."

"요 조그만 녀석이 먹어봤자 뭐 얼마나 먹겠어."

홀로 아들을 키우는 것도 버거울 텐데 강아지까지 데리고 온 누나가 김 대리는 잘 이해되지 않았다. 누나는 번역 아르바이트로 생계를 꾸리고 있었다. 업무가 가능한 시간은 지후가 유치원에 가 있는 동안뿐이었고, 그러다 보니 형편이 늘 빠듯했다. 김 대리는 누나의 상황이항상 걱정되었다. 그래서 유튜브를 권유하려고 마음먹었다.

김 대리는 얘기할 타이밍을 잡고 있었다. 기회는 자연스럽게 찾아왔다. 누나가 고민하듯 먼저 말을 꺼낸 것이다.

"지후가 유튜브를 하고 싶다고 그러네. 유튜브를 너무 자주 보여줬어."

김 대리는 애써 기쁜 표정을 감추며 지후를 바라봤다. 식사를 서둘러 마친 지후는 홍군과 TV를 보며 놀고 있었다.

"하고 싶으면 하는 거지. 지후 춤추는 거 봐. 끼가 넘쳐."

"얘는? 그렇게 쉽게 얘기할 일이 아니잖아."

"누나는 반대하는 거야?"

"그럼."

"이유가 뭔데?"

"아직 어리잖아. 현명한 판단을 할 수 있는 나이가 아니야."

"그건 누나 생각이지. 요즘 애들은 빠르잖아. 그리고 자기가 하고 싶다면 존중해줘야지."

"됐고, 난 반대야."

김 대리는 불현듯 좋은 생각이 떠올랐다. 김 대리 역시 개인 채널을 시작해야 할지 고민하고 있었다. 토이팜 채널을 운영하면서 이것 하나만은 확실히 깨달았다. 유튜브를 하려면 자신이 가장 좋아하는 것을 선택해야 한다는 것. 좋아하는 것을 하면 꾸준히 할 수 있기 때문이다.

김 대리는 '직장생활 잘하는 방법' 같은 영상을 만들어볼까도 고민했다. 직장생활의 비애나 애환을 재미있게 풀어내는 것이다. 하지만 자신이 직장생활에 관한 이야기를 하거나 조언하기에는 부족하다는 생각이 들었다.

김 대리는 그동안 자신이 좋아하는 게 무엇인지 잘 몰랐다. 하지만 누나와 대화를 하면서 깨달았다. 조카 지후와 놀아주는 것을 가장 좋아했다.

"내가 지후랑 같이하면 어떨까?"

"네가? 너 유튜브 잘해?"

"잘하냐고? 글쎄, 잘하는 것까지는 아니고⋯."

김 대리는 말끝을 흐렸다. 토이팜 유튜브를 몇 개월 정도 운영해봤지만 잘하고 있는지는 확신하기 어려웠다.

"성공한 크리에이터들은 떡잎부터 다르지 않나?"

"재능보다 중요한 게 많아. 모든 크리에이터가 누나 생각처럼 재능이 뛰어나지도 않고. 그러니까 내 말은 재능의 종류가 무척 다양하다는 거야."

"아무튼 누구나 성공할 수는 없잖아. 유튜브에 도전하는 사람은 너무 많지만 성공하는 사람은 턱없이 적어."

"그거야 그렇지."

"유튜브를 잘하려면 대체 어떻게 해야 해?"

김 대리는 잠시 생각에 잠겼다. 유튜브를 잘하기 위해서 필요한 것은 많았다. 딱 하나만 선별한다는 건 무척 어려웠다.

"차별화야. 남들과 다르면 돼."

"차별화 좋네. 근데 어떻게 차별화를 하지?"

정곡을 찌르는 질문이었다. 누구나 차별화가 중요하다는 건 알지만 차별화를 하는 건 정말 어려운 일이었다.

"내가 좋아하는 걸 찾는 거지. 그리고 거기서 가장 적절한 소재와 아이디어를 끌어내. 그리고 그걸 나만의 색깔로 바꾸는 거지."

설득력이 별로 없었는지 누나는 여전히 의심의 눈초리였다.

"고민은 해볼게."

"정말?"

"근데 김칫국부터 마시지는 마."

김 대리는 거실 바닥에 앉아 지후와 홍군이 노는 모습을 지켜봤다. 홍군은 지후를 잘 따랐다. 누나가 옆으로 슬금슬금 다가왔다.

"왜 헤어졌어?"

"누가 헤어져?"

"수연 씨랑 그만 만난다며."

"어떻게 알았어?"

"얘는 그 소개팅을 시켜준 사람이 누군데…."

"사실 수연 씨랑 사귄 적 없어. 그래서 미안했어. 계속 만나는 게…."

"자, 그럼 다음 소개팅은 언제 할 거야?"

"이제 소개팅은 더 안 하려고."

"어라, 혹시 너 여자친구 생겼어?"

"뭐? 그런 거 아니거든!"

"아니긴 뭐가 아니야. 아님 좋아하는 사람 생겼구나?"

김 대리는 뜨끔했다. 누나는 능글맞은 표정으로 김 대리를 쳐다봤다. 김 대리의 머릿속에 문득 오 대리의 얼굴이 떠올랐다. 여자친구라고 하기엔 너무나 먼 그녀였다. 누나에게 변명할 얘기를 찾는데 지후가 말을 걸었다.

"삼촌, 홍군 똥 쌌어."

"응? 똥?"

홍군이 도토리만 한 변을 싸고 꼬리를 흔들고 있었다.

"지태야, 네가 좀 치워줘."

누나가 주방으로 가며 말했다.

"내가 왜!"

억울했지만 어쩔 수 없었다. 변을 치우면서 홍군을 봤다. 혓바닥을 내밀고 꼬리를 흔들고 있었다. 왠지 방긋 웃고 있는 것처럼 보였다.

04

마지막 미션,
인플루언서 마케팅

"저희 회사 신제품 장난감으로 영상을 제작하신다고요?"

김 대리의 질문에 토딩이 고개를 끄덕였다.

"감사합니다. 어떻게 보답을 해야 할지."

"김 대리님의 정성이 통했나 봐요."

오 대리가 웃으며 말했다. 사실 김 대리는 유튜브 크리에이터들의
모임에서 토딩을 만난 이후 신제품이 나올 때마다 토딩TV에 가장 먼
저 보냈다. 장난감의 특징과 장점을 적은 편지와 함께. 그리고 지금까
지 나온 장난감 중 스테디셀러를 선별해 주기적으로 보냈다. 그동안
토딩TV로부터 아무런 답이 없어서 조금은 답답하던 참이었다. 혹시

김 대리 자신의 행동이 귀찮은 것은 아닌지 걱정도 됐다.

"저희 채널도 늘 좋은 장난감을 찾고 있어요. 세상에 존재하는 모든 좋은 장난감을 소개해주기 위해서요. 장난감은 신중하게 엄선해요. 첫째, 어린이들의 상상력과 창의력에 도움이 되어야 하고, 둘째 위험하지 않고 안전한 장난감이어야 하죠. 지금까지는 해외 장난감들 위주로 촬영을 했어요."

토딩이 차분한 목소리로 말했다.

"최근에는 국내 장난감도 눈여겨보고 있죠. 이번에 토이팜에서 나온 장난감이 아주 좋더라고요."

토이팜의 신제품은 미용 화장품놀이 세트였다. 다행히 토딩 채널과 정체성이 잘 맞는 장난감인 듯했다. 토딩TV는 주로 여자아이들의 장난감을 다뤘다.

"정말 감사합니다."

토딩은 구독자가 2500만 명이 넘는 메가 인플루언서였다. 광고 의뢰를 하려면 엄청난 비용이 필요할 터였다. 아무런 대가 없이 신제품을 노출해준다는 건 토이팜 입장에서는 큰 행운이었다.

"제가 뭐 도와드릴 일이라도 있나요?"

김 대리가 물었다.

"크리에이터끼리 컬래버레이션을 하는 거라고 보면 될 것 같아요. 기획에 참여해서 아이디어를 공유하면 좋죠."

"네, 그렇게 하겠습니다."

"크리에이터들끼리 서로 돕고 살아야죠. 그래야 롱런할 수 있으니까요."

토딩의 말에 김 대리는 고개를 끄덕였다. 오 대리도 함께 고개를 끄덕였다. 토딩TV에 신제품을 소개할 수 있게 된 건 오 대리의 공이 컸다. 대개 인플루언서와의 만남은 **MCN**을 통해 이루어졌다. MCN은 기업으로부터 광고 의뢰를 받고 소속 크리에이터를 연결해주는 역할을 했다. 하지만 토딩TV와의 만남은 오 대리가 중간에서 매개 역할을 해주었다. 현재 토딩은 MCN 설립을 추진 중이라고 했다. 김 대리는 토딩의 MCN이 설립되면 참여하고 싶다고 생각했다.

김 대리는 토딩TV와의 협업 소식을 조 이사에게 얼른 보고하고 싶었다.

며칠 전 조 이사는 김 대리를 집무실로 불렀다.

"대리님, 마지막 미션입니다."

"혹시 인플루언서 마케팅인가요?"

김 대리는 보고 자료에서 채널 성장의 세 가지 방법 중 마지막 인플루언서 마케팅을 떠올렸다.

"오, 마음이 통했군요."

조 이사가 밝게 웃었다.

조 이사는 사업을 이끌어가는 능력이 탁월했다. 조 이사는 장난감 완구 사업을 더욱 확장시켜서 다양한 분야를 개척해나갔다. TV용 애니메이션 시리즈를 제작했고, 캐릭터 사업도 막바지에 이르고 있다고 했다. 판로도 다양하게 개척했다. 이미 큰 규모의 글로벌 계약도 몇

건이나 성사시켰다.

회사의 위기도 많이 극복됐다. 회사를 떠돌던 흉흉한 소문은 꼬리를 감췄다. 마지막 인사이동이 있을 거라는 얘기가 있었지만 정리해고까지는 가지 않을 것이라고 다들 예측했다.

조 이사는 김 대리에게도 글로벌 유튜브 크리에이터와의 지속적인 협력을 강조했다.

"좋은 크리에이터들을 찾아보겠습니다."

김 대리의 머릿속에 토당TV를 비롯한 몇 개의 대형 채널들이 지나갔다. 하지만 계약을 하려면 비용이 만만치 않을 것 같았다.

"반드시 큰 채널이 아니어도 괜찮습니다. 우리 회사와 정체성과 색깔이 잘 맞으면 되죠."

결국 김 대리는 조 이사의 예상보다 훨씬 큰 크리에이터와 함께하게 됐다. 조 이사는 늘 그랬듯 나가는 김 대리를 잡으며 한 가지를 더 주문했다. 역시 마지막 미션의 일환이었다.

"제가 지난번에 우리 채널을 방문했거나 영상을 시청한 사람들의 정보로 마케팅을 하자고 했었죠? 함께 진행해주세요."

조 이사가 요청한 건 **리마케팅**이었다. 우리 채널의 광고 영상 혹은 채널의 특정 영상을 보았거나, 채널을 방문한 사용자들의 모수를 이용해 다시 타기팅 대상으로 삼는 것이었다. 즉, 채널과 브랜드에 관심을 가지는 사용자들을 대상으로 맞춤형 광고를 진행하는 것이었다. 리마케팅은 무작위로 타기팅된 광고보다 좋은 반응을 이끌어낼 수 있었다.

조 이사의 이번 지시는 인플루언서 마케팅과 리마케팅을 활용해 신제품 홍보에 모든 시너지를 집중하자는 의미였다.

"오 대리님, 감사해요! 역시 대리님밖에 없어요."

토딩TV 사무실을 나서며 김 대리가 말했다.

"뭘요. 서로 도울 일이 있으면 도와야죠."

"토딩 님이 조건 없이 저희 장난감을 사용해주실 줄은 몰랐어요."

"직접 말씀하신 것처럼 인플루언서 마케팅이 아니라 크리에이터들끼리의 **컬래버레이션**이라고 생각하시는 거겠죠."

"그러게요."

"유튜브 크리에이터들은 평소 컬래버레이션을 자주 해요. 저도 다른 채널 BJ들을 불러서 화장을 해주기도 하거든요."

"대리님 채널에서 본 것 같아요. 푸드킹도 출연한 적이 있었죠."

"맞아요. 요즘 잘나가는 크리에이터들은 연예인 못지않아요. 저랑 같은 뷰티 크리에이터 큐티아람 님은 최근에 화장품 회사의 광고 모델로 발탁됐어요."

"푸드킹 님도 라면 광고 모델을 했었죠?"

"보셨군요. 실은 최근에 저도 화장품 모델 제안을 받았어요."

"대단하세요! 이제 TV에서 뵙는 건가요?"

"아직은 고민 중이에요. 아무튼 기업들이 예전에는 연예인만 광고 모델의 대상으로 삼았는데, 이제 유튜브 크리에이터에게도 눈길을 돌려요. 인플루언서 마케팅도 마찬가지고요."

"유튜브 크리에이터들이 왜 이렇게 인기가 좋아졌을까요?"

"팬들을 불러 모으고 팬들과 가까운 곳에서 소통하기 때문이겠죠. 팬들을 통해서 정보들을 멀리 확산시킬 수 있잖아요. 기업들 입장에서는 광고를 맡기기에 아주 적합하죠. 토딩TV 채널에 장난감이 소개되면 반응이 좀 올 거예요."

"꼭 그랬으면 좋겠어요."

오 대리는 촬영 때문에 급히 갈 곳이 있다고 했다. 김 대리는 택시를 잡아주기 위해서 큰길가로 갔다. 빈 차가 좀처럼 보이지 않았다.

"MCN에 가입해야겠죠?"

김 대리가 택시를 기다리며 물었다.

"가입하면 좋죠. 도움 받을 수 있는 게 많아요. 개인 채널 만드시면 꼭 가입하세요."

"아무나 받아주지는 않죠?"

"MCN과 정체성이 맞아야겠죠. 그리고 어느 정도 규모가 돼야 해요. MCN 입장에서도 오랫동안 같이할 수 있을 크리에이터인지 판단이 필요하니까요. MCN에 가입하면 유튜브라는 긴 여정이 덜 외로울 거예요. 혼자 하면 고독할 때가 많거든요."

김 대리는 오 대리를 지그시 바라봤다.

"아, 택시 오네요!"

김 대리가 고개를 돌리자 사거리 쪽에서 택시가 천천히 다가오고 있었다.

어떤 MCN에
가입해야 할까?

'Multi Channel Network'(다중 채널 네트워크)의 약자인 'MCN'은 유튜브 크리에이터들의 소속사라고 볼 수 있습니다. MCN은 인기 있는 크리에이터들을 확보하고, 신인 크리에이터들을 지속적으로 발굴·성장시키는 일을 하고 있습니다. 다양한 수익 사업을 기획하고, 최근에는 연예기획사 분야까지 사업 영역을 넓혀가고 있답니다.

1. MCN은 무슨 일을 하나요?

제작 지원	크리에이터들이 콘텐츠를 제작할 수 있는 환경을 조성해줍니다. 스튜디오와 관련 장비들을 제공해주는 경우도 많습니다. 단, 콘텐츠 제작은 크리에이터의 몫입니다.
유튜브 수익 정산	유튜브 수익을 MCN을 통해 지급받습니다. 매년 소득세 신고 기간에 세금 처리 도움을 받을 수 있습니다.
유튜브 채널 교육 및 컨설팅	동영상 기획부터 촬영, 편집 등 전반적인 교육을 제공합니다. 초기에 채널을 빠르게 키우는 데 도움이 됩니다. 또한 채널의 컨설팅을 제공받을 수 있습니다.

협찬 및 광고 수주	기업들은 인플루언서 마케팅이나 브랜디드 콘텐츠를 통한 광고를 MCN에 의뢰합니다. MCN은 후원이나 광고 수주에 결정적인 역할을 합니다. 참고로 MCN에서 인플루언서 마케팅 등을 진행할 때 기업과 크리에이터를 반드시 일대일로 연결하지는 않습니다. 하나의 광고를 여러 크리에이터가 컬래버레이션으로 진행하기도 합니다. 따라서 채널의 규모가 작아도 광고에 참여할 수 있습니다. 광고와 관련된 전반적인 사항은 MCN에서 조율합니다.
기타 신규 사업	크리에이터의 성장에 도움이 될 수 있는 다양한 사업을 진행합니다. 캐릭터를 포함한 다양한 상품을 개발하는 일부터 신규 사업 진출 등 크리에이터가 성장할 수 있는 다양한 사업을 추진합니다.

2. MCN에는 어떻게 가입하나요?

규모가 크거나 성장 가능성이 높은 채널들은 주로 MCN으로부터 가입을 제안받습니다. 토이푸딩의 경우 미국에서 가장 큰 MCN 중 하나인 '머니시마'에 소속되어 있었는데, 당시 머니시마로부터 직접 가입 의뢰를 받았습니다. MCN에서 제안이 오지 않는 경우 직접 가입 의사를 전달하면 됩니다. 가입 양식을 써서 메일을 보내거나 홈페이지에서 신청하면 됩니다. 물론 채널의 규모가 일정 수준 이상이어야 가입이 가능합니다. 하지만 채널의 규모보다 MCN의 지향점과 내 채널의 정체성이 잘 맞는지가 더 중요합니다. 각 MCN마다 색깔과 주력 분야가 다르기 때문입니다.

3. MCN에 가입할 때 주의사항이 있나요?

불공정한 계약으로 피해를 입는 사례가 더러 있습니다. 제공하는 서비스에 비해 터무니없이 많은 수익을 가져가는 MCN도 있습니다. 더 큰 문제는 불이익이 심각해도 계약 해지가 쉽지 않다는 것입니다. 따라서 MCN에 가입할 때는 계약 기간, 수익 배분 비율, 저작권 관계, 계약 해지에 따른 불이익 등 여러 조건을 꼼꼼히 따져봐야 합니다. 무엇보다 자신과 함께 성장할 수 있는 MCN인지를 잘 고민해봐야 합니다.

4. 국내에는 어떤 MCN이 있나요?

국내를 대표하는 MCN은 크게 세 군데입니다.

- **다이아TV:** CJ ENM에서 운영하는 MCN입니다. 가장 많은 크리에이터가 활동하고 있습니다.
- **트레져 헌터:** 해외 진출이 가장 활발한 MCN으로 잘 알려져 있습니다.
- **샌드박스:** 어린이나 청소년 콘텐츠를 제작하는 크리에이터들이 많이 소속되어 있는 MCN입니다.

세계 어디서나 통하는
콘텐츠를 찾아라

"정말 할 수 있겠어?"

누나가 물었다.

"그럼!"

김 대리가 자신 있게 대답했다.

"넌 어릴 때부터 좀 느렸지. 유행에도 뒤처지고."

"그 얘기를 갑자기 왜 하는 거야?"

"남들이 다 컴퓨터 배울 때 넌 책만 읽었어."

김 대리는 누나가 자신을 못 믿어 하는 것 같아서 내심 섭섭했다.

"유행을 빠르게 따라간다고 좋은 콘텐츠를 만드는 게 아니야. 나는 시의성이나 이슈 위주의 콘텐츠가 아니라 오랫동안 꾸준히 사랑받는 콘텐츠를 만들고 싶어."

"그래서 결론이 뭔데? 어떤 채널을 하겠다는 거야?"

"글로벌 유튜브 크리에이터가 될 거야."

"네가?"

"아니, 내가 아니고 우리가."

누나가 작게 웃었다.

"나 지금 진지해."

"너 영어 잘해?"

"아니, 잘 못해."

"영어도 못하면서 무슨 글로벌 유튜브 크리에이터가 되겠대?"

김 대리는 유튜브 앱을 열어 'Jacob TV'를 보여주었다. 미국 채널이었다. 채널의 영상 중 하나를 클릭하자 눈이 큰 꼬마가 등장해서 밝고 명랑하게 장난감을 소개했다. 이어서 장난감을 재미있게 가지고 놀았다.

"제이콥 TV, 본 적 있어."

"키즈 유튜버 중에서 가장 인기가 좋아."

"영어 잘하네."

"말이 많지는 않아. 언어보다는 꼬마가 나와서 재미있게 장난감을 가지고 노는 놀이, 그러니까 행위에 더 초점을 두었어."

김 대리는 설명을 이어갔다. 글로벌 크리에이터가 되기 위해서는 다른 나라의 문화와 삶의 방식을 이해하는 게 중요했다. 우리의 문화를 재해석하고 가공해서 다른 문화권에서도 친숙하게 받아들일 수 있도록 하기 위해서였다. 그런데 그보다 더 중요한 게 있었다. 바로 어떤 문화권에서도 부담 없이 즐겁게 볼 수 있는 콘텐츠를 만드는 것이었다.

그래서 선택한 아이템이 어린이 콘텐츠였다. 세계 어디에나 어린이들이 있다. 어린이들이 웃으면서 뛰어노는 영상은 문화권을 불문하고 인기가 좋다. 즉, 어린이들의 환한 웃음은 만국의 언어인 셈이다.

"만국의 언어? 그게 뭐야?"

"웃음이 만국의 언어지. 아이들에게 밝고 명랑한 에너지와 웃음을 주는 게 핵심이라는 얘기야. 거기다 홍군이 있잖아. 동물 콘텐츠도 대부분의 문화권에서 인기가 있지."

"그림은 좀 나오네. 구체적으로 어떻게 할 거야?"

"특별한 계획은 아직 없어. 아이디어는 하늘에서 뚝 떨어지는 게 아니고 일상에서 발견되는 거라고 하더라고. 지후랑 홍군과 함께하는 모든 활동을 자연스럽게 담을 거야. 그러면 뭔가 나오지 않겠어? 놀이동산도 가고, 수영장도 가고, 동물원도 가고, 캠핑장도 가고. 딱히 유튜브로 성공하겠다는 게 아니라 나와 지후, 그리고 홍군이 함께 추억을 만드는 거지."

"흠."

"우리 채널은 꼬마가 꼬마에게 보여준다는 게 중요해. 또래 아이들이 공감할 수 있는 콘텐츠를 만든다는 거지."

김 대리는 토이팜 채널을 운영하면서 얻은 유튜브 운영 노하우들을 하나씩 꺼내놓았다. 키워드 전략, 업로드 전략, 운영 전략 등을 얘기하자 누나의 표정이 조금씩 달라졌다.

"네가 무슨 말을 하려는지 알겠어."

누나는 잠시 생각에 잠겼다.

"어차피 국내 시장은 크리에이터들끼리 경쟁이 너무 치열해서 지금 시작하는 크리에이터들은 세계로 눈을 돌려야 해. 세계는 넓고 세계의 시장은 크거든."

"나중에 지후가 유튜브 하는 거 싫다고 하면 어쩔 거야?"

"그러면 바로 그만둘 거야. 내가 말했지. 중요한 건 즐거운 추억을 만드는 거라고."

"좋아."

"그러면 하는 거야?"

"조금만 더 고민해보자."

"무슨 고민을 또 해! 쇠뿔도 단김에 빼라고 했어. 이참에 바로 시작해볼게."

"마지막으로! 그러면 채널 이름은 뭐야?"

"음⋯."

김 대리는 기습 질문에 잠시 고민했다. 머릿속에 떠오르는 대로 대답했다.

"캡틴후TV 어때?"

"글쎄."

"그러면 바로 시작한다! 지후야 홍군이랑 놀러 나가자."

지후가 눈을 동그랗게 뜨며 일어났다.

"그래!"

유튜버의 진짜 타깃은
국내가 아닌 세계!

유튜브의 인기가 높아지면서 국내 시장의 경쟁이 매우 치열해졌습니다. 유튜브를 막 시작하는 초보 크리에이터들은 진입 장벽을 넘기도 쉽지 않은 상황입니다. 이런 상황을 극복하는 가장 좋은 방법은 '글로벌 시장'으로 눈을 돌리는 것입니다. 사실 토이푸딩은 처음부터 글로벌 채널을 염두에 두었습니다. 기획 단계부터 말이죠.

1. 글로벌 기획, 어떻게 하나요?

'글로벌 기획'이라고 하니 말이 좀 거창해 보이죠? 그런데 알고 보면 거창한 것이 아닙니다. 사실 너무 거창하게 기획을 하면 오히려 지키기가 더 어렵습니다. 토이푸딩을 예로 들어 설명해보겠습니다. 토이푸딩은 딱 두 가지 관점에 집중했습니다. 첫 번째는 '아이템'입니다. 모든 문화권에서 인기가 있는 아이템이 무엇인지 생각했습니다. 그 결과 '장난감'이라는 결론을 얻었습니다. 세계 어디에나 어린이들이 있으니까요. 물론 개인적으로 무척 좋아하는 아이템이기도 했습니다.

　두 번째는 '언어의 극복'입니다. 통계적으로 볼 때 유튜브 사용자가 가장 많이 사용하는 언어는 단연 '영어'입니다. 그다음으로 스페인어, 포르투갈어입니다. 한

국어는 3%도 채 안 되죠. 따라서 글로벌 유튜브 크리에이터가 되려면 영어를 사용하는 게 가장 유리합니다. 하지만 토이푸딩은 영어뿐 아니라 모든 언어권을 접수하기로 했습니다. 아예 언어를 사용하지 않기로 한 것입니다. 또한 손을 이용한 촬영으로 장난감에 대한 집중도를 높이고 신비감을 자아냈습니다. 그래서인지 토이푸딩이 대한민국 채널이라는 것을 모르는 시청자도 많습니다.

2. 모든 문화권에서 통하는 콘텐츠는 어떤 게 있나요?

모든 문화권에서 통하는 콘텐츠는 단연 '엔터테인먼트'입니다. 놀이는 어느 문화권에서나 인기가 좋습니다. 그중에서도 말이 나오지 않고 '행동'으로 보여주는 콘텐츠가 유리합니다. 대표적인 예가 장난감, DIY, 춤, 마술, 연주, 음악, 공연 등입니다. K-POP 한류의 인기를 보면 잘 알 수 있습니다. 최근 BTS가 선풍적인 인기를 누리고 있습니다. 그런데 그 인기의 진원지는 국내가 아니고 해외였습니다. 반려동물이나, 음식, 먹방 등의 콘텐츠도 글로벌 콘텐츠 소재로 적합하겠죠.

3. 영어를 못해도 글로벌 유튜브 크리에이터가 될 수 있나요?

유튜브 사용자들이 가장 많이 사용하는 언어가 '영어'라고 말씀드렸죠? 동영상을 업로드할 때 제목, 설명, 태그에 꼭 영문을 추가하시기 바랍니다. 많은 사람이 영어를 잘하지 못해서 글로벌 크리에이터가 될 수 없다고 말합니다. 하지만 영어가 서툴러도 충분히 통할 수 있습니다. 구글 번역기 등 다양한 번역 도구를 활용할 수 있기 때문입니다. 또한 앞에서 설명했던 키워드 도구 중 하나인 구글 트렌드를 활용해 글로벌 키워드를 확보할 수 있습니다. 유튜브의 자동 번역 기능을 통해서도 영어 메시지 전달이 가능합니다.

06

유튜브는 특별한 소수의 전유물이 아니다

사내 게시판에 인사 개편 공지가 올라왔다. 공지를 본 김 대리는 뛸 듯이 기뻤다. 드디어 박 인턴이 정규직이 됐기 때문이다. 박 인턴은 기쁜 내색을 하지 않았다. 그 대신 차 과장과 김 대리에게 단체 메시지를 보냈다.

- 오늘 점심은 제가 쏘겠습니다. 먹고 싶은 거 맘껏 드셔도 됩니다.

변화는 이뿐만이 아니었다. 프로젝트 팀이었던 뉴미디어팀이 정식 팀이 되었다. 팀원도 두 명 충원됐다. 영업본부에서 온 최선필 주임과 콘텐츠팀의 강주애 사원이었다.

이번 인사 개편은 앞으로 있을 대대적인 사업 개편의 일환이었다. 조 이사가 곧 대표이사로 취임할 것이라는 소문이 돌았다. 고위 임직원들은 조 이사의 눈에 들기 위해서 동분서주하는 듯했다.

공식 발표는 나지 않았지만 회사에 또 하나의 소문이 돌고 있었다. 김 대리가 과장 진급을 하고 뉴미디어팀의 팀장이 될 거라는 소문이었다. 최근 조 이사는 방치열 팀장보다 김 대리를 더 빈번히 호출했다. 직원들은 조 이사가 마케팅팀보다 뉴미디어팀에 더 힘을 실어주고 있다고 생각했다.

"김 대리 요즘 잘나간다며?"

복도에서 마주친 한길수 대리가 말을 걸어왔다.

"내가 잘나간다고? 모르겠는데?"

"시침 떼지 마! 과장 진급하고 팀장 달 거라는 소문이 자자해."

"그래? 처음 들어보는 얘긴데?"

김 대리는 일부러 모른 척을 했다.

"잘되면 나 잊지 마. 난 늘 김 대리를 응원했다고."

한 대리가 엄지손가락을 치켜세우며 말했다.

"김 대리님, 인플루언서 마케팅의 효과가 나오고 있어요."

조 이사가 말했다. 실제로 유튜브 광고 상품을 진행했을 때보다 가시적 효과가 컸다. 구독자와 조회수가 급격하게 늘었다. 평소의 세 배는 족히 넘는 듯했다. 신제품 판매량도 인플루언서 마케팅 진행 후

50% 이상 상승했다.

"김 대리님이 생각하는 앞으로의 계획을 듣고 싶네요."

"혹시 새로운 미션을 주시려는 건가요?"

"미션은 아닙니다. 이미 마지막 미션을 드렸으니까요. 이제 뉴미디어팀 스스로 판단해서 나가야죠."

김 대리는 잠시 생각에 잠겼다.

"채널을 좀 확장해보려고 합니다. 그림 그리기 아트라든지 애니메이션 분야들을 다루어보고 싶습니다."

"확장이라, 좋습니다."

"그리고 채널이 성장하는 만큼 더 완성도 높은 콘텐츠를 제공하기 위해서 노력할 겁니다."

"듣기 좋은 말만 하시네요. 앞으로도 계속 지켜보겠습니다."

대화를 마치고 조 이사의 집무실을 나서는데 조 이사가 다시 말을 걸었다.

"아, 하나만 더요. 앞으로도 계속 변화를 모색해야 합니다. 아시죠? 그게 뒤처지지 않는 유일한 길입니다."

조 이사의 말대로 계속 변화를 시도해야 했다. 변하지 않고 제자리걸음을 하면 자연스럽게 도태될 게 분명했다. 다만 집중해서 육성해야 하는 채널은 필요했다. 왜냐면 하나의 채널을 제대로 성공시키면 다른 채널들을 더욱 빨리 성장시킬 수 있기 때문이다.

과정을 함께해나갈 든든한 동지도 생겼다. 김 대리는 새로운 팀원들에게 어떤 임무를 부여할지 고민했다. 팀원들의 의견을 모아서 얼른 콘텐츠 업그레이드와 채널 확장 전략을 세워야겠다고 다짐했다. 그때 스마트폰의 진동이 울렸다.

- 김 대리 마음의 결정은 했어? 그때 얘기했던 카페에서 잠시 볼까?

장충모 차장의 메시지였다.

"죄송합니다. 차장님 제안은 받아들이기 어려울 것 같아요."
장 차장은 주위를 몇 번 두리번거리다 한숨을 내쉬었다.
"왜 그래? 좋은 기회잖아. 토이팜보다 회사도 커."
"네, 알고 있습니다. 하지만 지금은 기회가 아닌 것 같아요."
김 대리는 오 대리와의 대화를 떠올렸다. 김 대리에게 중요한 건 어떤 직장으로 옮기느냐가 아니었다. 얼마나 창조적이고 적극적으로 업무를 해나갈 수 있느냐가 관건이었다. 김 대리의 판단으로는 토이팜이 더 적합했다.
"꼭 데리고 가겠다고 했는데…. 맘 바꿀 생각은 전혀 없는 거야? 근무 여건은 확실히 보장할게."
장 차장은 끈질겼다. 김 대리는 오전에 판타스틱토이의 채널을 봤다. 지난주부터 채널에 영상이 올라오지 않고 있었다. 내부 상황이 꽤 심각한 듯했다.
"좋아. 마지막으로 하나만 제안할게. 토이팜에서 받는 연봉보다

30% 이상 인상하도록 내가 책임질게. 일단 연봉 협상은 한번 해보는 게 어때?"

"돈 때문에 내린 결정이 아닙니다. 죄송합니다."

두 사람은 한동안 말이 없었다. 장 차장은 커피를 몇 모금 홀짝거렸다. 김 대리의 단호함에 그제야 마음을 정한 듯 자리에서 일어났다.

"김 대리, 마음 잘 알겠네. 선전을 기대할게. 만약 생각이 바뀌면 언제든 연락해."

장 차장은 판타스틱토이의 명함을 건네고 카페를 나섰다.

광고 이상의 광고,
인플루언서 마케팅

규모가 큰 채널은 매달 수천 만 원의 광고 수익을 올리기도 합니다. 굉장하죠? 반면 규모가 작은 채널은 고작 몇 만 원 정도의 수익을 받습니다. 그러나 유튜브 크리에이터들이 광고 수익에만 의존하는 것은 아닙니다. 크리에이터들은 수익원을 다각화해서 다양한 방법으로 돈을 벌고 있습니다. 대표적인 예로 인플루언서 마케팅을 들 수 있습니다. 광고주들은 유튜브 광고 집행과 더불어 크리에이터와 컬래버레이션을 진행합니다. 효율적으로 제품과 회사를 홍보하기 위해서죠.

예전에는 광고주들이 PPL 광고 등 간접 광고를 주로 의뢰했습니다. 하지만 요즘은 '브랜디드 콘텐츠'에 더 무게가 실리고 있습니다. 브랜디드 콘텐츠란 다양한 문화적 콘텐츠 안에 자연스럽게 브랜드 메시지를 녹이는 것입니다. 광고라는 걸 숨긴 광고, 즉 광고가 아닌 듯한 광고를 뜻하죠. 브랜디드 콘텐츠는 무엇보다 소비자의 흥미와 공감을 이끌어내야 합니다.

채널의 규모는 다양합니다. 브랜드와 제품을 홍보하려는 회사도 유튜브 채널만큼이나 다양하죠. 규모가 작은 기업들은 구독자 100만이 넘는 인기 유튜브 크리에이터와의 컬래버레이션이 부담이 됩니다. 비용 때문이죠. 그래서 규모는 작더라도 색깔과 정체성이 확실한 채널과 인플루언서 마케팅을 하곤 합니다.

채널이 어느 정도 규모만 갖추었다면 누구든 인플루언서 마케팅을 할 수 있습니다. 단, 채널의 정체성은 명확해야 합니다. 그리고 광고를 의뢰하는 회사와 정체성 및 이해관계가 잘 맞아야 합니다.

토이푸딩은 엔터테인먼트 카테고리에 속하는 키즈 채널로 장난감을 이용한 놀이 영상을 주로 다룹니다. 그리고 2D 애니메이션을 제작하죠. 따라서 완구회사의 장난감 판매를 도울 수 있는 인플루언서 마케팅을 시도할 수 있습니다. 그뿐만 아니라 어린이 용품이나 어린이 식품을 만드는 기업과도 컬래버레이션이 가능합니다. 제품의 소비자와 채널의 타깃이 일치하기 때문이죠. 이처럼 타깃을 공유하는 기업과 채널이 인플루언서 마케팅을 통해 함께 만나면 큰 시너지 효과를 발휘할 수 있습니다.

07

진정성 있는
콘텐츠가 이긴다

놀라운 반응이었다. '캡틴후TV'에 30여 개의 동영상을 업로드했을 뿐인데 채널 누적 조회수가 300만을 넘었다. 구독자는 금세 7만 명을 넘겼다. 상승세로 보았을 때 머지않아 10만 명을 돌파할 듯 보였다. 특히 놀이공원에서 범퍼카를 타는 영상과 홍군과 함께 캠핑을 다녀온 영상의 조회수는 각각 70만과 50만을 넘겼다.

김 대리는 물론이고 지후도 신이 났다. 홍군은 영문도 모른 채 꼬리를 좌우로 크게 흔들어댔다. 누나만 기쁜 표정을 애써 감추고 있었다.

"릴렉스! 조회수에 너무 일희일비하지 마."

하지만 누나의 표정 관리도 오래가지는 못했다. 누나는 흥분해서 그동안 있었던 일들을 얘기했다.

"마트 갔는데 지후를 알아보는 사람들이 있더라? 어제 산책할 때도 사람들이 지후랑 홍군 보고 아는 척을 했고."

호들갑스럽게 말하는 누나의 모습에 김 대리는 미소를 지었다. 매형이 떠난 이후 누나의 이런 모습은 처음이었다.

김 대리는 채널의 인기 비결이 무엇인지 생각해봤다. 우선 토이팜 채널을 운영하면서 배운 노하우를 모두 동원했다. 특히 키워드를 엄선하고 섬네일 이미지에 신경을 썼다.

섬네일은 지후와 홍군의 얼굴을 크게 잡아서 제작했다. 둘이 달리거나 함께 노는 장면도 카메라에 잘 담았다. 중요한 키워드는 섬네일에 볼드체로 적었다. 한마디로 눈에 확 띄는 디자인이었다.

그런데 김 대리는 인기의 비결이 다른 데 있을 거라는 생각이 들었다. 이유는 '댓글'과 '좋아요' 수 때문이었다. 토이팜을 운영할 때보다 몇 배는 많은 반응이 올라왔다. 김 대리의 머릿속에 하나의 단어가 떠올랐다.

'진정성'

지후가 홍군과 천진난만하게 뛰어노는 모습에서 시청자들이 진정성을 느낀 듯했다. 돈을 버는 게 아닌 추억을 남기겠다는 진심이 통한 것이다. 영상 속 지후는 보통의 아이들과 똑같은 모습이었다. 시청자인 또래 아이들은 지후가 뛰어노는 모습에서 친근감과 더불어 동질감을 느꼈을 것이다.

김 대리는 구독자의 빠른 증가에도 주목했다. 구독해서 보는 사람이 많다는 건 그만큼 좋은 콘텐츠라는 증거였다.

- 대리님, 대단해요. 정말 빨리 성장하고 있네요. 진심이 통했던 모양이에요. 역시 콘텐츠의 생명은 화려함이 아니라 진정성이네요.

오 대리의 문자에 김 대리는 더 힘이 났다. 그녀의 생각도 김 대리와 같았다. 그런데 한 가지 궁금증이 떠올랐다.

'지금까지 토이팜 채널을 잘못 운영한 걸까?'

토이팜TV는 '캡틴후TV'에 비해 시청자들과의 소통이 많지 않았다. 김 대리는 오 대리에게 질문 메시지를 보냈다. 곧바로 답이 왔다.

- 사람의 얼굴이 나오면 더 소통하고 싶은 마음이 들 거예요. 토이팜 채널도 충분히 재미있지만 장난감이 나오다 보니 직접적으로 말을 걸어오는 경우가 상대적으로 적을 수 있죠. 채널에서 다루는 소재나 주제, 그리고 형식에 따라 팬들의 반응은 가지각색이에요.

김 대리는 그제야 알겠다는 듯 고개를 끄덕였다. 언젠가 보았던 기사가 떠올랐다. 아이돌 그룹의 마케팅 전략에 관한 것이었다. 초기의 아이돌들은 신비감을 강조했다. 따라서 화려하고 멋진 면만을 시청자에게 보여주었다. 하지만 이제는 삶의 다양한 면을 모두 공개하고 있다. 연예인이 아니라 한 인간으로서의 친근감을 강조한 것이다. 어쩌면 유튜브를 통해서 느끼는 감정이 이와 비슷하지 않을까 싶었다.

- 아무쪼록 댓글들을 잘 읽어보세요. 분명 도움이 될 거예요.

김 대리는 오 대리의 조언대로 댓글을 하나하나 꼼꼼하게 읽었다. 대부분 삼촌과 조카, 강아지를 응원한다는 내용이었다. 앞으로의 활동을 더 기대하겠다는 댓글도 많았다. 하지만 응원과 격려의 댓글 속에 이른바 악성 댓글들도 보였다.

- 어린아이를 돈벌이로 이용해?
- 어린이 학대로 신고하겠다.

김 대리는 악성 댓글을 볼 때마다 울컥했다. 댓글로 반박할까도 고민했다. 하지만 거를 건 거르는 게 더 현명한 방법인 듯했다. 발언의 수위가 높은 댓글을 자체적으로 삭제했다. 유튜브에서 정책적으로 어린이들이 등장하는 콘텐츠에는 댓글을 제한하기로 했다는 소식을 들은 적이 있었다. 김 대리는 그 이유를 알 것 같았다.

댓글 중에는 실질적인 도움이 되는 것도 많았다. 시청자들은 자신들이 가지고 있는 아이디어를 마구 퍼주었다. 사람들의 생각은 다양했고 상상력도 풍부했다. 어디에 놀러 가면 좋은지, 어떤 걸 하면 좋은지 시청자의 소중한 의견을 집중해서 읽었다. 그리고 팬들의 조언을 모두 기록해두었다.

결론적으로 '캡틴후TV'에서는 진정성 있는 소통과 공감이 이루어지고 있었다. 김 대리는 내가 좋아하는 것을 시청자가 좋아하는 것으로 만들 수 있다는 확신이 들었다. 결국 가장 중요한 건 시청자를 위하는 마음이었다. 유튜브에서 가장 중요한 건 **'첫째도 시청자 둘째도 시청자'**였다. 따라서 그들이 무엇을 좋아하고 무엇에 관심을 가지며 무엇으로 행복해하는지 계속 고민해야 했다. 그래야만 진심과 진정성이 가득한 소통을 할 수 있다.

문득 김 대리의 머릿속에 한 사람이 떠올랐다. 김 대리는 결심을 굳혔다. 진심과 진정성을 보여주자고.

마음이 급해졌다. 김 대리는 어떤 옷을 입어야 할지 어떤 장소에서 만나야 할지 고민했다. 가장 중요한 건 그녀에게 어떻게 진심을 전할 것인가였다. 김 대리는 빠르게 메시지를 보냈다.

- 오 대리님, 혹시 내일 시간 어떠세요?

김 대리는 가슴이 떨렸다. 한참 동안 메시지의 답장을 기다렸다. 스마트폰 진동이 울렸다. 김 대리는 심호흡을 하고 메시지를 확인했다.

저작권을 아는 자가
최후의 승자다

유튜브는 저작권 보호를 중요하게 여깁니다. 하지만 타인의 저작권을 무단으로 사용하는 일이 상당히 빈번하게 일어나고 있습니다. 다른 채널의 영상을 허락 없이 사용하는 사례도 많습니다. 토이푸딩도 채널 초기에는 저작권 침해 피해를 많이 입었습니다. 유튜브에서 가장 빈번하게 발생하는 저작권 침해 피해 사례는 배경음악입니다. 저작권이 있는 음악을 무단으로 동영상에 삽입하면 동영상 송출이 금지되거나 수익을 얻을 수 없게 됩니다.

유튜브는 '콘텐츠 ID' 발급 등을 통해 저작권 문제를 해결해나가고 있습니다.

하나, 유튜브에서 저작권이 적용되는 저작물은 어떤 게 있나요?

1. TV 프로그램, 영화, 온라인 동영상 등의 시청각 작품

2. 음원 및 음악 작품

3. 강연, 기사, 도서, 음악 작품 등의 저술 작품

4. 그림, 포스터, 광고 등의 시각 작품

5. 비디오 게임 및 컴퓨터 소프트웨어

6. 연극, 뮤지컬 등의 극 작품

출처: 유튜브 고객센터(저작권 및 권한 관리)

둘, 콘텐츠 ID 시스템이란 무엇인가요?

유튜브는 저작권을 보호하기 위해 '콘텐츠 ID 시스템'을 활용하고 있습니다. 콘텐츠 ID 시스템은 유튜브가 원저작권자의 저작권을 유튜브 내에서 공인해주는 시스템입니다. 원저작자가 저작권의 소유권을 인정받는 것입니다. 영상이나 음악을 유튜브 시스템에 올려두고 제3자가 허락 없이 콘텐츠를 사용하면 유튜브는 해당 영상을 차단하거나 수익화합니다. 여기서 '차단'은 해당 영상이 유튜브에 올라갔을 때 다른 사람이 못 보도록 원천 차단한다는 뜻입니다. '수익화'는 해당 영상에 광고를 붙이되 수익은 원저작자가 가지고 간다는 뜻입니다.

콘텐츠 ID를 어떻게 발급받을 수 있는지 궁금해하는 분들이 있으실 겁니다. 콘텐츠 ID를 발급받기 위해서는 유튜브 내부 정책에 따라서 일정 수준의 구독자수와 채널수를 보유하고 있어야 합니다. 해당 조건을 갖춘 뒤 콘텐츠 ID 발급 신청 양식을 작성해 유튜브에 제출하면 됩니다.

셋, 저작권을 침해하면 어떤 불이익을 받나요?

저작권 침해 사례를 발견하면 그 즉시 유튜브는 해당 채널에 '저작권 침해 경고'를 부여합니다. 경고를 받으면 수익 창출 자격에 매우 안 좋은 영향을 받을 수 있습니다. 경고를 3회 받으면 채널 정지, 모든 동영상 삭제, 새 채널 개설 불가 등의 조치가 취해질 수 있습니다(단, 저작권 침해 경고는 제3자의 신고에 의해서 발생합니다. 콘텐츠 ID 소유권에 의한 저작권 문제는 경고로 이어지지 않습니다).

넷, 타인의 저작물은 절대로 이용하면 안 되나요?

원저작자의 저작물을 사용한다고 해서 무조건 저작권 침해가 되는 건 아닙니다. 저작물을 이용하는 대표적인 방법은 두 가지가 있습니다.

첫 번째는 '정식으로 사용할 권한'을 얻는 것입니다. 계약을 통한 방법으로, 가장 근본적인 해결책입니다. 대부분의 영화 채널은 제작사나 배급사와 계약을 맺고 정식으로 영화 리뷰를 진행합니다. 정식 계약이 이루어지지 않으면 콘텐츠 ID 시스템에 의해서 수익을 얻을 수가 없습니다.

두 번째 방법은 '공정 사용'입니다. 공정 사용은 특수한 상황에서 저작권자의 허락 없이 저작물의 일부를 재사용하는 것입니다. 공정 사용은 어떤 때 사용할 수 있을까요? 명확한 기준은 없습니다. 다만 판례들을 통해서 몇몇 허용 사례가 나오고 있습니다. 하지만 많은 사람이 공정 사용에 대해 오해를 하고 있습니다.

- 저작권 소유자를 밝히면 공정 사용이 가능하다.
- 저작권 침해 의도가 없으면 공정 사용이 가능하다.
- 비영리 용도로 사용하면 공정 사용이 가능하다.
- 원저작물에 내가 만든 자료를 추가하면 공정 사용이 가능하다.

모두 틀렸습니다. 공정 사용의 기준은 훨씬 더 엄격합니다.

공정 사용을 평가하는 기준

이용 목적과 특성	원본에 새로운 표현이나 의미를 추가했는지 아니면 원본을 베낀 것에 불과한지에 따라 달라집니다. 상업적 용도의 경우 인정받는 경우가 많지 않습니다.
저작물의 성격	완전히 새롭게 창조한 허구적인 저작물이라면, 그렇지 않은 저작물보다 공정 사용을 인정받기 더 어렵습니다.
사용된 양	차용한 양이 더 많을수록 공정 사용을 인정받기 어렵습니다.
저작물에 미치는 영향	원저작권자의 피해가 예상되거나 실제로 피해를 당하면 공정 사용으로 인정될 가능성이 낮아집니다.

출처: 유튜브 고객센터(공정 사용 관련 자주 묻는 질문)

다섯, 부정 클릭 방지 시스템은 무엇인가요?

초보 크리에이터 중에서 조회수를 쉽고 빠르게 늘리기 위해 이른바 '허위 부정 클릭'을 하는 사례가 대단히 많습니다. 이는 주로 대행사들을 통해서 이루어집니다. 일종의 불법 매크로 도구를 이용해 강제로 조회수를 늘려주는 것이죠. 하지만 이런 행동은 절대로 하면 안 됩니다. 유튜브의 '부정 클릭 방지 시스템'은 기능이 매우 뛰어나고 지금도 계속 업그레이드되고 있습니다. 발견되는 순간 경고 없이 채널이 폐쇄됩니다. 더욱이 이런 방법은 수익 창출이나 채널의 발전에도 전혀 도움이 되지 않습니다(단, 동영상 모니터링을 위해서 몇 차례 동영상을 클릭하는 것은 허위 부정 클릭에 해당되지 않습니다).

나의 첫 유튜브 프로젝트

초판 1쇄 발행 2019년 8월 29일
초판 3쇄 발행 2019년 10월 30일

지은이 토이푸딩(김세진·박종한)
기획 1인1책
펴낸이 김선식

경영총괄 김은영
책임편집 성기병 **디자인** 윤유정 **크로스교정** 조세현, 문주연 **책임마케터** 권장규, 박지수
콘텐츠개발1팀장 임보윤 **콘텐츠개발1팀** 윤유정, 한다혜, 성기병, 문주연
마케팅본부 이주화, 정명찬, 권장규, 최혜령, 이고은, 허윤선, 김은지, 박태준, 박지수, 배시영, 기명리
저작권팀 한승빈, 이시은
경영관리본부 허대우, 하미선, 박상민, 윤이경, 권송이, 김재경, 최완규, 이우철

펴낸곳 다산북스 **출판등록** 2005년 12월 23일 제313-2005-00277호
주소 경기도 파주시 회동길 357 3층
전화 02-702-1724 **팩스** 02-703-2219 **이메일** dasanbooks@dasanbooks.com
홈페이지 www.dasanbooks.com **블로그** blog.naver.com/dasan_books
종이 (주)한솔피앤에스 **출력·인쇄** 갑우문화사

ISBN 979-11-306-2561-4 (03190)

• 책값은 뒤표지에 있습니다. • 파본은 구입하신 서점에서 교환해드립니다.
• 이 책은 저작권법에 의하여 보호를 받는 저작물이므로 무단 전재와 복제를 금합니다.
• 이 도서의 국립중앙도서관 출판시도서목록(CIP)은 서지정보유통지원시스템 홈페이지(http://seoji.nl.go.
kr)와 국가자료공동목록시스템(http://www.nl.go.kr/kolisnet)에서 이용하실 수 있습니다.
(CIP제어번호 : CIP2019032649)

다산북스(DASANBOOKS)는 독자 여러분의 책에 관한 아이디어와 원고 투고를 기쁜 마음으로 기다리고 있습니다.
책 출간을 원하는 아이디어가 있으신 분은 다산북스 홈페이지 '투고원고'란으로
간단한 개요와 취지, 연락처 등을 보내주세요. 머뭇거리지 말고 문을 두드리세요.